蘇峰への手紙

中江兆民から松岡洋右まで

高野静子

藤原書店

蘇峰への手紙　目次

蘇峰への手紙

中江兆民から松岡洋右まで

凡例

一　書簡の仮名表記は原則としてひらがなに統一し、漢字は新漢字とした。ルビはひらがなとする。

一　文中での人物の年齢等は、原則として初出時のままとなっている。

一　各章の対象とする人物からの蘇峰宛書簡には番号をふった。中江兆民、正力松太郎の書簡は、それぞれの章の末尾に一覧表を掲示し、その表における番号を各書簡にふった。

序　松岡洋右

——その外交の明暗と大東亜戦争

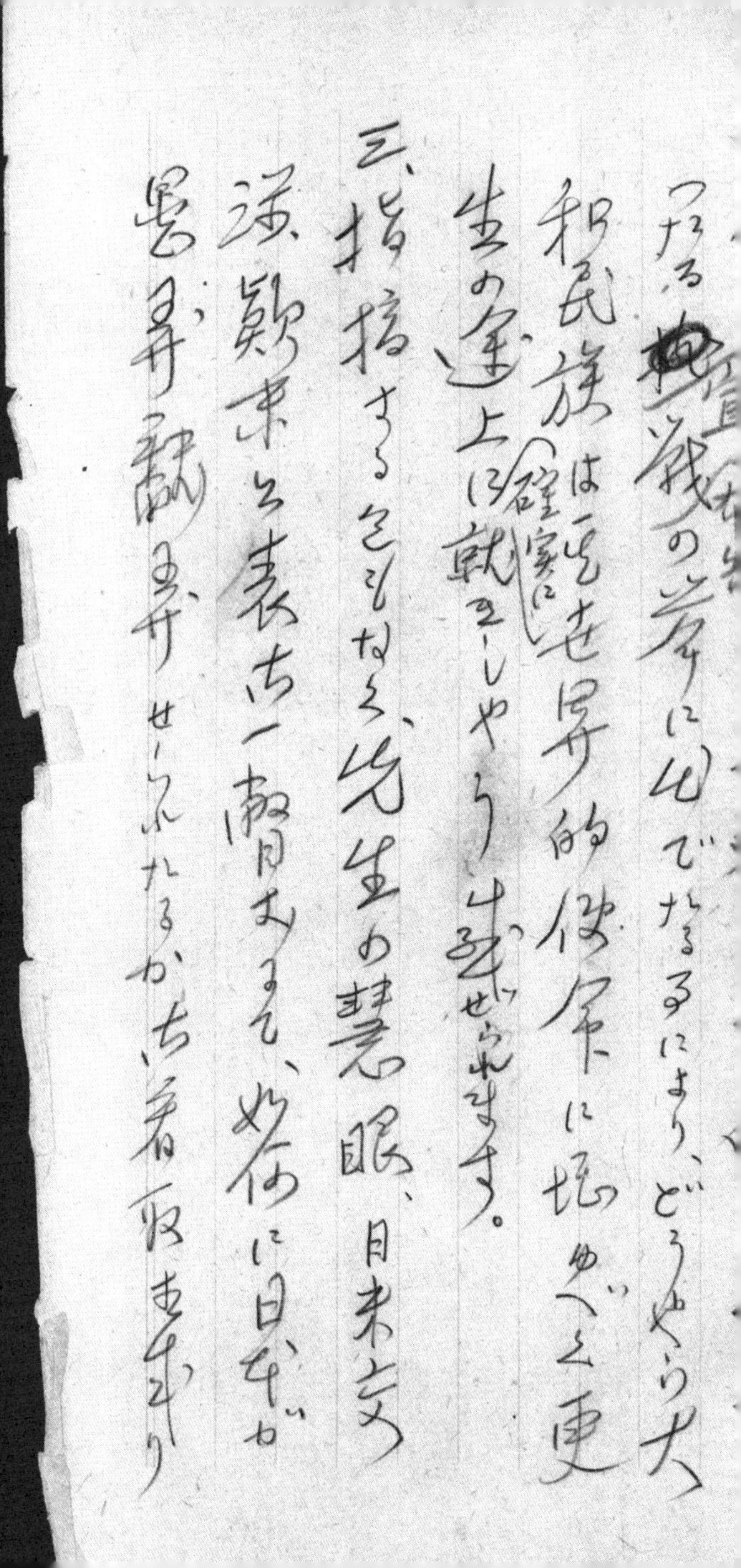

松岡洋右（まつおか・ようすけ　一八八〇―一九四六）山口生まれ。外交官、政治家。一三歳で渡米し、苦学してオレゴン州立大学を卒業。帰国後に外交官となり、中国、ロシア、アメリカなどに勤務。大正十（一九二一）年外務省を辞め、南満洲鉄道株式会社の理事に、昭和二（一九二七）年には副総裁となる。昭和四（一九二九）年帰国、翌年政友会から衆議院議員に当選。昭和六（一九三一）年議会で「満蒙は日本の生命線」と主張。国際連盟総会に主席全権として派遣され、昭和八（一九三三）年満洲国批判決議案に反対して退場、連盟脱退に至った。昭和十～十四（一九三五～三九）年満鉄総裁。昭和十五（一九四〇）年第二次近衛内閣の外相となり、同年に日独伊三国同盟、翌年に日ソ中立条約を締結。戦後、A級戦犯に指名されたが判決前に病死した。

はじめに

平成十八（二〇〇六）年七月二十日の『日本経済新聞』で、富田朝彦元宮内庁長官のメモがスクープされた。これを機に終戦の日を間近に控えて、総理大臣の靖国神社参拝をめぐり、またまた日本国中を二分する議論が湧き上がった。その内容は天皇陛下のお言葉として「私は或る時に、A級が合祀されその上松岡、白取（白鳥敏夫元駐伊大使）までもが（中略）だから私あれ以来参拝していない、それが私の心だ（後略）」

その際の論争はさて置き、文中に名指された松岡（松岡洋右元外務大臣）は一人悪役を担った格好に映った。

松岡洋右といえば、満洲事変後の処理に当ったジュネーブでの国際連盟総会に首席全権として出席、リットン報告書の採決で敗れ、連盟脱退の立役者となり（昭和八（一九三三）年）、また日本を日米決戦に導くことになった日独伊三国同盟の締結を成しとげた時の外務大臣（昭和十五（一九四〇）年九月）、そして日ソ中立条約をスターリンと差しで交渉し、まとめ上げた敏腕で、気魄あふれる外交官であった。その人となりは英雄、豪傑型で多弁でかつ雄弁、交渉に際しては単騎突出型の人物として知られている。

実は「富田メモ」がスクープされた頃、当徳富蘇峰記念館に於て、今まで知られていた蘇峰宛書簡（一三通）に加え、新たに昭和十六（一九四一）年十二月十日付の開戦直後の書簡が発見されたのである。

また時を同じくして『徳富蘇峰　終戦後日記』が講談社から発行され、さまざまな話題を呼んだ。この本についてはまた別に感想を述べる機会を持ちたいが、最早戦後ではないと呼ばれた昭和三十一(一九五六)年以来五十余年、戦後はまだまだ終わりそうにない。

日米決戦中の他の二通の蘇峰宛書簡については高野静子が『蘇峰とその時代』(中央公論社、一九八八年)の「松岡洋右」の項の中で論じているが、今回はそれらを含めて、この三通の書簡を順次見ながら、松岡洋右の生いたち、人物像と活躍した時代背景を考慮して、書簡の意味などを読み解いてみたい。

生い立ちから外務官僚へ

松岡洋右は明治十三(一八八〇)年、山口県室積(現・光市)の有名回船問屋に生まれたが、父の代に倒産、十四歳の時に志を立て渡米、皿洗いなどのアルバイトで苦学しながら、オレゴン州立大学夜間部を卒業、法学士の学位を得た。母の病気で帰国後は国文学、漢学を学び、外交官試験を二十五歳の時に首席で合格、外務省では種々外交官のキャリアーと実績を積み、大正八(一九一九)年第一次世界大戦後のパリ講和会議の広報官として活躍した。彼が関東都督府(大連)に外事課長として在勤中、初代満鉄総裁の後藤新平に抜群の才能を認められ厚い信頼を得た。と同時にその後も後藤に私淑し、後藤の弟子をもって任じていた。

後藤は今でも雄大な先見性をもった人物として知られ、ロシアをも包含する大陸同盟構想をいだいていた。大正六（一九一七）年、ロシア革命にともない、寺内内閣はシベリア出兵を行ない、その時の外相は後藤新平、松岡は総理大臣秘書官であった。しかし後藤は昭和三（一九二八）年、ロシア訪問、出兵後の日ソ関係の修復交渉などを行って帰国後、伯爵となり、昭和四（一九二九）年四月、惜しまれながら薨じた。

松岡はまた同郷の先輩、山県有朋にもロシア革命を予言するなど情勢を見抜く直観力を発揮して愛された。しかし官僚外交に限界を感じたのか、飽き足らなくなったのか、松岡はベルサイユ会議を契機として、大正十（一九二一）年外務省を去り、同郷の田中義一（後に首相）の推薦で四十二歳で満鉄理事となった。

昭和二（一九二七）年には満鉄副総裁となり、田中義一内閣の対中国外交の一端を担った。しかし昭和三（一九二八）年六月、日本陸軍のかかわった張作霖爆死事件の責任をとる形で田中内閣は昭和四（一九二九）年退陣、松岡も副総裁を辞任した。

昭和五（一九三〇）年には米国の経済恐慌は世界的な広がりをみせ、その影響で、米国はじめ、英連邦などは保護主義的色彩の強いブロック経済を形成した。このため日本は対米貿易はもちろん、英連邦、アジア、中国（日貨排斥もあり）、カナダ、中南米などで次々と市場を失い、孤立化していった。日本では右翼テロが相次ぎ、ドイツでもナチスの台頭した時代に重なり、またコミンテルンの影響下、日本にも共産主義、社会主義思想が広がりをみせた。

衆議院議員から連盟総会全権、満鉄総裁へ

昭和五（一九三〇）年、松岡は普選（第一七回）に立ち、衆議院議員に当選、幣原外相の国際協調外交を軟弱外交として批判した。昭和六（一九三一）年、満洲事変が勃発すると、松岡は「満蒙は日本の生命線」との持論を展開した。政府は、昭和七（一九三二）年秋、国際連盟派遣のリットン調査団の事変報告書を待たずに、満洲国を承認、このため連盟と日本の対立は深まった。

元来日本は理事国として脱退は望んでいなかったが、世論は脱退論が高まりをみせ、外務省にも一部脱退論（白鳥敏夫氏ら）を主張するグループもあった。こうした中で、松岡は連盟総会に首席全権としてジュネーブへ派遣されることになった。

対日批判の強まる中、松岡は昭和七（一九三二）年十二月「十字架の上の日本」と題する演説を一時間二〇分に亘り、無原稿で行った。「ナザレのイエスがついに世界に理解されたように、今日十字架に架けられつゝある日本もまたやがて世界から理解されるであろう」と結んだ時に、なみいる各国代表に深い感銘を与えた。演説終了をまって、英仏代表も握手を求めて賛辞を呈する状況だったという。演説の好評にやや安堵した日本だが、昭和八（一九三三）年二月、リットン調査報告書は連盟総会で四二対一で可決、反対一は日本、タイは棄権という無残な結果となった。

ここで松岡は代表団を率いて昂然と退場、政府は三月二十七日、正式に脱退を通告した。松岡も一時

脱退の責任を感じて粛々とした心境だったといわれるが、帰国した彼を待っていたのは国民的英雄とたたえる民衆であった。『東京日日』は凱旋将軍となぞらえ、『東京朝日』も彼に謝意を表したのである。

帰国した彼はしばらく故郷にもどり、魚釣りなどをしながら自適の生活を行ったが、やがて代議士を辞職、政党解消運動に乗り出した。この行動の契機は、彼が連盟総会全権の任にあった際、本国政府の無策、陸軍の専行（熱河作戦）、重臣の弱腰などに失望したことで、これからは政党の腐敗と、政党間の足のひっぱり合い（現在にも通じる）を解消し、一君万民の日本的政治体制を目指そうとしたものであった。しかしこの運動も一年で中断し、牧野伸顕伯の口説きで、昭和十（一九三五）年、満鉄総裁となったのである。これは北支情勢の緊迫化のおり、関東軍少壮将校らの抑えに「乃公の出馬」が必要で、陛下もそれをお望みと勧誘されたのである。これは彼の弱いところを突いたもので、松岡は天皇を尊崇することに篤く、或時には陛下の思召しを聞かされて感激の余り万座の中で泣きじゃくるようなこともあったという。当時満洲経営の指導権は満鉄から次第に軍の掌握する所となっていた。

この後の日本の政情は極めて不安定となり、特に昭和十一（一九三六）年の二・二六事件は、その後の日本の政局に重大な影響をもたらした。昭和十二（一九三七）年六月、軍を抑える切り札として登場した近衛内閣（第一次）が発足したが間もなく七月七日、支那事変（日中戦争）が勃発、松岡は近衛内閣の参議となった。

また昭和十四（一九三九）年七月、それまで反目していたドイツとソ連は、急転直下相互不可侵条約を結び、独とともに反共・防共外交を実行しようと相信じていた、当時の平沼騏一郎首相は衝撃を受け

「欧州の天地は複雑怪奇」との声明を出し、あっさり内閣総辞職をしてしまった。

近衛内閣外相から三国同盟、そして外相辞任

昭和十五（一九四〇）年七月、松岡は第二次近衛内閣の外相に就任、省内人事を一新して、日独伊防共協定の強化に邁進した。日独伊三国同盟については国論も分かれ、いくつもの内閣が倒れる経過もあったが、連盟脱退の主役をつとめた松岡としては国際的孤立を避けるため、防共協定の強化が必要と主張した。また尊敬する後藤新平の大陸同盟構築論から、ソ連もまた同盟のオプションと考えていた。

三国同盟にいたる経過は、当初積極的な反応のなかったドイツが、第二次大戦勃発（昭和十四〔一九三九〕年）間もなく始まった対英戦争の行き詰まりで、双方の交渉が進み、昭和十五年九月七日には独のスターマー特使が来日、松岡は単独で交渉に当たり、三日間で基本合意に達し、首、外、陸、海各相の四相会議を経て、九月十九日の御前会議で決定した。正式調印は九月二十七日、ベルリンで行われた。近衛も松岡もドイツの斡旋で日ソ関係を改善し、三国同盟にソ連を加えて四国協商を実現するという構想であったようだ。これにより米国を威圧出来るという肚であった。長らく国政の争点であった三国同盟も成り、松岡は外交の主導権を奪回出来たと自負したであろう。

三国同盟の主たる内容は、（一）日本は独伊の欧州における新秩序建設の指導権を認め、（二）独伊は日本の大東亜における新秩序建設の指導権を認める。（三）三国は新秩序建設につき相互に協力し、そ

の一国が欧州戦争または日中戦争に現に参加していない国から攻撃された場合には、三国はあらゆる政治的・経済的・軍事的手段を用いて相互に援助する。(四)この条約は三国とソ連との間に現存する政治的状態に何等の影響を及ぼさぬ、というものである。

昭和十六(一九四一)年三月、松岡は同盟締結後の独・伊との交歓の途についた。ヒットラーとは二時間半に及ぶ密談を行い、独側の幕僚をも驚嘆させる程の丁々発止のやりとりであったという。リッペントロップ外相からは日本はシンガポールを攻撃するように(対英戦協力)強く求められたが、言質は与えなかったという。このときすでにヒットラーはソ連を撃つべくバルバロッサ作戦(作戦名)を指示していたという。

松岡の思惑は、日米の衝突を避け、しかも泥沼に入り込んだ支那事変(日中戦争)を解決する手段として、三国同盟にソ連を加えた四国協商を楯として、米国との交渉に当り日米、日支問題を一挙に解決しようということであった。

一方ソ連は、独ソ不可侵条約を昭和十四(一九三九)年に締結しながらも、両国とも良いとこどり(ポーランド分割など)をしようとし、次第に独ソ関係は悪化の一途を辿りつつあった。

ドイツには、難航している欧州戦線、なかんずく対英戦線に米国が参戦しないよう三国同盟を利用する魂胆があったが、松岡の考える四国協商は、独ソの関係悪化で難しい状況となってきた。ドイツの期待は、三国同盟で日本がソ連の東を攻撃、または緊張状態を保ってくれれば、日独で挟み討ち状態と出来る、さらに南方でシンガポールを攻略してくれれば、英国の戦力を分断出来る期待をもっていた。

ソ連は、独ソ関係の悪化と、将来独ソ開戦もありうるとの確信から、何とかして日本を中国戦線の泥沼に踏みとどまらせ、東方からの日本の圧力を減じたいとの思いが切実で、ここにコミンテルンの謀略も透けて見えてくるのである。日本軍は蔣介石、毛沢東の国共合作により、更に中国戦線の奥深く点と線の確保に追われる状況であった。

松岡は帰途ドイツよりモスクワに向ったが、国境の小駅で独軍の「ユーゴ」進攻を知った。彼は「これでモスクワの交渉はまとまるよ」とにっこり笑った。

十日間の独伊訪問の間に欧州情勢は大きく変化し、独の斡旋による日ソの調整の可能性が消滅したが、独ソの反目でソ連の対日政策の変更による転機がめぐってきたのである。モスクワで歓迎をうけた松岡は、外相モロトフと協議に入り、最後はスターリンとも差しで交渉、まさに電撃的に昭和十六（一九四一）年四月十三日、日ソ中立条約を仕上げた。松岡とスターリンは乾盃を重ね、スターリンは一行を列車を遅らせてまでモスクワ駅まで見送るという丁重さであった。

帰路、松岡一行はシベリア鉄道から満洲へ入り、彼の古巣満鉄社員・沿線住民から各駅で大歓迎をうけ、まさに英雄として迎えられた。彼は大連で、「さあ、これからアメリカへ飛ぶぞ」と意気込んでいたという。

ヒットラー、スターリンについでF・D・ルーズベルトと会談を成し得ればどのような経緯をたどったか、想像だけではあるが、日米関係に転機をもたらしたかもしれない。

しかし、東京で彼を待ちうけていたものは、外相留守中に持ち上がった「日米諒解案」なる提案であった。この詳細は専門書に譲るが、米国務省からの正式提案ではなく日米民間人（宗教家）を含む、有力者（日米各二名）が折衝を重ね、米国務省も諒解を与えているというだけの、不明な点の多い変則的な提案であった。松岡は不興の中にも、加瀬俊一秘書官に検討を命じたが、英語の原文もなく、いわば杜撰な感じの翻訳文であったという。

その内容をかいつまんでみると、

・日独提携の解消、日独貿易の完全停止
・ルーズベルト大統領の日中和平斡旋
・フィリピン独立の保障
・極東モンロー主義を声明し、日本に武力侵略を行わぬ旨を誓約させる
・ホノルルで日米首脳会議（ルーズベルトと近衛が出席）これで枢軸同盟は消滅する！

などで、まさにハレルヤ（米国側が最終章に入れた文言）である。

しかし、四月十六日米国務長官ハルはいま一つの重要声明、ハル・四原則を野村吉三郎に示した。

一、各国の領土保全と主権の尊重
二、他国の国内問題に対する不干渉の原則を支持すること
三、通商上の機会均等を含む平等の原則を支持すること
四、平和的手段による変更の場合のほか、太平洋の現状維持を妨害しないこと

この「ハル・四原則」は、日米交渉にとって極めて重要な提案であるにもかかわらず、野村の回想に

も岩畔（大佐・軍事課長。「諒解案」の日本側代表の一人）の手記にも出て来ない。ハルは、日米諒解案を一つの交渉の緒として認めようとしてはいるが、その前にこの四原則を認めよと主張しているのである。ここがアマチュア外交官の野村と、法律家出身のハルの「詰め」の差であった。

松岡は自分の不在中に、この様な折衝が進んでいたことにいたく不快であったが、それなりに軌道に乗せようと努力して、五月十一日修正案を提案、これに対し米国ハル国務長官も日米会談（交渉とは呼ばなかった）の出発点とみなし、彼としての六月二十一日修正案を提出した。さらにこれとともに、松岡外相を暗に非難するオーラルステートメントも合わせて野村大使に手交した。

まさにこの翌日、独ソ開戦というビッグニュースが飛びこんできた。修正案提示は故意にこの時点に合わせたものともいわれている。これは松岡にとっては大きな打撃ではあった。すなわちこれで彼が意図していた三国同盟にソ連を加えた「四国協商」の目がなくなったのである。しかし彼のこと、これまた千載一遇のチャンスとも思ったかもしれない。彼はソ連スメタニン大使に対し「三国同盟は日ソ中立条約に優先する」と述べ、これを聞いた大使は青ざめたといわれる。チャーチルは『第二次大戦回顧録』の中で「日本は絶好の機会を逸した」と記していることは記憶されてもよいことであろう。

松岡は一説にはソ連攻撃を示唆したともいわれるが、軍部にそのような用意のないことを知って、北進を強調して、南部仏印進駐を牽制したともいわれる。この時陸軍は満洲の地で関東軍特種演習（関特演と称す）と呼ばれる七〇万人規模の大戦闘訓練を行って対ソ示威活動を行ったのである。このころの松岡は南部仏印進駐は日米戦争を招くことになるので、絶対阻止しなければならぬと考えていた。

しかし昭和十六（一九四一）年七月二日の御前会議では「情勢の推移に伴う帝国国策要項」を決定、「対ソ戦を準備、南方進出のため対英米戦を辞せず」を決定した。松岡は「ついに対英米戦を辞せず」になってしまったと肩を落とした。彼は閣内で孤立する一方で、松岡内閣待望論も聞こえてきた。特に当時の言論界の重鎮、徳富蘇峰も、優柔不断の近衛に変えて、松岡を次期首相にと擬していた。しかしこの頃より松岡は持病の結核が再発し、発熱や咳がでて会議の途中、言うことだけ言うと退席してしまうことも多くなった。四月に帰国以来、体重も一二キロ（三貫目）以上やせていた。

近衛首相は彼を罷免することも考えたが、結局松岡を追放するため、七月十六日閣内不統一をもって総辞職して、第三次近衛内閣を組閣した。

その後の経過はよく知られているように、七月二十五日米国による日本の在米資産凍結、七月二十八日日本軍の南部仏印進駐で、日米の対立は決定的となった。すなわちフィリピン、シンガポール、マレー（現マレーシア）、蘭領東インド（現インドネシア）を睨む位置にあるサイゴン、カムラン湾に日本軍が基地を置くことは米英蘭に対する明らかな挑戦ととられてもやむを得ないことであった。これに対抗して八月一日米国は対日石油輸出禁止、一方日本は九月六日御前会議で帝国国策遂行要領決定（交渉の経過により十二月初旬、対米武力発動を決意）、十月十八日東條内閣成立、十一月二十六日に米国ハル国務長官、日本側の提案（乙案。南部仏印撤退などの譲歩を含む）を拒否、強硬な新提案（いわゆるハル・ノート。詳細は後に述べる）を提議。日本はこれを最後通牒と結論した。坂道を転がるような急展開で、ついに十二月八日、ハワイ真珠湾空襲で開戦に至ったのである。しかし独軍は十二月五日、モスクワ郊外で撤退を開始、まさに独ソの形勢が逆転しかかった時期に日米決戦は始まったのである。十二月十二日、閣議は支那事変を含めて今次大戦を「大東亜戦争」と命名した。

しかしこのような交渉の経過を、米国は日本の暗号を解読機「マジック」を使って翻訳、日本の政策は先刻承知のことであり、ソ連もゾルゲなどのスパイにより日本は南進を決意、と手のうちを読み、対独戦に集中できたのであった。

日米開戦と松岡発蘇峰宛書簡（新発見分も含む）

後藤新平と松岡の関係は先に述べたが、松岡と蘇峰の出会いは上海総領事館の外交官補の二十四歳頃であったといわれる。彼は「当代支那通の一人でもあった蘇峰に支那問題をまくしたててはゞからなかった」（大橋忠一『大東亜戦争由来記』）そうである。

昭和七（一九三二）年十月、松岡がジュネーブ会議の全権に任命された時、蘇峰は珍蔵の『孫子新注』と自著『吉田松陰』を贈った（蘇峰の日誌による）。松岡はこれを喜びシベリア鉄道の車中やジュネーブ滞在中も繰り返し読んだという。そして毎日新聞のジュネーブ印象記で「霞ヶ関も欧州諸国の外交史などを後生大事に読んでいる方は一人や二人ではないようであるが、（中略）孫子でも少し読まれたらよかろう」と語っていた。

この様に師とも仰ぐ蘇峰であればこそ、以下に示すように直截でかつ赤裸々な書簡が届けられたのであろう。

当時松岡は病気療養中で、千駄ヶ谷の自宅や御殿場の別荘で過ごしていたが、十二月八日の開戦当日、千駄ヶ谷の私邸に元外務省顧問の斉藤良衛が見舞ったところ松岡は、「三国同盟の締結は小生の一生の不覚……事ことごとく志とちがい、今度のような不祥事件の遠因と考えられるに至った。これを思うと死んでも死にきれない」と哭いていたという。しかし緒戦の大勝利で気をとり直したのか、これまでの外交上の失敗を一気に挽回するチャンスと捉え直している。書簡はいずれも考えていることをそのまま書き流しているが、しかも文脈に乱れがない。これまでの強気一本槍の松岡にもどった感がある。

ではここで、問題の蘇峰宛書簡をみてみよう。

1 昭和十六（一九四一）年十二月十日 夕

開戦第一日丈の収穫にても、ど偉い事で、恐らく世界戦史特に海戦史上空前の事でせう。「ル」大統領色を失ふと、傳ふ。左もありなん。今日又「シンガポール」にて英の東洋艦隊主力撃滅、マニラ上陸、マレー上陸、実に痛快、壮快！ 無論戦争はこれからで、十年の覚悟なかるべからず。これ位で餘り喜んではならぬが、併し緒戦の大々的快報、何と申しても御互に慶せざるを得ませぬ。伊勢大廟を遠く拝せざるを得ませぬ。恐らく英、米の上下を震撼してるでせう！ 独と雖ブリッツグリーグ（ブリッツクリーグか）の株を奪はれた感がしてるでせう。これで日本も独から見ても鼎呂（ていりょ）（九鼎大呂の略。重く尊いものの意）の重きをなした。ソ聯も対英米関係に於て、これで牽制出来ると信じます。

極秘御一読後御焼棄請ふ（外交上卑見は一体禁物なれば）

〔注　この一行は赤鉛筆で書かれている〕

一、今日ラヂオを通じて御講演を拝聴し得ざりし事　返すぐも残念です。

二、何と言っても米・英殊に米に向って思ひ切つたる宣戦布告の挙に出でたる事により、どうやら大和民族は其世界的使命に堪ゆべく更生の途上に確実に就きしやう感ぜられます。

三、指摘する迄もなく、先生の慧眼、日米交渉顛末公表御一瞥丈にて、如何に日本が愚弄翻弄せられたるか御看取相成りたる事と存じます。凡そ交渉と云ふものは双方（殊に大国の間にては）が一歩一歩交渉の進むにつれ互譲すべきであるに拘らず。右日米交渉に於ては一歩一歩、案を修正する毎に米は露骨となり、段々と、より強硬にして日本に不利なる中立てを行ひ、非禮暴慢を極めた。拙者退官以来の経過は生不聞、併し今回の公表を見て生の想像の当り居たりしを知りました。実に言語同断なる譲歩にして若し、米大統領が一と先づ之を承諾したりしならばと想ふと、今でも膚に粟を生じます。併し皇国に天佑がありました。あんな自惚れの強い馬鹿な先生が交渉の相手であつた事が何よりの天佑でした。

〈注〉便箋欄外の書き込み「小生在官終末に近き頃、驚くべき経緯あり。（秘しあり）コレを志士知らば、眦を決せん歟！」。

四、もうどんな馬鹿でもさきが明かとなり（殊に米の腹が見え透いて来て）又我の到底堪えないことが明瞭となつてから、政府部内の或者等は「もうとうに腹はきまつているのだ。唯都合のよい時まで交渉継続で米を釣つてるのだ」と宣伝（申訳）した容子なるが、これ丈の腹をホントウに持って事に当って貰ひたかりしが、どたん場に迫りてのことは別として、こんな腹は何処にも初からありはしなかつたのです。こんな言ひ訳は虚言です。併し天佑がありました。こういふ言ひ訳が真なりと想はる様な事態に独り手に落ち行きました。「さう落ち行くぞ」と私は本年五月已に予言して置きましたが、それは一つは天佑を信じたからです。

五、併し、それは、今となってはどうでもよい。過去は一切水に流して、上下一致、この空前の難局に処し、一日も速に上御一人の御軫念を些少なりとも減ずる様努力せねばならぬ。向後尚英米が恋しいやうな人があらば、寸分の仮籍なく処分すべし。此上はもう「喰ふか喰はるゝか」といふ事が真であります。

六、脇目を振らず向ふ半歳唯闘ふの一事あるのみ、唯是あるのみ。其他は一切顧みず、唯戦へ、唯闘へ、闘ひ抜ひて勝て！　来年六、七月頃から真の外交戦始まるべし。それまでは外交は不要！今日の事早かれ遅かれあるべきは私の十数年来豫想（数十年来なれど、稍々具体的となり想や対策を練り始めたる時期を云ふ）し、具體的に戦争終止の時期、方法、要件にも疾く已に胸中自ら成竹があります。後日申上げたいと思ひます。

七、翻って外交がと言へば、此の半歳、如何なる事を忍びてもソ聯を英米、殊に米と此上接近せしめず、殊にソ聯極東地点を英米に利用せしめざるやう努むべきである。それは、今でも政府はやつて居るらしいが。

極秘 右記は大使宛電報写（外交上字句は一修正 特に不体裁）

一、今日ラヂオを通じて尊き講演をお聴きいたしまして返す〳〵も残念です。

二、何と云つても米、英殊に米に向つて思ひ切つたる宣戦布告の挙に出でたるにより、どうやら大和民族は確実に世界的使命に歩をすゝめ更生の途上に就きしやうに感ぜられます。

三、指摘するまでもなく、先生の慧眼、日米交渉顛末を表示一喝して、如何に日本が忍耐に忍耐せられたるか、古今稀有出来たり

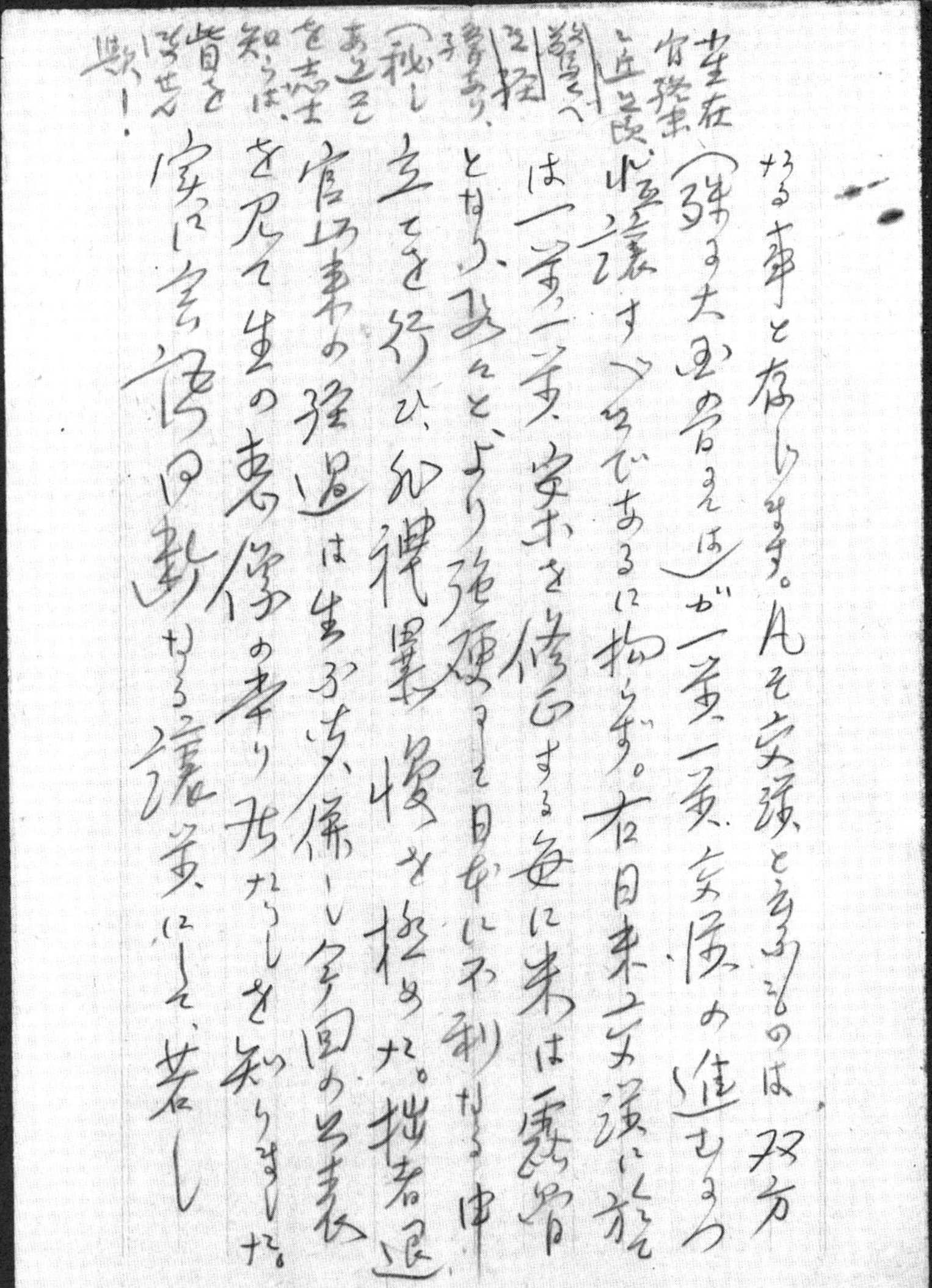

なる事と存じます。凡そ交渉と云ふものは双方[illegible]（殊に大国の場合は）が一歩一歩交譲[illegible]進むもの[illegible]議すべきであるに拘らず。右日米交渉に於ては一歩一歩案を修正する毎に米は露骨となり、益々と、より強硬にて日本に不利なる申立てを行ひ、[illegible]傲慢を極めたり。拙者退官[illegible]の強迫は生[illegible]保し今回の出来[illegible]を見て生の想像の[illegible]なりしを知りました。[illegible]実に[illegible]独断なる議論にして、若し[illegible]

[illegible]知らば[illegible]皆を[illegible]せん歟！

徳富蘇峰宛　松岡洋右書簡　昭和16（1941）年12月10日夕　現物の筆跡はかなり薄くなっているため、撮影時に陰影を強める加工を施してある。（徳富蘇峰記念館提供）

八、又独ソの関係は極めて微妙在之候不絶周密なる注意を払はねばなりませぬ。従って独に対して此上の不信を働いてはならぬ。尤も今度の快挙で独国民の対日不信の感情は余程緩和したと観測致します。

特に微妙を極むる日独の関係、対ソ関係等は紙筆になすを不許、何れ後日口頭申上げます。

九、実は私は、今春以来陸相に向つては「支那事変が決して単独の問題として片付くものならざる事は予の持論なるが、最早何人にもそれは判つて来たらう。今に日本も真に世界戦争に乗り込まねばならぬので、支那事変なるものは、此時消えるのだ。唯世界戦争参加者たる日本としての大局に立ちて、支那の如何なる地域を如何なる方法又は形に於て、如何なる程度まで占拠せねばならぬかといふ様に考へ直し、我陣容をこの見地に倚りて、立て直さねばならぬ。それには重慶も蔣介石も何もないのだ」と内話し真剣なる注意を惹いて置いたのであります。一日東條陸相も同感の意を表したのであります。今や事態は此問題、此考へ方を現実に要求（circumstances）して居ります。

〈注〉（ ）内の英語 circumstances は上から波線で消されている。事態の状況という意味を英語で書こうとしたものか。

十、東條首相を褒めてやつて下さい。（兎も角こゝまで漕ぎ付けた事は偉い）そして助けてやって下さい。

十一、一昨日以来上御一人の御軫念の程を乍陰恐察、病室に晏如として居られず、医師等には秘密に、家人は叱り付けて、昨日天機奉伺記帳の為（禁を破りて）宮中玄関迄伺候して参りました。序に、奥に這入り、木戸内府に面会して記帳の為罷出でたる事を告げてをきました。国務とは申しながら、余りにも自分の身体を虐使して之を損じ、空前の此の秋、何の御役にも立ち得ざる事、真に陛下に申訳なき儀に存じて居ります。区々の衷情御憐察を仰ぎます。併し前述の通り半歳は大丈夫御用はない、兵隊の分野だと思ひます。

乱筆御判読奉仰候

洋右

十二月十日夕

〈注〉封筒なし。鉛筆書き。便箋一四枚。

開戦二日目の書簡はまさに開戦劈頭の興奮を伝え、緒戦の多大な戦果に欣喜雀躍、独の電撃作戦になぞらえている（ブリッツクリーグ）。「三」に指摘されたのは、ハル・ノートに至る日米交渉の経過を批判したものであるが、その直前の日本提案よりハル・ノートに至る経過をみてみよう。

東条内閣の仕事は開戦の準備ではあったろうが、その一方で戦争阻止の努力も続けられた。十一月二十日、野村大使は新しく補佐官として渡米した来栖大使と共にハルを訪れ、日本の最終提案を手交した。その内容は日本が仏印以外の東南アジアにこれ以上武力進出を行わぬことを条件に、アメリカが資金凍結以前の状態に通商関係を戻し、蔣政権への援助をやめる等の項目であった。

これに対し十一月二十六日、アメリカから最終回答として手交されたのが有名な「ハル・ノート」である。その主な内容は次の通りである。

一、ハル・四原則の無条件承認（前述）
二、南京国民政府（汪兆銘政権）の否認、重慶政府（蔣介石政権）以外は一切認めず
三、中国大陸からの全面的撤兵
四、満洲国の否認
五、日本の三国同盟からの離脱要求

一読してわかるようにこの内容は、けんかの果し状である。昭和初年以来の日本の大陸政策を知る外交官ならば、このような破壊的な提案は出来ないはずである。

ハルの回答を受け取った当時の外相東郷茂徳は「目も暗むばかりの失望に驚かされた」と記し、政府、軍幹部も怒った。米側の要求に従えば日本は日露戦争直後の状態に戻れということで、これを受け入れれば再び政治テロ、クーデターも予想されたことであったろう。また当時三国同盟離脱は何としても呑めない要求であった。

これより以前米国は、対独戦で苦境に陥っている英国を救うために自国の軍事産業を総動員して、英軍の装備の充実、艦船の補修、艤装に大童の情況で、英国の回復までの時間稼ぎがどうしても必要であった。即ち太平洋に戦端を開く余裕も、民意の高まりも無かったのである。

ところが独の対ソ開戦で、独の精鋭地上部隊、空軍ともにソ連戦線に投ぜられ、英国最大の危機は去ったのであった。

対ソ戦当初、破竹の勢いの独軍は思いがけぬ大雨と湿地帯に足をとられ、自慢の機甲部隊の進撃は鈍

り、モスクワを前に、全てを氷に閉じ込める恐ろしいロシアの冬を迎えつつあった。米国にとっては、これで戦争に突入しても大丈夫という環境が出来たのである。

「四」に述べられている都合のよい時まで米を釣っているのだと思った外交官はまた米のマジック解読と、「日米諒解案」なる「曲球（くせだま）」にあやつられ釣られていたのは日本であったと悟ったであろうか。

陸軍長官のスチムソン日記には、ハルより「私はもう交渉から手を引いたのであとは君とノックス（海軍長官）の掌中に移った」といわれたと記されている。まさに日本に第一弾を発射させるよう仕向けられたのではなかったろうか？といわれるゆえんである。

「六」の、翌年六、七月頃まで戦い抜いて勝った暁の外交交渉の目論見は、まさにその六月七日、日本海軍はミッドウェー海戦に敗れ、この作戦中止を指令したことで霧散したのであった。

2　昭和十六（一九四一）年十二月十一日　朝

想ひ起しますが、前の世界戦争中であつた。ウキルソン大統領が例の頑固と尊大とで、我に対して誠に不合理にして横車的態度を取つた時、時の外務次官であつた幣原君に種々柔かに米人との交渉の骨を悟したが、御存知の通りコレも頭の固ひ上に自惚の強い人で、米国に一度も行つたこともない癖に米国と米人を知つたつもり（こんな人が日本には特に多い）で、容易に私の忠告に耳を傾けなかつた。そこで私は遂に一日面を犯し声を励まして、「私も日米親善を欲する事に於て決して貴君に譲らない。之を欲すればこそ、率直に強硬に彼に当るべく、それでなければ彼は到底了解し得ないのだ（外交的辞令は率直—蛮的？—なる米人には所詮理解出来ぬ。コノ事は実行上あの故珍田伯にすらよく呑み込めなかつた）時には彼の横ツ面〔ツラ〕をひっぱたきもせにやなりませぬ。

又国交といふものは唯一方の国さへよければ維持出来るものではない。双方の利益と感情を不絶顧慮せねばならぬ。時には日本人にも、「ア、横ツ面をヒツパタイてやつて胸がすいた」と思はせねばならぬ。然るに貴君の遣り方を見ると、丸で日本国民の（利益は兎も角として）感情を終始無視し、唯米国の感情を和げること、少くとも之を損せぬことに汲々として居られる。こんな事をしてゐたら、終に日米国交は破綻し、干戈相見ゆるに至るべし。

日米戦争を避け、其親善を欲しながら、貴君は一歩、一歩、之（戦争）に近きつゝあるのだ」との趣旨を激越なる言葉を以て三十分も説いたことがあります。

然るに同一の趣旨を説いて、今日に於てすら近公〔近衛公〕始め、廟堂の諸公遂に解せず（ソコデ幣原君が二十幾年前判らなかつたのは無理はないと思ひました）小生退却後は愈々以てあの自惚と頑固な点では「ウ」氏に勝るとも劣らぬ「ル」大統領に幣原式で当つたのです。今日の結果（外交上）に終ることは当然の儀であります。自ら招いたのです。相手を知り、其なやみ方の骨も知らずして、外交などとは実に片腹いたい。否国家の大災です。知らざるを知らずとなすべし。日本人には少し許りの視察なんかで知つたつもりになる馬鹿が余りにも多い。これはイギリス人に学ばねばなりませぬ。国を誤ります。

右の言を此際なす所以は、日英米の国交処理を何時かはせにやならぬが、吾々の短所しくじりは何処にあつたのか、又現にあるのかを今から能く知つて置かねばならぬと思ふから、釈迦に説法なれど、私の知れる所を御参考の一端迄に申上げます。

十二月十一日　朝　　　　　　　　　　　　　　　　　洋右

〈注〉封筒表「先生御親展（鉛筆書き）　松岡洋右（黒ペン書き）」。封筒裏「松岡（赤鉛筆で蘇峰の書き込み）」。鉛筆書き。便箋六枚。

書簡2はやや落ち着いて、開戦に至った日本外交陣の、特に幣原外交の非難と、今後の交渉に当っての彼なりの信念を披瀝したものである。

松岡は開戦に至った理由として、米国人をよく理解出来なかった日本政府の外交上の失敗であることを指摘し、米国をよく知っている自分の外交が、第二次近衛内閣に理解されず、失脚したことへの無念さを訴えている。しかし開戦したからにはその外交のしくじりを反省し、日英米の国交処理をいつかはしなければならない、と蘇峰に書き送っているのである。松岡はよく次のように語っていたそうである。「アメリカ人は一本道で人と行きあったとき、相手がおじぎをして道を通してくれると、感謝するかわりに、これを軽蔑します。そして相手が、この野郎と、一撃を加えてきたとき、初めて、これを対等の相手とみなすのです。これは、これからの日本の外交官が気をつけるべきことだと思います」（豊田譲『松岡洋右』）と。これは現在のわれわれの感覚とは少し違うかもしれないが、明治時代アメリカで青年期を過した松岡が、実地で身につけた処世術であり、上流の人とのうわべだけの付き合いでアメリカを知ったつもりになる外交官などに対し、自分はアメリカ人の本当の性質を知っているという自負は、常に松岡にあったようである。

実は二〇〇六年は、日露戦争の勝利でロシアから得た満洲（現中国東北部）の東清鉄道などの経営にあたるため、明治三十九（一九〇六）年に南満洲鉄道（満鉄）が設立されて一〇〇年にあたった。満鉄は日本最大の会社といわれ、その後約四〇年間、日本の満洲経営において中心的な役割を果たした。

松岡洋右の兄の孫に当たる昭和九年生まれの松岡満壽男氏は現在も満鉄会理事長（旧満鉄社員・家族関係者の会、現在は往時の一〇分の一の約二千名）をしておられるが、彼の語るところでは当時兄（満壽男氏の祖父）、弟（洋右）で一旗揚げようと渡米、兄はレストランで成功、その学費で洋右氏は大学を卒業、しかし二人とも米国ではひどい人種差別に会い、兄の子供達は日本へ送り返したそうである（「満鉄一〇〇年」『産経新聞』二〇〇六年十一月、参照）。

当時西部開拓の余韻収まらぬ西部の果てオレゴン州であってみれば、未だ二丁拳銃を振り回す荒くれの話題には事欠かなかったであろう。もちろん生まれついての気性もあったであろうが、このような雰囲気で成長した彼であってみれば、東部アイビー留学組と違った showdown（対決）哲学が育まれてきたことも容易に推察される。

3　昭和十九（一九四四）年八月二十二日

御恵送のポテト小生の大好物、先生の御苦心喜に賞味可仕候矣

敬復者　残暑却而厳敷折柄御障も無之奉慶賀候　次に迂生不相変尚病餘の衰弱何の役にも不立　唯日々皇国の危険を目の前に憂を深ふ致候而已に御坐候

御憐憫奉仰候　扨て只今塩崎秘書を以て尊翰にて御慰問を恭ふし奉鳴謝候

小生も尚一、二年はトテモ活動は出来間敷候　若夫れ御下問の事の如きは（もし）も早人間の智慧や才覚には不変　人類の歴史上かゝる大事変は百萬年間度々存したるべく、而して独が参るか、我亦滅ぶるか神以外判らず、唯小生は神の意の天地に行はるべく、且神州不滅を確定、此節は唯々天意に安じ居申候　我国時人不甲斐なきは御仰せの通りにて　真に慨嘆に不堪候得共　之も此場合如何とも出来ず　是亦天也命也　稜威に依るの外無候　実に不甲斐なき事ながら小生等の心境唯々此矣

スグ前の別荘に過般頭山翁来り居られ時々往復、コレハ小生此際せめての慰安に御坐候　御拝する丈にて沈静剤と相成申候　実に不甲斐なきお答　何とも申訳無之候　唯言外の意御察し被下度　其内残暑御いとひ被下度　先は御返事迄　匆々敬具

十九年八月廿二日　洋右

蘇峰先生侍史

右手尚不自由、御判読奉存候

〈注〉封筒表「山中湖畔双宜荘　徳富先生侍史　貴答親展托塩崎君（赤鉛筆で松岡氏と書き込み）」。封筒裏「御殿場町東山　松岡洋右」。

書簡3は日本の戦況が決定的に不利となる中、蘇峰から何か外交的な方策がないか尋ねられたものであろう。

この頃は松岡の病状は徐々に悪化し、文面をみても体調を反映してか、これまでの松岡らしい、強気な言葉は姿を消している。

当時の日本軍は、昭和十九（一九四四）年六月十五日米軍サイパン上陸、七月七日同島守備隊玉砕。六月十九日ミッドウェー海戦以来の陣容で挑んだマリアナ沖海戦での海軍の敗北、七月四日インパール作戦の敗北、作戦中止。まさに敗北に続く敗走であり、松岡からもたらされた言葉は「人類の歴史上このような悲劇は何度も経験してきた」というものであり、具体的な対応策は語られていない。また十九年十月末に親戚の佐藤栄作が見舞った時、松岡は佐藤に次のように語ったという。「サイパンがおちた。これで戦争はおしまいだ。だが、今和平を言い出せば、まあうまくゆけば台湾くらいは残るだろう。がそれを言い出した奴は命がないだろう。またそれを言い出す勇気のある奴はおらんだろう。……ソ連への特使、それはおれに白紙で全権をまかせてくれるなら行くが、条件をつけるなら行かぬ」（『松岡洋右その人と生涯』）とも語っている。

その後の日本は何とか米国に一撃を与えてから有利な講和の場へもって行こうと特攻、玉砕を含む苛烈な戦いを挑むが戦況の好転はなかった。そしてその仲介を頼もうと浮上した相手が「ソ連」という最悪の選択であった。

終戦に際しては、種々の工作が考慮されたが、真っ先に浮上したのは中立条約もあり、影響力もある大国ソ連であった。昭和二十年七月十三日、政府は特使近衛派遣をソ連政府に申し入れたが、足下をみられた日本は「具体的提議は戦争終結に関するものなりや、日ソ関係強化に関するものなりや」とはぐらかされて、結局七月十八日に拒否された。

当時、鈴木貫太郎首相宅に寄宿していた孫の鈴木哲太郎氏の回想を借りよう。

東大法学部の学生だった十八歳の私にも戦局がじり貧になっているのは明らかだったので、「早く戦争を終わらせることはできないでしょうか」と何度か聞いてみたものである。答えはたいてい同じだった。

「急いてはことをし損じる。軍部の力は強い。ヘタなことをするとクーデターが起こって収拾がつかなくなる。好機を待ち、それを捉えなければならない」

七月二十八日、ポツダム宣言が新聞で報じられた朝、私は「宣言の内容は至極もっともで、戦争終結の絶好の機会です。即時受諾すべきではないでしょうか」と祖父に言った。しかし祖父は何の反応も示さず、黙っていたので、私はひどくがっかりした。その日の午後の新聞記者会見で、祖父は「政府としてはポツダム宣言を黙殺する」旨を述べ、その「黙殺」が「reject」と訳されて先方に伝わったため、その後の原爆投下やソ連参戦の口実になったとされている。

その頃政府は、ソ連の仲介でより有利な条件で戦争終結を図るべく秘密に外交交渉をしていたが、ソ連がポツダム宣言に名を連ねなかったため、この宣言が出された段階でその即時受諾を主張することは早期和平論者でさえ躊躇したのだ。私はこのことを後で聞かされ、日ソ中立条約を更新しない旨を四月に通告してきたばかりのソ連に、政府が期待を抱き続けたことに驚きを隠せなかった。八月六日の広島原爆投下と九日のソ連の対日宣戦によって軍部の徹底抗戦論は勢いを失い、九日の御聖断により、政府はポツダム宣言を「天皇の国法上の地位を変更する要求は含まない」と了解する旨の条件付で受諾することに決した。

おわりに

プロイセンの軍事政治学者クラウゼヴィッツは、その著『戦争論』の中で、戦争は政治の延長であると喝破した。帝国主義時代のみならずレーニンなど共産革命家にも大きな影響を与えた書である。本論文の中心でもある日米戦争もまた日露戦争後四十余年の日米外交の延長線上にあった戦争であると考えれば、ある種大きな感慨を覚えざるを得ない。

松岡は沖縄戦敗北のあと、昭和二十（一九四五）年七月十二日、鈴木内閣の小日山運輸大臣より、和平の道を探る構想の三方策の質問を受けたその返答として、

愚問は、

（一）いかに我がインテリが現実なる世界の情勢に暗きかを物語り、

（二）戦争には敗けつつもなお外交手段により助かる道はなきかとの甘き考えを暴露するものなり。

（二）につき序ながら一言せん、それは

A　武力を擁して動かざる間に外交というものがあり得る。

B　武力一度動きても勝戦ならば、または勝戦といえないまでも可なりの対抗能力を発揮するならば、外交はあり得る。

C　敗戦に外交なし。

右三則は人類五千年史の吾人に教うる鉄則なり。歴史をよく読めば（二）の如き甘き迷える、愚にもつかぬ考えは自ら消失せん。もしそれ（一）についてはよく目を開きて見よ。世界の情勢我に有利なるもの殆どなし。

この「敗戦に外交なし」の語を、先の蘇峰宛書簡③に合わせてみると、松岡が書中に述べている「言外の意御察し被下度」と書かれていることも、上記の言と軌を一にするものと考えられる。

しかし戦後、首相となった吉田茂は「戦争に敗けて、外交に勝った例もある」と奮然戦後処理に当ったことはまだ記憶に新しいところである。

松岡は、その後昭和二十一（一九四六）年一月二十二日、自宅療養中、米軍医の訪問を受け、入院が必要との言を信じて、行った先は巣鴨プリズン（戦犯の拘置所）であった。そこは病人にはひどい環境で、寒さの上、掃除、洗濯、ベッド整備など彼の体力の消耗を強いることが多かった。それでも痰壺を下げながら、「日本のやり方を充分説明するために来たんだ」と話していたそうである。

昭和二十一年五月六日、罪状認否の際、「松岡老体力尽く」（重光葵『巣鴨日記』）と記されているように、硬い椅子に座るのも大儀の様子で、横の人にもたれかかっていた。認否を聞かれた松岡は、「I plead not guilty on all and every accounts」とかすれた声で否認した。

当時、多くの日本人は、彼の雄弁により日本の立場を主張してくれるよう願っていたし、とりわけ松岡本人もそう願ったであろうが、健康がそれを許さなかったことはいかにも無念であった。彼はこれを最後に法廷に立つことはなく、同年六月二十七日、東大病院で亡くなった。


本稿では松岡洋右の新書簡を軸に書きはじめたが、戦後六十一年は如何にも長いと痛感させられた。当時の生き証人は殆ど姿を消し、現在の若い人の間でも当時の歴史に断片的な知識しかもたれない時代となった。まして歴史教育フリーパスの現状が若者から歴史を遠ざけていることを嘆かずにはいられない。

その点で、靖国問題は良し悪しを別にして当時を回想させるよい契機となったようである。そして稿を終わるには、どうしても日米開戦の「why」と「if」にふれなければならないであろう。この点については多くの論考がなされているが、現在「三国同盟」が日米開戦の契機になったことは、大方の認めるところである。しかし日米対立の根は深く、日本人移民の差別問題、ワシントン、ロンドン条約に対する不満、日本の大陸政策に対する対立、ブロック経済化による日本の経済的苦境等々、その度毎に次第に「日米若し戦はば」の議論が湧き上がってきたのである。戦後日本側の反省のみでなく、米国側にも「我々は十年一日の如く……日本に嫌がらせをした」（ジョージ・ケナン『アメリカ外交五〇年』岩波新書）

との弁も聞かれている。

米国の太平洋制覇を求める気運（ハワイ、フィリピン等）に加え、一連の対日政策、特に日本の在華権益を認めない米国相手では結局どこかで破局を迎える宿命を負っていたのではないかとも考えられる。

一方、明治憲法下の官制では、首相といえど一般閣僚と同一の法律上の権限しか無く、統帥権を盾にごり押しを繰り返す軍部相手にいわばリーダー不在ともいえる国家運営に陥った憾みがあった。この点については『徳富蘇峰　終戦後日記』の中でも何回か指摘されている。

当時の海軍指揮者中、最も日米開戦を危惧し、「日米開戦は一大凶事なり」と信じた山本五十六連合艦隊司令長官は「百年兵を養うは何の為ぞ」との命題を常に思い廻らせていた。その彼が、あの真珠湾作戦で先頭に立たざるを得ない運命の皮肉を味わったのであった。

「why」と「if」の中にいま一つ国民的熱狂があったことは看過できないであろう。ジャーナリズム、国民一般はもちろん、多くの学者、文人、芸術家もこの時流の流れに歓呼の声を挙げたことも事実である。反省などという軽薄な言葉にそぐわない大きな興奮の流れの中に身を投じていったのである。

参考文献
高野静子『蘇峰とその時代　よせられた書簡から』中央公論社、一九八八年（一七章　松岡洋右）
高野静子編著『往復書簡　後藤新平 - 徳富蘇峰　1895-1929』藤原書店、二〇〇五年
鳥居民『日米開戦の謎』草思社、一九九一年

豊田穣『松岡洋右　悲劇の外交官』上・下巻、新潮社、一九七九年
松岡洋右伝記刊行会編『松岡洋右　その人と生涯』講談社、一九七四年
加瀬俊一「松岡洋右」『日本のリーダー4　日本外交の旗手』TBSブリタニカ、一九八三年
西尾幹二編『地球日本史（三）　明治中期から第二次大戦まで』産経新聞社、二〇〇五年
「運命の八月十五日　五六人の証言」『文芸春秋』二〇〇五年九月特別号
「日本敗れたり　あの戦争になぜ負けたのか」『文芸春秋』二〇〇五年十一月号
「昭和天皇のメモの衝撃」『週刊文春』二〇〇六年八月三日号
「天皇のお言葉とは何か」『正論』二〇〇六年十月号、産経新聞社
若林利治「近衛文麿——総選挙なき国民的英雄」、坂野潤治監修『二つの昭和史　老後に歴史を学ぶ』光芒社、二〇〇二年
「真珠湾への道　日米開戦六五年」『産経新聞』二〇〇六年十二月一日—十二月七日
R・C・K・エンソー、内山正熊訳『第二次世界大戦』岩波新書、一九五六年
佐藤優『日米開戦の真実』小学館、二〇〇六年
徳富蘇峰『終戦後日記』講談社、二〇〇六年
深田祐介『黎明の世紀——大東亜会議とその主役たち』文芸春秋、一九九一年
五味川純平『虚構の大地　関東軍私記』文芸春秋、一九七三年
伊藤正徳『帝国海軍の最後』光人社、一九八〇年
『近代日本総合年表　第三版』岩波書店、一九九一年

I

中江兆民

——自由よりも寧ろ平等を好む

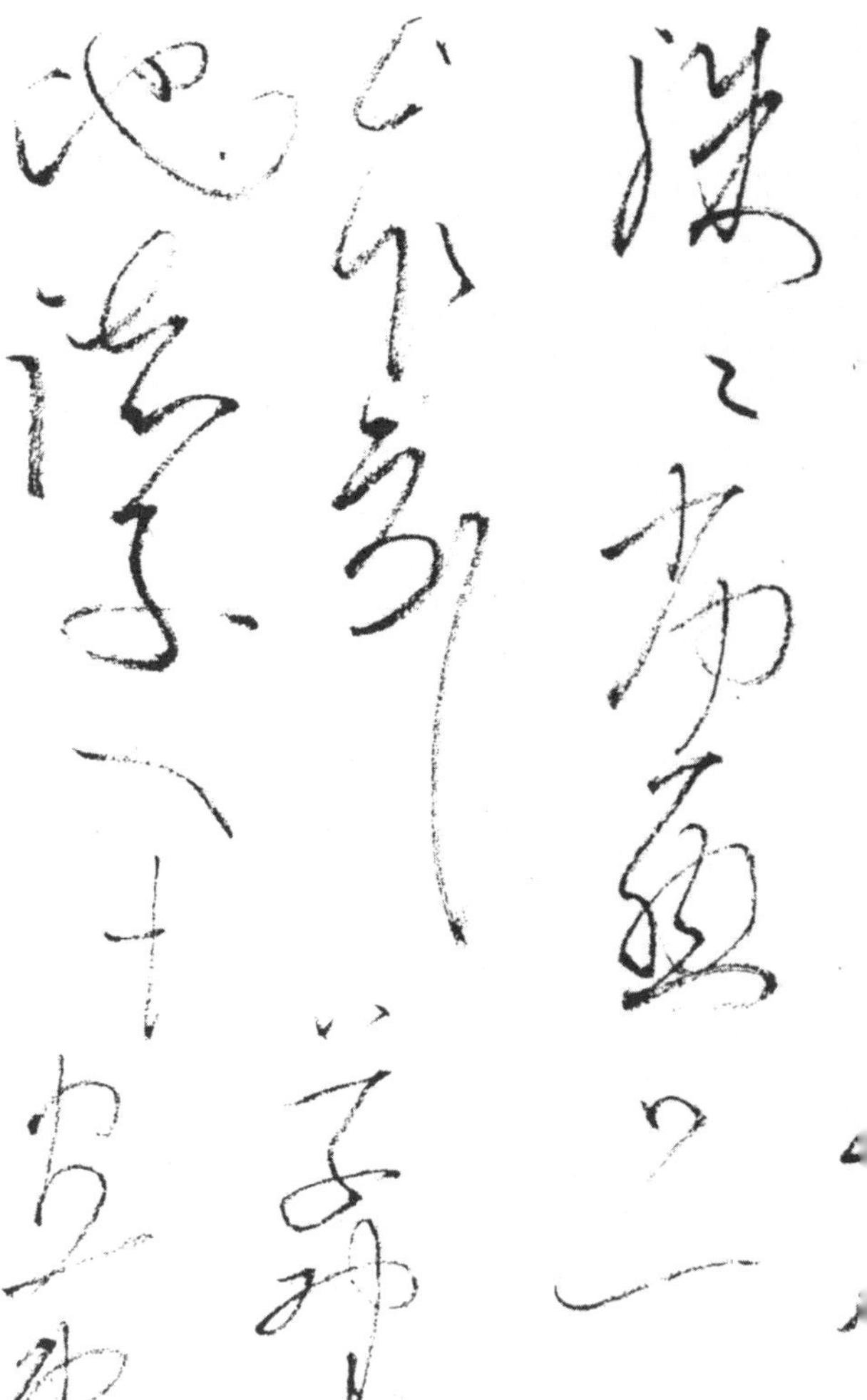

中江兆民（なかえ・ちょうみん　一八四七―一九〇一）高知生まれ。政治家、思想家。本名篤介。長崎、江戸でフランス学を学ぶ。明治四（一八七一）年、岩倉使節団と共に渡欧しフランス留学。明治七（一八七四）年帰国後、東京外国語学校校長を務め、仏学塾を開く。明治八（一八七五）年元老院権少書記官となるが、二年後に辞任。明治十四（一八八一）年『東洋自由新聞』創刊、主筆となる。フランス流の自由民権論を唱え、自由民権運動の理論的指導者となる。ルソー『民約論』の翻訳『民約訳解』により「東洋のルソー」と称される。『国民新聞』への一部掲載を経て明治二十（一八八七）年『三酔人経綸問答』を刊行。同年、藩閥政府の横暴を批判し、保安条例により二年間の東京追放。明治二十三（一八九〇）年第一回衆議院議員選挙に当選するも翌年辞職。明治三十四（一九〇一）年咽頭癌により余命一年を宣告されて社会活動から身を引き、『一年有半』『続一年有半』を著す。

1　僕　実に恥かしきの極点なり

明治三十四（一九〇一）年十二月十三日、土佐に生まれた自由民権思想家、中江兆民（一八四七―一九〇一　弘化四―明治三十四）が五十四歳で亡くなった。同年四月、兆民は咽頭癌の告知を受け、壮絶な痛みのなかで、『一年有半』を書きあげた。『一年有半』という題名は、医者から告知された余命から名付けられた。八月三日に脱稿し、幸徳秋水（一八七一―一九一一　明治四―四十四　社会主義者　兆民の愛弟子）に出版を任せた。九月二日、「生前の遺稿」として『一年有半』は博文館から出版された。癌の告知は今日では、医学の進歩で治るケースが多くなったことから、普通のことになりつつあるが、明治三十四年、今から百年前に、癌の宣告を受けた兆民の気持は、どのようなものであったろう。『一年有半』は多くの人に読まれ、感動の波紋は広がり、初版一万部は三日で売り切れ、九月末までに二十三版を重ね、二十余万部を売り尽くしたと伝えられている（『中江兆民全集』10、松本三之介氏の解題）。兆民は『続一年有半』を続けて書き、それも十月十五日、博文館から出版された。癌の宣告から六カ月の間に『一年有半』『続一年有半』を書き、苦痛の激しさと戦いながら、本書の評判を気にしていたと言う。『続一年有半』も『一年有半』と同様多くの反響を呼び、版を重ねる有様であった。日本の人口が約四千万の時代に、このように多くの人々が『一年有半』『続一年有半』を読んだことは、驚くべき事実である。『一年有半』については本稿の最後で、兆民の伝えている晩年の死に対する受けとめ方を、書簡の内容と共に考察することにしよう。

今回は中江兆民の徳富蘇峰への書簡四十四通を史料として、兆民と蘇峰との交遊の様子を追ってみよう。

最初に兆民に心惹かれたのは、『国民之友』二二五号（明治二十一年七月六日）の「特別寄書」に掲載された兆民の「婦人改良の一策」であった。兆民の一策の要旨は、「女人が学問をして、文芸、政治の考えが出来るようになり、男子の噺に入ることが生意気というならば、女人が早く生意気になることを望む。女人改良に熱心な男子は、女人が人形社会に沈淪（ちんりん）していた時から生じた習慣の盲雲を払って勇気を出させ、漢語を使わせ、漢文崩しの噺をさせることが肝要である」と述べている。人形社会は、ノルウェーの劇作家イプセン（一八二八―一九〇六）の『人形の家』を思い起させる。『人形の家』は一八七九（明治十二）年初演され、婦人解放の思想と共に、全世界に影響を与えた画期的な作品である。主人公ノラは、銀行家の夫から単に人形のように愛玩されていたことを知り、一個の独立した人格として生きるべく家を出るという物語である。日本での初演は明治四十四年で、新劇女優松井須磨子（一八八六―一九一九　明治十九―大正八）がノラを演じ、評判になった。蘇峰は『東京婦人矯風雑誌』三、四号（明治二十一年六、七月）で、「婦人の社交上に於る勢力」と題し、婦人が社交場において勢力を振いたいと考えるなら、話の種の多くなるようにしなければ、到底矯風会の主義すら貫くことが出来ませんよ、と忠告している。男子の奴隷だ地位が低いのと不平をいう前に、家庭において賢く、外に出て常識を備え、知識を身につけ話題の一つも提供出来る魅力ある女性になることを望んでいる。俳人杉田久女（一八九〇―一九四六 明治二十三―昭和二十一）は「足袋つぐや、ノラともならず教師妻」（大正七、八年）と歌っている。

兆民と蘇峰は女性の能力を認め、敬して期待しているところが似ている。女性の賢さ、真面目さ、知ることを喜ぶ心の内を見抜いていたのであろう。

兆民の略歴を見てみよう。

中江兆民は弘化四（一八四七）年に土佐の国、高知城下に生まれた。兆民の父は、土佐藩足軽元助、母の柳は、同藩の青木銀七の二女であった。幼名を竹馬といい、後、篤助、篤介といった。明治二十（一八八七）年以後は兆民という号をよく使った。土佐藩の藩校文武館が開校したと同時（文久二年）に入学した。兆民は『史記』『荘子』『碧巌録』を座右の書とした。他に「朱子学」「陽明学」を学んだ。また同じ頃、細川潤次郎（一八三四―一九二三 天保五―大正十二 教育家 土佐藩）から、蘭学を学んだ。慶応元（一八六五）年九月、兆民は藩から英学修業のため長崎派遣を命ぜられた。細川潤次郎の推薦だといわれる。長崎では、平井義十郎に就きフランス語を学んだ。フランス語との出会いが、以後の兆民を決定づけたといわれる。開国後、長崎でのフランス語修業に限界があると気づき、兆民は江戸遊学を志し、江戸までの船賃二十五両を留学生監督岩崎弥太郎（一八三四―八五 天保五―明治十八 三菱財閥の創始者）に頼んだが断られ、後藤象二郎（一八三八―九七　天保九―明治三十　政治家）に直談判し、漢詩一絶を作って二十五両を得た。慶応二（一八六六）年末のことであった。江戸では、真田藩邸内にあった村上英俊（一八一一―九〇　文化八―明治二十三　フランス語学者）の塾に入り、村上の作った『仏語明要』を活用した。兆民は中井弘（一八三八―九四　天保九―明治二十七　号・桜洲　政治家）と交遊を続け、明治二（一八六九）年には、福地源一郎（一八四一―一九〇六　天保十二―明治三十九　号・桜痴　ジャーナリスト）の日新塾の塾頭として、フランス語を教えた。明治三（一八七〇）年五月、兆民は大学南校の大得業生（各専門課程の学生から選ばれた少数の成績優秀者に与えられた身分）となった。箕作塾（箕作麟祥開塾）にいたころ、陸軍軍医石黒忠悳（ただのり）（一八四五―一九四一　弘化二―昭和十六　軍医）に胸部疾患を見てもらったことがある。石黒忠悳と兆民の関係は、後ほど人間的優しさ、ユーモアとともに紹介しよう。

明治四（一八七一）年十一月十二日、岩倉具視（一八二五―八三　文政八―明治十六　公家・政治家）全権大使一行が欧米視察のため横浜港を出帆した。留学生五十九人が同行した。兆民もその一人であり、アメリカ経由でフランスのパリ、リヨンで学んだ。兆民が留学生の一員に抜擢された経緯は、大久保利通（一八三〇―七八　天保元―明治十一　政治家）の馬丁を手なずけ、大久保に知られるきっかけを作り、大蔵卿で政府の実力者であった大久保に直訴し選抜されたという。薩摩藩の大久保が、なぜ郷里の先輩に頼まないかと尋ねると、兆民は縁や情実を利用するのは、潔しとしないからと答えた。気をよくした大久保は後藤象二郎、板垣退助（一八三七―一九一九　天保八―大正八　政治家）と相談して抜擢を決めたという（松永昌三『中江兆民評伝』を参照）。明治六（一八七三）年、二十六歳の兆民はパリに住み、西園寺公望（一八四九

―一九四〇　嘉永二―昭和十五　政治家・公爵）、光明寺三郎（一八四七―九三　弘化四―明治二十六　官僚・衆院議員）らと交わる。明治七（一八七四）年二十七歳の兆民は、政府の海外留学生召還の方針により六月に帰国し、しばらく高知に老母と滞在した。

明治七年十月四日、東京麹町中六番町の自宅に「仏蘭西学舎」（後「仏学塾」と改名）を開いた。

明治八（一八七五）年二月、兆民は東京外国語学校長に就任したが、五月、同校校長を辞任した。辞任の理由は、

一、兆民が「孔孟」の教えを重視して、カリキュラムに入れようとしたが、当時の文部省は福沢諭吉（一八三五―一九〇一　天保五―明治三十四　思想家）の開化一点ばりで、兆民の徳育主義が入れられなかったこと。

二、無学な外国人教師たちの横暴を制御しようとしたが、文部省の教育方針と外国人教師との対立が大きかったことによる。（飛鳥井雅道『中江兆民』吉川弘文館）

明治十四（一八八一）年三月十八日、『東洋自由新聞』が、社長西園寺公望、主筆中江兆民、幹事松田正久（一八四五―一九一四　弘化二―大正三　政治家）、社員光明寺三郎で創刊された。社説には民権の基本が理論的に解りやすく語られていた。明治十三年十月、十年間のフランス留学から帰国した西園寺公望の最初の行動が民権派の新聞の社長であった。『東洋自由新聞』は三四号で休刊し、廃刊となった。蘇峰が熊本の大江義塾を開いているとき、『東洋自由新聞』を一号から愛読していたと拙文に書いたところ、松永昌三氏から『東洋自由新聞』が当記念館にあるのかと確かめの手紙をいただいた。きっと「お茶の

『民約訳解』扉
（1882年）

水図書館」の中の「成簣堂文庫」にあるでしょうとお答えしたところ、後日たしかに蘇峰が『東洋自由新聞』を取り寄せ、読んでいたことがわかったと返事をいただいた。三四号で廃刊になった新聞でも、西園寺、中江兆民が関わっていた新聞である。見逃すはずはなく、蘇峰の情報収集の意欲が認められた。

中江兆民は東洋のルソーといわれ、J・J・ルソーの『社会契約論』を漢文体に翻訳し、解説を加え、明治十五（一八八二）年に『民約訳解 巻之一』として刊行した。

明治二十三（一八九〇）年の第一回総選挙で兆民は大阪第四区から衆議院議員に当選したが、二十四（一八九一）年第一議会において、予算案に対する衆議院議員の妥協（土佐の裏切り）に怒り、直ちに「無血虫の陳列場」の一文を草し、衆議院議員を辞職した。蘇峰もおなじく議員たちの良心、正義感を「軽きこと鴻毛の如し」と怒り嘆いた。憤慨の仕方が兆民と蘇峰は似ている。

兆民は面白い。単刀直入に意見を言い、短気そうに見えるが忍耐強く、子供をかわいがり、大きなたらいに子供をのせ、浮かばせて引っ張って、池のなかを歩いたり、妻も母親も大切にし、丸い小さいちゃぶ台で、一家で食事をする。幸徳秋水の伝える兆民の家庭の光景は、兆民が善良な家長そのものに見える。

中江兆民については、先行の方々の沢山の論文があり、また岩波書店から出版された『中江兆民全集』全十七巻と別巻一（松本三之介・松沢弘陽・松永昌三・井田進也編集、一九八三—八六年）は、大変面白く読め、また兆民の史料・資料を解説し、兆民が語りつくされている感がある。

明治十三（一八八〇）年五月、蘇峰徳富猪一郎があと一カ月で同志社専門学校を卒業という時、クラス分けの事で騒ぎが起こり、蘇峰は同志社を辞め、湯浅吉郎（一八五八—一九四八 安政五—昭和二十三 号・半月 神学者・詩人）らと東京に向かった。上京後尊敬していた福地桜痴に面会できず、叔父の江口高廉の『内外交際新誌』の編集を手伝い、外国電報の翻訳とその短評を担当していた。

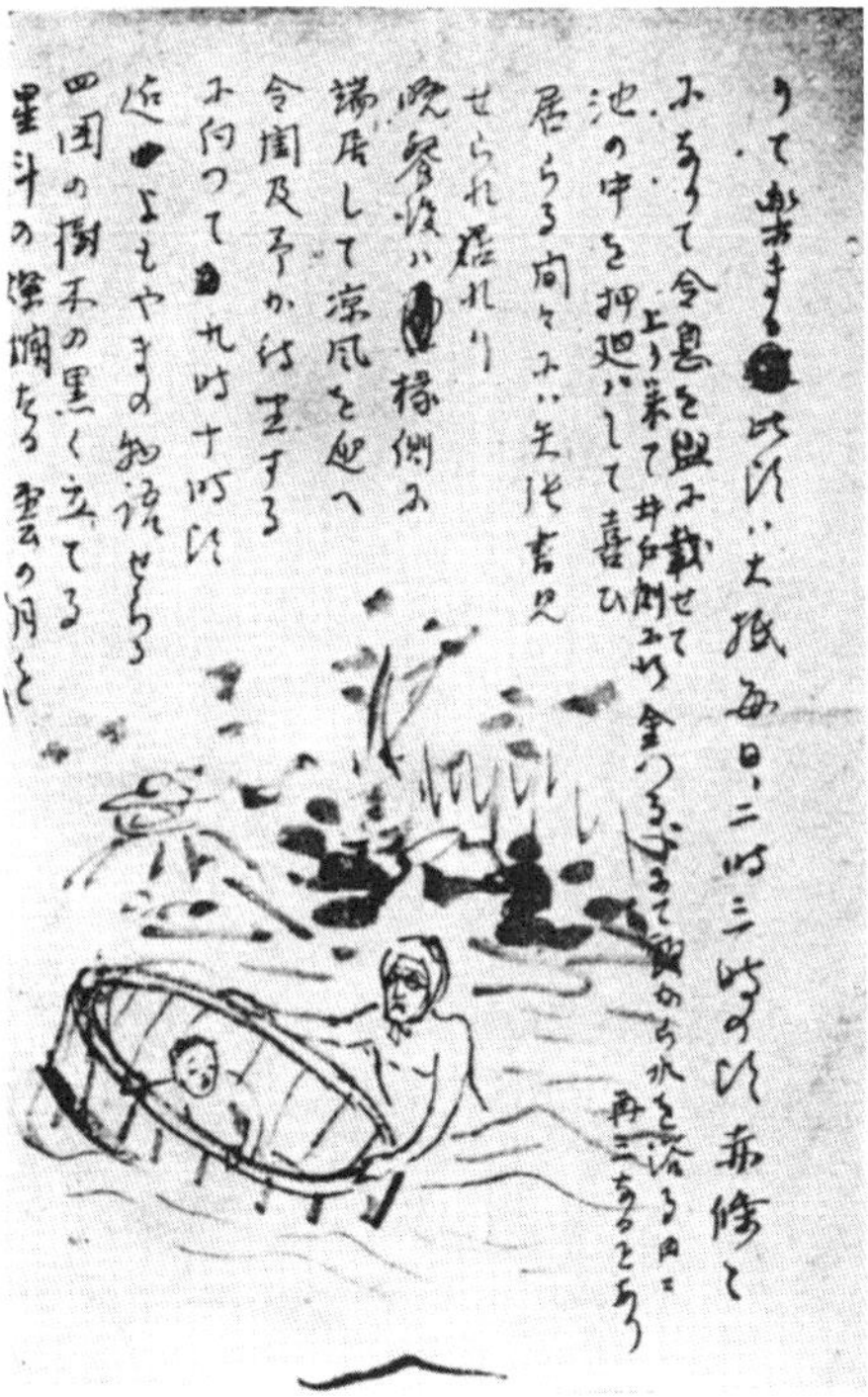

「令息を盥に載せて池に戯る兆民先生」
（幸徳秋水筆）

東京にいる間、中江兆民、井上馨（一八三五—一九一五 天保六—大正四 政治家）らを訪ね、面会した。明治十三年、蘇峰十七歳、兆民三十三歳の出会いであった。この様子は『蘇峰自伝』に詳しい。当時兆民は奇行家として世に認識されていた。蘇峰はかねて岡松甕谷（一八二〇―九五　文政三―明治二十八　儒学者）から、中江氏がフランス学者にして、特に漢文の達者なことを聞いていたが、兆民がルソーの『民約論』の宣伝者であり、自由党の党師の位置を占めているように見えたことに感動した。明治十五年の夏は、東京はコレラが大流行であったが、ある日友人と兆民の青山の家を訪ねた蘇峰に、兆民がコレラよけの薬として、琥珀色の液体をコップに一杯勧めた。蘇峰は中江兆民も同伴者も飲んだので安心して飲み干したが、「やがて予は、予の脳に千軍万馬の往来するが如き心持を覚えた。目が覚めると中江の鉄のベットの上で、もう日暮れ時になっていた」。蘇峰は最初から、兆民の奇行の洗礼をうけたのである。その日、兆民は英文のロックの『ヒュウマン・アンダースタンディング』とチャールズ・ディケンズの『少年用英国史』とを蘇峰に与えた。申訳にでもあろう。蘇峰は哲学に興味がなかったので、一冊を同志社の先輩、元良勇次郎（一八五八―一九一二　安政五―大正元　心理学者）に呈したという。

兆民の書簡

兆民からの蘇峰宛書簡は四十四通（三通の空封筒と未発表葉書一枚を含む）が残されていることになるが、もちろん、これ以上の書簡が交わされていたであろうことが推察される。書簡の内容をかいつまんで紹介しよう。

1　明治二十（一八八七）年一月十二日

（要旨）酒客の攻撃を受け、序文遅延になり、失敬。一両日の内に屹度草稿しておく。

〈注〉葉書。葉書表「赤坂霊南坂十五番地　徳富猪一郎殿」。葉書裏「本郷菊坂下　松沢方　中江　十二日午前」。

2　明治二十年一月十六日

（要旨）お送りした拙序を次のように変えてほしい。「君」の字の処へは貴号をいれ、もし貴号がなければ、文の発端「熊本徳富猪一郎君」と有る処は、「熊本徳富君猪一郎」と改め、余は本のままにてよろしく。

〈注〉葉書。葉書表「赤坂霊南坂十五番地　徳富猪一郎殿」。葉書裏「本郷菊坂三十九番地　松沢　一月十六日午前」。

『将来之日本』は初版から、田口卯吉の経済雑誌社より出版された。『再版 将来之日本』から自由民権思想家中江兆民の序文が掲載されている。**葉書2**で、兆民が蘇峰に校正を頼んでいた箇所は「熊本徳富君猪一郎」と正しく校正されている。『国民之友』三号には、「田口卯吉君中江篤介君序、小池精一君尾崎行雄君跋、島田三郎君矢野文雄君並小崎弘道君批評」と広告されている。新日本の新面目を描き出した『将来之日本』は、初版を売り尽くし、再版はさらに、諸名士の序跋批評を加えたと宣伝している。

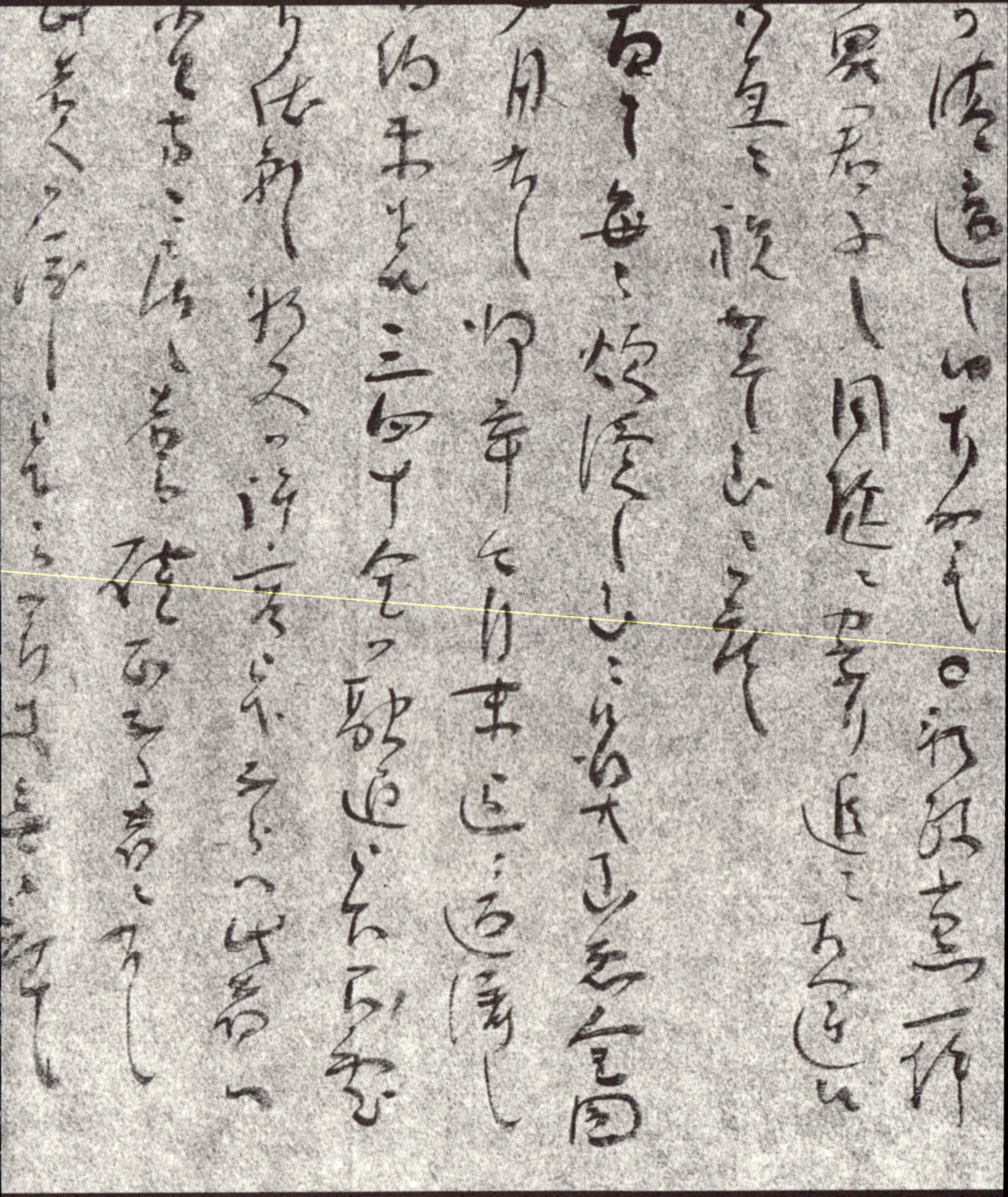

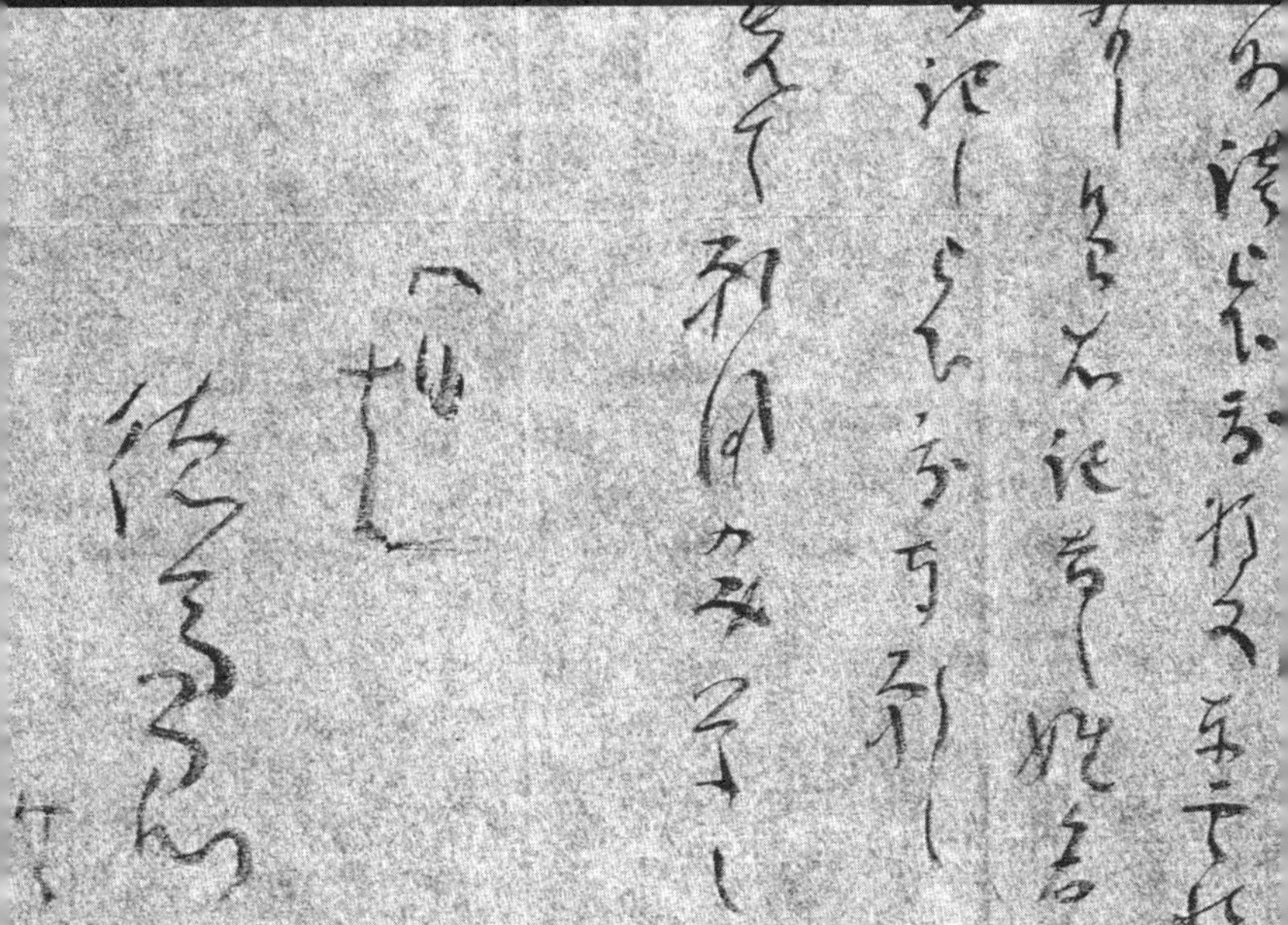

徳富蘇峰宛　中江兆民書簡　明治 23（1890）年 8 月 10 日付
（提供＝徳富蘇峰記念館）

四版には新島襄の序文も登場している。

3　明治二十年三月十日

過般は雑誌御送被下拝見爽快実に人意を強くす　国民之友生れたり　永劫大虚廓然たり　我党の為に気を吐くに足る可賀々々　光明寺は何時に而も御尋被成度根岸本郷いんでんと御尋被成ば直に相成可中候　○鄙述紀事御高評一々窾窺に中り鄙懐殊に快愉を覚へたり　然るを書肆誤りて高文中二三削る所有りて新聞に公告せり　甚僕の意に非ず　不取敢矢野文雄に柬を送り　此事掲載致し呉候様依頼置中候　○近日家事紛忙之事有之貴誌に載するの文を献ずるを得ず　御海容是祈　近々鄙著之論有り卒業之上は又々公平之高評是希

不二

十日

篤介

猪一郎君坐右

〈注〉封筒表「赤坂霊南坂十五番地　徳富猪一郎殿」。封筒裏「三月十日　本郷菊坂下三十九番地　松坂方　中江篤介」。

近日忙しくて貴誌に掲載する文ができていないとあるが、貴誌とは『国民之友』のことである。『国民之友』には特別寄書の欄がもうけられていた。これは、「本誌の光輝を加えんが為めに、諸名士の卓論偉説を乞うて之を掲げる」と言っているとおり、特別寄書家は蘇峰の重要な人材グループであった。

最初に特別寄書家になった人は、「島田三郎君、植村正久君、高橋五郎君、中江篤介君、小崎弘道君、浮田和民君、田口卯吉君、尾崎行雄君、矢野文雄君、植木枝盛君、乗竹孝太郎君、竹越与三郎君」以上十二名が紹介されている（『再版 将来之日本』の巻末広告 一八八七年二月）。明治二十年九月発行の『四版将来之日本』巻末の「民友社広告」には酒井雄三郎・伊勢時雄・末広重恭・金森通倫・吉田嘉六・肥塚龍・森田文蔵・森田久萬人・菅了法の十一名が加わり、二十三名の寄書家のグループができている。蘇峰にとって兆民が、重要な交遊の環にあった人物の一人であったことがわかる。明治二十年四月三日、『国民之友』発刊の祝賀会が富士見町の富士見軒で開かれた時、報知社・毎日社・朝野社・めざまし新聞・経済雑誌社・六合雑誌・基督教雑誌・女学雑誌などと共に、兆民と酒井も出席した。

小説『帰省』で名をはせた民友社の社員宮崎湖処子（こしょし）は

予輩の始めて国民之友を読みたる時、夫（そ）の早春の探梅に鬱蒼たる林中を行き、両側の樹木には松もあり、杉もあり、竹も灌木もあり、更に新芽もあれば、古葉もあり、一条迂回の谷道の、雲より出て雲に入る途中に、十歩に一梅、二十歩に両三梅と、処々に香気と花影の見え隠るゝは蘇東坡か所謂竹外一枝斜更好き景色を見るの想ありたると同時に

と『国民之友』の文学面での香りが伝わって来るようである。

4　明治二十年三月十六日

過日は失敬仕候　○僕の知人の知人に一人魯矢亜学に通じ並に漢学にも通じたる者有之極て窮困の由にて　貴社雑誌の御手伝にても致して糊口之道を得度と申出候　若し貴社に於て御用向有之候様ならば本人の喜申迄も無之御相談申上候　若し御用向御座候はゞ　乍御手数端書にて御報知被下度　若又御報無之に於ては御用向無之と認めて本人へ　其旨を通じ可申候　先は要事而已　艸々頓首

十六日　　篤介

猪一郎君座下

〈注〉封筒表「赤坂霊南坂十五番地　徳富猪一郎殿」。封筒裏「三月十六日　本郷菊坂下三十九番地　中江篤介」。

ロシア学、漢学のできる人に職を求めている。

5　明治二十年五月二十七日

先日は御馳走を賜難有奉謝候　経綸問答落成一本を呈し候　公正の評相願度並に公告をも奉願候　公告文は別に無之本書の目録を以て公告の文と仕心得に御座候　余容而悉

五月二十七日　　中江

徳富君

〈注〉封筒表「赤坂霊南坂十五番地　徳富猪一郎君」。封筒裏「なかゑ篤」。

五月末に兆民著『三酔人経綸問答』（集成社）が蘇峰に届けられた。兆民は蘇峰に書評と広告を願った。明治二十年四月発刊『国民之友』三号の「特別寄書」欄に、兆民の「酔人之奇論」が掲載されている。これは、同年五月『三酔人経綸問答』の出版のまえに、『三酔人経綸問答』の最初の部分を「酔人之奇論」として発表し、広告としたのである。「南海仙漁　中江篤介」の名で特別寄書欄に掲載されている。明らかに蘇峰が書いたと思われる、次のような前書きが添えられている。

> 左の文章は中江篤介君の稿にして題して「三酔人経綸問答」と云ふ一方に於ては誇大を好のむ武備拡張論者あり　他方に於ては単純の理論に奔る民極論者あり互に其の偏見を固執して論難弁詰す著者自から中間の位地に立ち情理兼臻（いた）るの素論を吐き坐に之を快醒解悟せしむ一篇の趣向略は此の如し　今其の一節を摘載して之を読者に示す　其の全豹の如きは該書上梓の後を竢て之を知れよ
>
> 国民之友記者

『三酔人経綸問答』
（1887年）

兆民の『三酔人経綸問答』を蘇峰がすでに読み、その紹介を兼ねた宣伝をかって出ていたことがわかる。これから八年後、蘇峰は「妄言妄聴」（『蘇峰文選』一八九五年十二月に収録）で、兆民の人物評を、二十一項にわたり書いている。幾つかの評を紹介しよう。

○兆民居士は、自由よりも寧ろ平等を好む。平等主義は、君が一生を始終する真骨頭也。一篇の民約論、君に於ては金科玉條也。

○君の文彩の最も光芒を放ちたるは、保安条例退去後、大阪に於ける『東雲新聞』主筆の当時を以て、其の絶頂と為す。一腔の肚皮、満脳の熱血、筆端に迸り来りて、奇突横峭の文を作す。議論とも附かず、独語とも附かず、真面目とも附かず、謔言とも附かず、其の性質の錯雑にして、分明を欠く所、却て兆民居士の天真、活躍し来るを覚ゆ。

○君は所謂る文明開化の崇拝者にあらず。君は自然を愛す、而して文明を以て、自然の敵となす。君がルーソの非開化論を訳したる、偶然に非ず。

○君の平等主義には、一切平等、寂滅為楽の禅味あり。

『佳人之奇遇』は東海散士（一八五二―一九二二　嘉永五―大正十一　本名・柴四朗　政治家・小説家）の政治小説である。井上毅に『佳人之奇遇』ほど売れないだろうと言われ、蘇峰は、兆民の為に、『国民之友』で宣伝に一役かったものと思われる。蘇峰が『三酔人経綸問答』を好んでいたことは、『国民之友』五号に、四頁にわたる書評を書いていることからも窺える。その中で蘇峰は、『三酔人経綸問答』は南海先生、紳士君、豪傑君が酒を飲みながら、時事を問答したものであるが、「即ち二客は是れ先生の化身のみ」と、三人の問答は形を変えた兆民自身の意見であるとみている。嗟呼、南海先生は酒に隠るのみ、豈に真に酔人ならん哉。蘇峰は、南海先生、紳士君、豪傑君の三酔人が、姿を変えているが、実は兆民の姿であることを指摘し、いかにも兆民の三人三様の人物になりきった意見が面白い。しかし井上毅や蘇峰が期待していたように、『三酔人経綸問答』が再版されることはなかったようである（『中江兆民全集』8、解題）。蘇峰が「豪傑君（侵伐家）も亦た、民約論の翻訳書位いは、一読した人なる可し。何となく哲理の色気があるから」と評している所が面白い。

兆民と保安条例

明治二十（一八八七）年十二月末、井上馨外相の条約改正交渉の失敗を機に、三大事件建白運動が起こり、地租の軽減、言論集会の自由、外交政策の回復の三要求の建白書を携え、全国から民権運動家がぞくぞくと上京して、政府を脅かした。それを防ぐため政府は「保安条例」を公布した。そして、在京の民権派を東京から追放しようと、五七〇名に三日以内に皇居三里以外への退去を命じた。五七〇人の中に兆民もはいっていた。保安条例実施の翌日（十二月二十七日）、兆民は次のような書簡を蘇峰に送った。その書簡は当記念館にないが、幸い『国民之友』一四号に掲載されているので、全文ここに転載しよう。

8 明治二十（一八八七）年十二月二十七日

左に掲くるは　我が特別寄書家兆民居士が保安条例に依り昨冬東京を追放せらるゝに際して弊社の徳富に寄せられたる書簡なり

徳富君足下僕も誤りて這回亜細亜豪傑の中間入りを為したり　僕実に恥かしきの極点なり　是れ全く僕が素行の善からざるが為めに信を明治の昭代に得ざるが故なり　徳富君僕が今回の過挙を以て其畢生を卜し給ふなよ　事急に情切なり　縷陳するに暇あらず　僕此災厄の間は酒を慎めり　幸に貴慮を労する勿れ　二年間の烏兎長しと云へば長し　短かしと云へば短かし　平民の為めに自玉せよ

有り難き保安条例実施の翌日　篤介粛拝

猪一郎君

〈注〉『国民之友』一四号、明治二十一年一月二十日発行。

兆民の悲しみが伝わってくるようである。蘇峰に出した手紙と同じような内容で、兆民は末広鉄腸（一八四九―九六　嘉永二―明治二十九　本名・重恭　政治家・小説家）へも書簡を送った。その書簡は全文『朝野新聞』の二十年十二月三十一日付に掲載されているので（『中江兆民全集』16に収録）、紹介しよう。

明治二十年十二月（日付不明）

○中江篤介氏の書簡　今回退去を命ぜられたる中江篤介氏は其の府下を去るに臨み　左の如き書簡を

弊社末広重恭の許へ寄せられたり
末広君余は実に恥入りたり　此度一山四文の連中に入れられたり　満二ケ年間東京に在ることを得ず
因て一先浪華に退去す　自由平等の主義益々可尊哉　明治政府の仁慈も亦至矣哉　急遽に出づ覼縷す
る能はず
即日　　　　　　　　　　　　　　　　　　　　　　　　篤介生
鉄腸君蒲団下
渭北江東相隔るも霊犀相通乞ふ国の為め民の為めに自玉せよ

〈注〉『朝野新聞』明治二十年十二月三十一日。

末広鉄腸への兆民の書簡の内容は、よく知られているが、蘇峰への書簡は、『国民之友』一四号に掲載されたが、あまり知られていないように感じる。創刊一年の『国民之友』より、『朝野新聞』の威力が窺える。『朝野新聞』と比較することじたいがおかしいのであろう。兆民は保安条例によって退去を命じられた悲しみを、驚きと共に蘇峰と鉄腸に訴えている。末広鉄腸といえば、筆禍で入獄した人で、『雪中梅』『花間鶯』など政治小説を書いて人気を博したことがある。兆民より二歳若く、蘇峰より十四歳年長である。兆民が保安条例で東京を去る直前に書簡を出し、自分の気持を伝えたのが、鉄腸と蘇峰であったことは、なんらかの意味があったのであろう。まさか自分が東京を追われるほど、明治の御代に信頼されていなかったという悲しい心境をうち明けられる、信頼できる友であったのであろう。「国の為めに自玉せよ」と二人に頼んでいるのである。保安条例で退去を命じられ、驚いた人に尾崎行雄がいた。退去命令に愕然として、自分の号を愕堂と付けたことはよく知られている。退去を命じられた人の内、星亨、尾崎行雄などは、外国に向けて旅立った。中江兆民は母親を伴い大阪、曽根崎に退去した。

保安条例の実施に当たって、誰が人選したのかが知りたかった。寺崎修氏の「保安条例と退去者名簿」（『朝日百科・歴史を読みなおす21　立国の時代』朝日新聞社、一九九五年）によると、内務大臣山県有朋の内命を受けた警視総監三島通庸（一八三五―八八　天保六―明治二十一）を中心に警視庁においてすすめられたという。最初の名簿には、後藤象二郎、福沢諭吉（退去期間満三年）、大石正巳、徳富猪一郎（同満二年）がリストにあがっていた。それがリストからはずされたのは、たぶん伊藤首相の意見で、変更が加えられたという。四五一名の活動家が一年から三年、東京から追放された（寺崎修「保安条例と退去者名簿」『朝日百科・歴史を読みなおす21　立国の時代』）。

後藤象二郎、福沢諭吉、徳富蘇峰、大石正巳が保安条例の名簿から認可されずにとりけされたことを、兆民は知っていたのであろうか。

兆民と酒井雄三郎

中江兆民の弟子酒井雄三郎（一八六〇―一九〇〇　万延元―明治三十三　政治・社会評論家）は、蘇峰に次のような書簡を送った。「他人は知らず、中江の放逐は実に気の毒の至りに堪へず。一篇の拙文以て師恩

の万一に答ふる微意に御座候」（明治二十一年一月十日付）

この時送られた酒井の原稿が、『国民之友』一五号に掲げられた「『クー、デ、ター』及び国安」である。変号のままのせてくれといっているように、「茫々学人」の名で発表された。この論文は保安条例のことには触れず、フランス語の「クー、デ、ター」の意味から説明し、「クー、デ、ター」とは、「国長、大臣又は政権を秉れる一党派の者が其国人の中にて己れの専横に抗し己れの野心を防げ其他何事に限らず己れの施為する所に反対する輩をば一時に捕縛し禁獄し追放して従前より取決めたる法律の条文などには一切頓着せざる乱暴狼藉の所業を謂ふ故に平たく之を訳すれば政府の暴行と云ふこそ或は妥当ならんか」と述べ、日本には幸い「クー、デ、ター」の禍がなかったので、これを訳す適当な語がないことは、幸せであると論を結んでいる。これは、兆民などの追放が政府の暴行だとは一言もいわず、それでいて立派に鋭く政府を批判している。酒井はこの原稿を蘇峰に送り、その後五回校正した。当初の希望の『国民之友』一四号にまにあうはずはなく、明治二十一年二月三日発兌の『国民之友』一五号に掲載された。この論文の最後に、「右の一篇は一月初旬の投寄に係るものなれとも紙面の都合によりて今回掲載することとなせり　国民之友記者」と注記してある。蘇峰の心配りであろう。

兆民の蘇峰宛書簡にもどるが、さきに、保安条例実施の翌日、蘇峰宛の書簡が民友社に届き、それを『国民之友』一四号に掲載されているのを紹介した。ところが次の日にも兆民は書簡をだしている。

9 明治二十（一八八七）年十二月（二十八）日

御病気中御見舞も不申失敬仕候　蕪雑の文章に付屡々御厚意に被掛奉謝候　実は小生も這回の条例に被当二ケ年東京放逐被命　浪花迄引取る心得に御座候　附而は通行致せば二名の査公が擁衛する故甚だ恥ケ敷御座候間　成る丈け外出不仕候間　御暇迄不仕不悪思召被下度候　唯々為民　自珍を希ふ而已

即日　　中江

徳富様

〈注〉封筒表「猪一郎様」。封筒裏「中江拝　二十八日」。

東京を退去する無念さ、寂しさを、蘇峰に繰り返し聞いてもらいたかったのであろう。『三酔人経綸問答』の登場人物、南海先生、紳士君、豪傑君の意見のうち、誇大を好む武備拡張論者の豪傑君、いいかえれば、「一山四文の連中にいれられた」という豪傑君の部分の自分（兆民）しか見てもらえなかったことを、嘆いているのであろう。蘇峰はその頃体調を崩し、『報知新聞』の矢野龍渓（一八五〇—一九三一　嘉永三—昭和六　政治家・小説家）、森田思軒（一八六一—一九七　文久元—明治三十　ジャーナリスト・文学者）が、自分たちで出来ることがあれば、手伝おうと申し出るほどの状態であった。兆民もそれを知っていたのであろう。また兆民は外出する時は、二人の巡査が付いてくるので、恥ずかしいと、本心をうちあけている。大阪に退去した兆民は明治二十一（一八八八）年一月十五日、『東雲新聞』を創刊、その主筆となった。兆民は行動し始めていたが、心は東京に向いていたのであろう。東京から贈られる『国民之友』の記事を読み、批判して、その後、二回『国民之友』が送られてこなかった。それは自分の批判のせいだと、蘇峰の出方を心配していた兆民であった。

次回は、兆民に批判された『国民之友』の記事をつきとめ、どんなことがあっても、「『東雲新聞』は自ら『東雲新聞』也　中江篤介は自ら中江篤介也」と胸を張っている兆民の書簡を紹介し、何が問題であったかを調べ、兆民と蘇峰の友情の絆の強さを考えてみよう。

2　天下茫々　知己と称する者幾何有るや

明治二十（一八八七）年十二月二十六日、保安条例の施行で、東京から退去しなければならなかった兆民の心の内は、推察するに余りある。「僕実に恥かしきの極点なり」「徳富君僕が今回の過挙を以て其畢生をトし給ふなよ」「平民の為めに自玉せよ」と、大阪難波に退いた四十一歳の兆民は、明治二十一（一八八八）年一月十五日には『東雲新聞』を創刊し、主筆として筆を振るい始めた。素早い対応であった。その様子を蘇峰へどう伝えていたか、書簡を見てみよう。

10　明治二十一（一八八八）年二月九日

屢々御手紙被下　是よりは総て御返事も不申失礼仕候　御悩は其後如何御座候哉　貴誌拝見いたし候
而定而御全快ならんと奉察候　別紙蕪陋の一口噺差出申候　御掲載と否とは御専制に任す　過日之貴
誌に付　狂戇（きょうとう）なる批評仕候　御叱斥之程憮やと恐縮罷在候　先は匆々拝
九日　中江
徳富君

〈注〉封筒表「赤坂霊南坂　民友社ニ而　徳富猪一郎殿」。封筒裏「二月九日　大坂堂嶋中二丁目　東雲新聞社」。

大阪に退去した兆民に、東京の民友社から蘇峰が度々手紙を出していたことがわかる。この手紙が、大阪堂島からの最初の手紙らしい。兆民が『国民之友』の寄書家として原稿を送っているが、その掲載の時期を蘇峰に任せていたこともわかる。自由民権運動の指導者植木枝盛（一八五七―九二　安政四―明治二十五）、言文一致の小説家山田美妙（一八六八―一九一〇　明治元―四十三）など、掲載の時期をなるべく早くして欲しいと願っている人もいた。兆民はこの手紙の中で『国民之友』に手厳しい批判をしたと書いているが、その批判がどういうものなのか。そして蘇峰は兆民の批判にどう反応したかを見てみよう。

11　明治二十一年四月四日

暖和之候益御盛之由奉賀候　迂生依旧健全御安心可被下候　○去月第二回貴誌之贈を得ず　何か御事情も御座候哉　万一我東雲新聞罪を貴誌に得たる邪　僕疎嬾尽く該新聞之罪を背負ふこと能はず　一言すれば東雲新聞は自ら東雲新聞也　中江篤介は自ら中江篤介也　若し僕にして罪を貴誌に得たらば何ぞ一紙の譴責を惜み給ふや　天下茫々　知己と称する者幾何有るや　僕の大兄に於ける自ら友朋を以て許るせり　大兄果て以て僭と為す邪　其他示教を乞ひ度件種々なれども紙筆に尽し難く且俗冗紛々

草々閣筆

四月四日

猪一郎君坐右　　篤介拝

〈注〉封筒表「東京赤坂霊南坂十五番地　民友社二而　徳富猪一郎殿」。封筒裏「大坂堂嶋　東雲新聞社」。

文中に「去月第二回貴誌之贈を得ず」とあるので、三月に発行された二冊のうち、三月十六日発行の『国民之友』一八号である。一八号の「藻塩草（もしほぐさ）」欄には、兆民居士の「文章の妙は社会の極致を穿つに在り」が掲載されていたので、本来なら一番先に兆民に送られてよいわけだが、発刊されて半月がたっている四月四日になっても未だ届いていない。しかしここで問題になっている『国民之友』は、一五号のようである。

『国民之友』一五・一六・一七・一八・一九号に、蘇峰が無記名で「隠密なる政治上の変遷」を五回にわたって執筆している。一回ずつに次のようなサブタイトルが付いている。

一、「隠密なる政治上の変遷」第一「士族の最後」一五号（明治二十一年二月三日）
二、「隠密なる政治上の変遷」第二「田舎紳士」一六号（同年二月十七日）
三、「隠密なる政治上の変遷」第三「生活と教育との刺激」一七号（同年三月二日）
四、「隠密なる政治上の変遷」第四「現今の商工人民」一八号（同年三月十六日）
五、「隠密なる政治上の変遷」第五　完了「中等民族将に生長せんとす」一九号（同年四月六日）

大阪で兆民は「隠密なる政治上の変遷」を熱心に読んでいたようである。その批判を、『東雲新聞』に何か書いていないか調べてみた。幸に『中江兆民全集』14に「国民之友第十五号」という項があった。

この記事は明治二十一年二月八日の『東雲新聞』一七号、月旦に、南海生妄評として掲載されたものである。これが、蘇峰の「隠密なる政治上の変遷」第一「士族の最後」への兆民の評であるらしい。早速読んでみよう。

東京なる民友記者は　其国民の友第十五号を寄せ来れり其首章には士族の最後と題して豪傑を崇拝する士族と　自由民権の旨義を信奉する士族と　皆是れ同一「士族根性」にして　今後の廃物たることを論じ　相更はらず流麗の筆を揮ふて余力を遺さず論難せり　但此事たる我邦政事世界の極て痛心す可く　極て憂慮す可く実に有識の士の脳を攪し　腸を剜する題目たり　而して記者の口吻何と無く冷笑嘲諧の気を帯ぶるは何ぞや　吾輩深く記者の人と為りを知ると自信せり　記者は豪邁颺挙の太白に非ずして沈鬱蒼勁の少陵なり嬉笑嘲罵する蘇眉山に非ずして流涕長大息する賈長沙なり而して其筆尖より発する所は　人を怡ばしむる者有　人をして泣かしむる者無きは何ぞや　有名無形の進化神に一任して己は唯静恬なる傍観者の地に立つの故に非ずや進化神は吾人の脳中に宿するに非ずや記者の感情に富む才気に優なる華藻に艶なる何ぞ憤ふらざるや泣かざるや世の中に憤ふると泣くと程進歩に益するものは有らずかし文学世界の現状に至っては一から十まで記者に同意なり此れに付きても言ひ度き事は沢なり叉山なり。痩馬重負閑無きを奈何せん　他日を俟ちて貴誌の余白を借らんのみ。

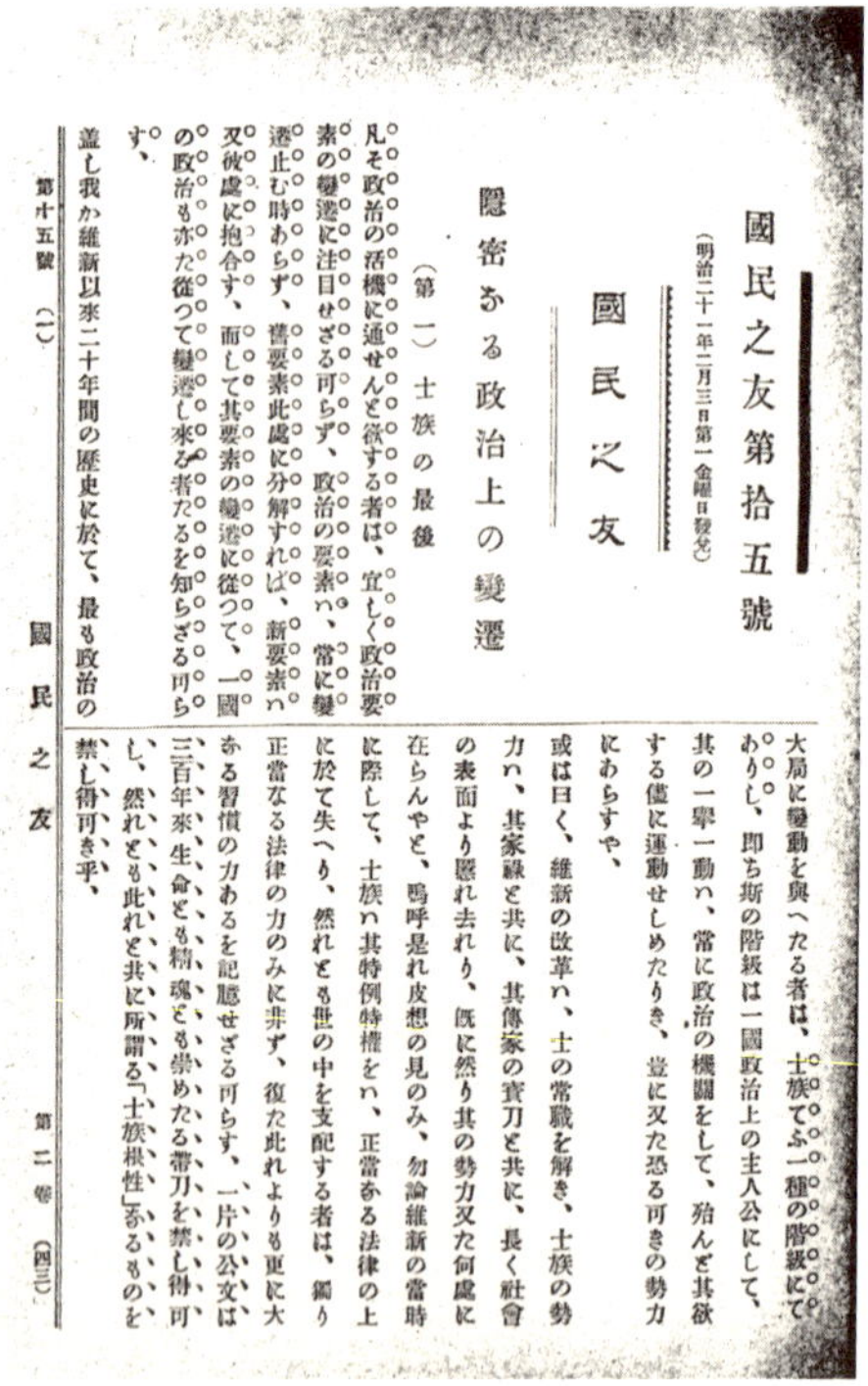

國民之友第拾五號
（明治二十一年二月三日第一金曜日發兌）

國民之友

隱密なる政治上の變遷

（第一）士族の最後

凡そ政治の活機に通せんと欲する者は、宜しく政治要素の變遷に注目せざる可らず、政治の要素ハ、常に變遷止む時あらず、舊要素此處に分解すれば、新要素ハ又彼處に抱合す、而して其要素の變遷に從つて、一國の政治も亦た從つて變遷し來る者たるを知らざる可らず、

蓋し我か維新以來二十年間の歴史に於て、最も政治の大局に變動を與へたる者は、士族てふ一種の階級にてありし、即ち斯の階級は一國政治上の主人公にして、其の一擧一動ハ、常に政治の機關をして、殆んど其欲する儘に運動せしめたりき、豈に又た恐る可きの勢力にあらすや、

或は曰く、維新の改革ハ、士の常職を解き、士族の勢力ハ、其家祿と共に、其傳家の寶刀と共に、長く社會の表面より隱れ去れり、既に然り其の勢力又た何處に在らんやと、嗚呼是れ皮想の見のみ、勿論維新の當時に際して、士族ハ其特例特權をハ、正當なる法律の上に於て失へり、然れども世の中を支配する者は、獨り正當なる法律の力のみに非ず、復た此れよりも更に大なる習慣の力あるを記臆せざる可らす、一片の公文は三百年來生命とも精魂とも崇めたる帶刀を禁し得可し、然れども此れと共に所謂る「士族根性」なるものを禁し得可き乎、

第十五號　（一）　國民之友　第二卷　（四三）

「隠密なる政治上の変遷」第一「士族の最後」の冒頭頁

とある。「隠密なる政治上の変遷」は第一から、兆民の目にとまったようである。「凡そ政治の活機に通せんと欲する者は、宜しく政治要素の変遷に注目せざる可らず、政治の要素は、常に変遷止む時あらず」と始まる蘇峰の「士族の最後」を見てみよう。

明治の二十年間は、二百万の士族が一国の平民社会になっても、その胸中の「士族根性」を如何にして擲（なげう）ち去るかが問題であるとしている。

坂野潤治氏は「急進的民権家の兆民が、士族と平民とに二分する蘇峰の田舎紳士論を批判したことから、蘇峰が兆民への『国民之友』の寄贈を中断した様子がうかがえる」と二十一年四月四日の書簡を指摘されている。また坂野氏は『国民之友』に寄稿した兆民の「改革時代の老物」（『国民之友』九号、明治二十年十月）では、藩閥政治家だけでなく、旧民権指導者をも「老廃したる思想家」として排けたと、兆民の態度を評価している（『日本の歴史・別冊』七〇三号「歴史の読み方7　文献史料を読む・近代」朝日新聞社、一九八九年)。

『国民之友』の配本の遅れについては、先に書いたように、明治二十年十二月と二十一年一月は、蘇峰の体調が悪く、『国民之友』が月に一回しか刊行できなかったほどであった。『国民之友』の「隠密なる政治上の変遷」を熟読していた兆民にとって、休刊が二度続いたことで、心配したのかも知れない。しかし、二月九日の書簡には「貴誌拝見致し候ても定めてご全快ならんと奉察候」と兆民は蘇峰が元気になったことを感じていた。兆民に「士族の最後」を批判されたことで、蘇峰が怒り、大阪の兆民に『国民之友』を送ることを中止したとは私には考えにくい。それは、兆民が『国民之友』を送ってこないと憤慨していた時でも、兆民は「天下茫々　知己と称する者幾何有るや　僕の大兄に於ける自ら友朋を以て許るせり　大兄果て以て僣と為す邪」とあるように、兆民は蘇峰をジャーナリスト仲間としてだけでなく、心からの友と思っていたことによる。

兆民が使っている「友朋」(「朋友」)とは、父子、君臣、夫婦の関係と殆ど差別なき迄に、大切な者なりと蘇峰が説明している(『国民之友』六七号)ことば通りの間柄であったのである。

兆民が興味を持った蘇峰の「隠密なる政治上の変遷」を、松永昌三氏は「要するに士族に代って『平民殊に農耕商の中等民族』が社会の新要素を占めつつあることを論じたものである」としている。蘇峰はこの長い論文で、政治上の変遷を注意深く見守ることを提言している。

第二「田舎紳士」は蘇峰の好きな名称である。兆民の『三酔人経綸問答』の中の豪傑君、洋学紳士君に影響された名であろう。「隠密なる政治上の変遷」の中の田舎紳士君は、「他人よりも未だ有力なりと認められず、自家に於いても未だ有力と認めずして、その勢力の漸々と政治上に膨張し来るものは、それ唯田舎紳士なる哉。今や士族の勢力は、端なく消散して、夢の如し、此れに続ひて一国の元気となり、政治上の重なる勢力となり、以て我邦の平和と光栄を維持するは、此れを我が田舎紳士に望むにあらずして、復た誰れにか望まん」というほど、蘇峰の力のいれようであった。

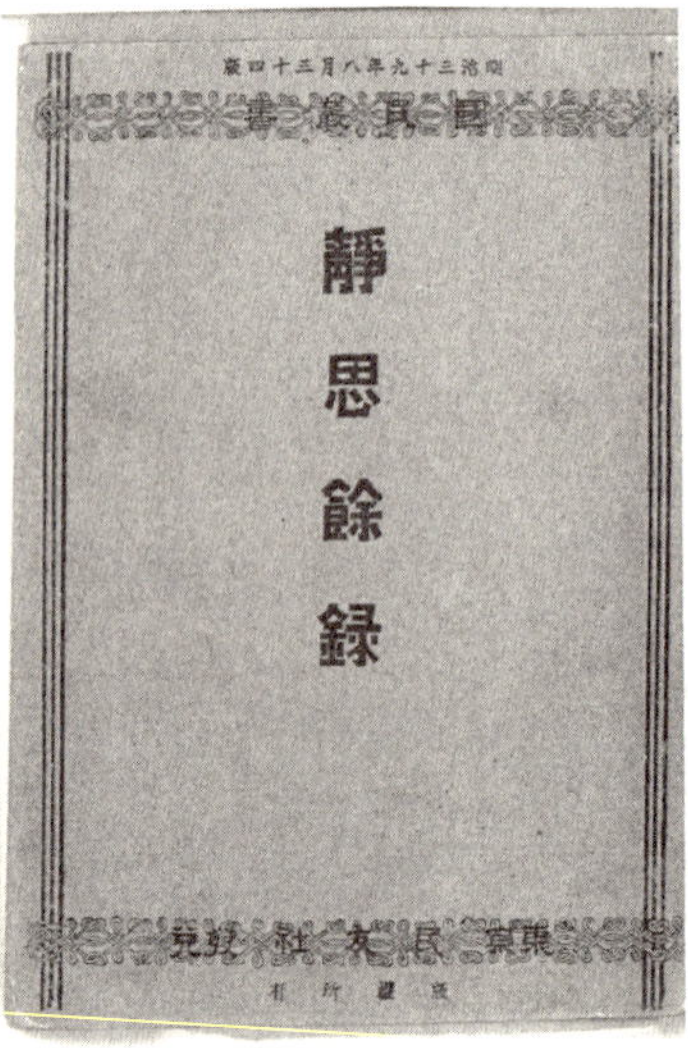

『静思餘録』表紙

第三「生活と教育との刺激」から第五「中等民族将に生長せんとす」では、田舎紳士の面目を一変し、「自家の労力を代価として自家の幸福を受取る中等民族に至っては、吾人は一人たりとも多く斯る民族の出できたらんことを祈っている」とある。最後に、「政治家の要は、慧眼能く社会の現象を察するにあり、殊に社会未発の現象を察するにあり、世の政治家たるもの豈に此の隠密なる政治上の変遷に注目せずして可ならん哉、(完)」、以上「隠密なる政治上の変遷」の大要である。

兆民は明治二十（一八八七）年五月、集成社から『三酔人経綸問答』を出版した。

「南海先生性酷だ酒を嗜み又酷だ政事を論ずることを好む」で始まる『三酔人経綸問答』を蘇峰は好きであったようだ。『三酔人経綸問答』に登場する「豪傑君」とは何者であるのか。蘇峰は、「英国にて所謂『コンツリー、ゼンツルメン』にして、即ち地方に土着したるの紳士なり。彼らは多少の土地を有し土地を耕作するの農夫によりて成り立ちたる村落においては、最も大切なる位置を有せり」と定義している。民友社発行の国民叢書四冊の『静思餘録』に「田舎漢」と題する文が収録されているが、ここで紹介されている田舎漢は、「彼れ武骨なり、木強なり」。「寒山霜を踏んで狡兎を追ひ、茅屋に月を帯びて夜書を読む所の西郷隆盛、及び彼を奉戴したるところの薩摩武士にあらずや」と描かれている。庭石の頑石のような男であるが、天下一度び事あるに当りては、この頑石を用ゆることがある、という大変頼りになる男が田舎漢であると書いている。

蘇峰は田舎紳士について、「地方に土着したるの紳士なり」と。蘇峰がよく使う田舎漢と田舎紳士とは同じであり、兆民の客人、豪傑君と性格が似ている。中村青史氏によれば「蘇峰にとって彼の出身階層である田舎紳士は政治界でも文学界でも指導権を握るはずだと考えた。〈中略〉いわゆる田舎漢を自負する蘇峰にとって、田舎は故郷であり、そこは青山白雲の大自然のあるところだった」(中村青史『民友社の文学』)。「吾人は、士族に向て薄情なるにあらず。農工商の人民に向かつて偏愛あるにあらず。然れども篇を論究したるところにて、断言せざるを得ず、士族は士族根性を捨て、平民社会に加入せざる之吾人が、この論の最後において零落せる士族の階級に呈する、告別の哀辞なり」。「世の政治家たるもの豈に此の隠密なる政治上の変遷に注目せずして可ならん哉、」(『国民之友』一九号)、と言っている。

民友社から出版された国民叢書の『静思餘録』(一八九三年)は売れに売れ、地方の塾では、青年たちが「田舎漢」を暗誦していたという。今私が手にしている『静思餘録』は、四十八版のものである。最終的に、何版再版されたかわからないが、地方の青年に期待していた蘇峰の期待以上に受け入れられた様である。

田舎漢に代表されているように、田舎は美しい故郷であり、きよらかな流れのある郷里である。宮崎湖処子の『帰省』が蘇峰の「帰省を読む」という賛美の書評を得てよく売れた。蘇峰も『故郷』（『国民之友』八四号）を発表し、蘇峰流に、故郷についての、並々ならぬ思いを語っている。

語に曰く、遊子故郷を悲むと、悲むは愛するの至なり　彼れ何が故に悲むか、遊子なるを以てなり、故郷に遠ざからざれば故郷の楽きを覚えざるなり（中略）故郷は一種のインスプレーションなり、琴線一たび此に触れば無限の妙音を発す、

（『国民之友』八四号）

蘇峰も熊本から上京した地方の青年であった。蘇峰が郷里のことを思う気持と、自然の美しさを大切にする心が時を同じくして世に好評されたことになる。

三　酔人の魅力

南海先生、紳士君、豪傑君の間で、アジア、アフリカ、ロシア、イギリス等、問答の話題になる世界があまりに広いことに驚いた。

『三酔人経綸問答』の洋学紳士君の熱演を一部引用して『三酔人経綸問答』の魅力の紹介としよう。

> 民主平等の制を建立し人々の身を人々に還へし　城堡を夷げ兵備を撤して、他国に対して殺人犯の意有ること無きことを示し、亦他国の此意を挟むこと無きを信ずるの意を示し、一国を挙げて道徳の園と為し学術の圃と為し、単一個の議院を置き国の脳髄をして岐裂せざらしめ、凡そ丁年に満ちて　白痴瘋癲其他品行に係りて障碍無き者は貧富を論ぜず男女を別たず、皆選挙権有り皆被選権有りて皆一個の人と為らしめ、地方官は上県令より下戸長に至るまで皆公選と為して行政官に媚ぶることを須ひざらしめ、大に学校を起し謝金を要すること無くして国人をして皆学に就きて君子と為るの手段を得せしめ、死刑を廃して法律的残酷の絞具を除き保護税を廃して経済的嫉妬の隔障を去り、風俗を傷敗し若くは禍乱を煽起するに至らざるよりは一切言論、出版、結社に係る条令を罷めて、論者は其唇舌の自由を得　聴者は其鼓膜の自由を得　筆者は其手腕の自由を得　読者は其目睫の自由を得　会集者は其脛脚の自由を得る等、是れ其綱領なり、細目は別に之を審議せんのみ、

百十年前にこのような人間の平等を、盃をかたむけながら話していたとは思いがけないことである。自由平等、男女同権、普通選挙、公立学校、言論の自由など、現在我々が持っている、また持とうとしている権利を得たいと語っていたのである。

アコラース又諸国戦争の種類を論じて曰く、凡そ戦の由りて起る所の者その目、四あり、曰く王家系統の争なり、曰く宗教の争なり、曰く人種の争なり、曰く商法の争なり

と人類の争いの原因を挙げている。我々はこの四点はいまだ解決していない。三酔人の話合いが、あまりに鋭い見識の上に立っていることに驚いた。最後にもう一つ紳士君の言葉を伝えたい。

第十九世紀の今日に在りて、真に武震を以て国光と為し侵略を以て国是と為し人の土を奪ひ人の民を殺し、必ず地球の所有主と為らんと欲する者は真に癲狂(てんきょう)国なる哉、〔中略〕豪傑の客膝を進めて曰く、紳士君の言は誠に学士なる哉、紳士君試に倫敦(ロンドン)、巴勒(パリ)、伯林(ベルリン)、伯徳武児屈(ペテルスブルク)に遊び、力を竭(つく)して君の高論を唱導せん乎。彼国民新聞記者は或は其の雑報欄中に於て戯れに之を掲げん。

当時の『朝野新聞』(一八八七〔明治二十〕年六月十九日)に、「書中の主意は三酔人即ち紳士君、豪傑君、南海先生が杯酒の間に時事を問答したるものにして進化論、経済論、歴史小説等各々三酔人の口を藉つて縦横自在に説き出し或は嘲弄し或は諷諫し又或は醇々乎として真面目の議論を為し読者をして真に恍惚酔境に入るの思ひあらしむる一奇書なり」(『中江兆民全集』8の解題に収録)とある。

『三酔人経綸問答』はどういう終わり方をしているのであろう。

南海先生笑ふて曰く、公等未だ省せざる乎、公等の辱臨せらるゝより雞声暁を報ずること既に両回なり、〔中略〕二客竟に復た来らず、或は云ふ、洋学博士は去りて北米に游び豪傑の客は上海に游べりと、而て南海先生は依然として唯酒を飲むのみ、

大阪からの兆民書簡を読み進もう。

12　明治二十一（一八八八）年五月十三日

〈注〉封筒表「赤坂榎坂町　民友社　徳富猪一郎殿」。封筒裏「大坂堂嶋　東雲新聞社」。

長文であるので要旨をまず紹介しよう。

（要旨）貴誌その後続々と送って下さりありがたい。小生の窮乏を貴意にかけられ、金のことにつき、御懇切のこと肝に銘じている。貴誌を頂戴さえすれば夫れにて瓊瑶木桃の比喩の如くなれば、その上に報酬を煩はす抔の了簡はない。小生事も窮乏の状には大分慣熟いたし、最早生涯小生之常勢かと諦めている。御一笑ください。

次に兆民が心の内を蘇峰にうちあけた部分を読んでみよう。

〔前略〕是迄余り零々砕々たる文章のみ御送り申　甚赧然之至也　実は宗教若くは理学之問題に係り

少々鄙見も御座候得共　何分予め観察の功を下し　推理之労を取りて咀嚼練鍛するに非れば一篇之議論を成す訳に参り難く此模様にて歳月を経過する時は一生浮虚の社説書きにて地に入るに至らん歟と窃に嘆息罷在候　此等之事は大兄の外御噺申す人実に寥々たるのみ〔後略〕

〈注〉封筒表「東京赤坂榎坂町　民友社ニ而　徳富猪一郎殿」。封筒裏「五月十三日　大坂堂嶋　東雲新聞社」。

兆民の蘇峰への信頼が素直に示されている。兆民の心境を受止める役が蘇峰にはあったようである。兆民は何になりたかったのか。兆民が本を書く道程が語られていて、兆民の著作が如何に推敲されていたかがわかり興味深い。『東雲新聞』の主筆であったがジャーナリストとしての「一生浮虚の社説書き」で死んでしまうのは物足りなかったのであろう。

兆民は明治二十一（一八九〇）年十一月、『国会論』を出版した。同年仏学塾を廃校した。明治七（一八七四）年十月、麹町中六番町四番地に開塾してから、十六年後の廃塾であった。蘇峰は面白いことを書いている。「兆民が止むなくんば、医者たらんと。余笑て曰く、先生医者となる。知らず誰人を以て病客となすや」と（『漫興雑記』）。

13　明治二十一年五月二十七日

（要旨）余白を汚すの栄を得、報酬など思いも寄らなかったが、湯浅氏が来訪し伝達くださったので拝受し、米櫃の足しにする。ありがたい。東京に居た時と同様に、質屋、紙屑屋を以て銀行に充つるの政策をまぬがれない。

〈注〉封筒表「東京赤坂霊南坂町十五番地　民友社　徳富猪一郎殿」。封筒裏「五月二十七日　大坂堂嶋裡通東雲新聞社」。

兆民は大阪でも金と縁がなかったようである。

15　明治二十一年十一月二十一日

（要旨）東京に電信を依托して置いたが、人物の不親切の為か、事情に疎き為か、緊要のことを報じてこない。近日政論社連中の拘引の如き朝日新聞紙上に於て始て承知いたし、我東雲社は怙として馬風の如し。甚不都合を感じ居申候。御多忙中恐入候えども、至急しかるべき人物を御見立て下されたく。多分之報酬は何分出来がたく、電信実費の外に月々五円位なら払える。甚だ無理な御願ですが、人物御定め下さるよう願います。至急ご返事を願います。

〈注〉封筒表「東京日吉町　民友社迄　徳富猪一郎様」。封筒裏「明治二十一年十一月二十一日　大坂北区堂島仲二丁目四十七番地　東雲新聞社」（年月日の数字以外印刷）。

封筒表に「御出社無ければ至急御転達を乞う」とある。兆民の依頼に、蘇峰はどう答えたのであろうか。兆民が信頼できるような人物を紹介するのは難しいであろう。

当時蘇峰は、『大阪公論』に民友社社員竹越与三郎を修行に行かせていた〔竹越熊三郎「竹越三叉——民友社時代」〕。それは蘇峰が将来、新聞を発行する際に、その筆陣に参加することを希望した為である。竹越は『大阪公論』に在社し、よく蘇峰に書簡を送り、政党の動静、『東雲新聞』および大阪公論社の内部事情などを報告している。明治二十二〔一八八九〕年一月二日の蘇峰宛書簡には、「中江先生は社内にては非常に折合あしく、万事宮崎等之壮士の為め排せらるゝ趣あり、万事気に食ぬより退社之念あり」とか、「民友先生〔蘇峰〕は矢野〔文雄〕臭くなりたりなどと申すものも有之候。呵呵」〔『徳富蘇峰関係文書』一巻〕と伝えている。蘇峰は『国民新聞』を創刊するに際し、二十二年十一月に竹越与三郎と上野岩五郎を『大阪公論』から呼びもどした。「村山龍平氏にも寝耳に水にては困り候はば、その前に辞職の旨申し出し被成ては如何」と、『大阪公論』の村山龍平社長に気をつかっている蘇峰である。

明治二十二年二月十一日、大日本帝国憲法発布、大赦令公布される。保安条例による退去処分が解除され、民権運動家多数が出獄した。

17　明治二十二〔一八八九〕年十一月十一日

〔要旨〕梅田又次郎氏著本の稿を携えて来た。二度目である。高橋五郎氏昨日来た。

〔前略〕御手紙之赴米国投書家某云々　実は御承知通小生はいつも穴熊主義にて　交際無之よりケ様の事に付而は何の役も相立不申相談を受ケ候而も実地周旋之功を奏し難く候　此事不悪御思召被下度候　○今朝拙文一編御送申上置候　世間或は誤読して所謂文を以て意を害して却て大兄を傷けんと欲

する奴輩も可有之歟　其辺は如何様とも御趣舍被下拙稿は意に任せて御添削被下候てよろし　余は拝眉可申述候　拝

十一月十一日　篤介

猪一郎様蒲団下

〈注〉封筒表「日吉町　民友社　徳富猪一郎殿迄親披」。封筒裏「十一月十一日　神田区表神保町六番地　中江篤介」。

書簡によるとこの頃、兆民はよく地方にも出かけているが、何か相談されると「穴熊主義」で交際がないと逃げていたのであろうか。兆民の書簡は明治二十三（一八九〇）年のものが一番多い。十一通ある。内容は進歩党連合の件と、借金を願うものである。

18　明治（二十二）年十二月二十一日

（要旨）拝啓　其後は御無沙汰致し候　昨日帰京致し候処　転宿致居候間　雑誌はこの住所へ御送被下度奉願候。

〈注〉葉書。葉書表「京橋区日吉町　民友社　徳富猪一郎様　中江篤介」葉書裏「小石川区柳町廿九番地　跡見学校筋向ひ」。新資料。

20　明治二十三（一八九〇）年八月二日

酷暑之候筆研御清適之旨奉賀候　小生事一昨日帰京仕候　大坂にて山田田中両氏に面会仕候　当地に於ける同氏之下宿御承知被成候はゞ乍御手数葉書を以て御報知被下度小生より両氏を訪問仕度此段奉願候　進歩党連合之件に付貴新聞に於て縦横御唱説真に愉快に不堪猶此上にも御誘導之程冀望之至に御座候　矢野尾崎嶋田数氏も僕近日叩門之心得に御座候　其中御出会相成相はゞ予め御申通し置被下度候　近日参堂相伺度件有之霊南坂御宅には大率何時頃御在宅なる哉　是又乍御手数御一報を煩はし度候　先は要件而巳　草々拝

八月二日　篤介

猪一郎様几下

〈注〉封筒表「日吉町　国民新聞社迄　徳富猪一郎様」。封筒裏「八月二日　小石川柳町二十九番地　中江篤介」。

議会開設の年、大同団結の動きと、「叩門之心得」に兆民の姿勢が窺える。

21　明治二十三年八月四日

過日は失敬仕候　○昨日川嶋醇氏を相尋候処九州同志会連中続々相見へ一大政党之談に及び小生は自由党に申込みの件担当仕即ち今日之自由党開議に右案を担み〔ママ〕一同賛成にて自由党は今日不取敢解散届を為し改進党にまれ愛国にまれ大同にまれ九州会にまれ苟も自由進歩を主とする者なれば赤裸にて相

撲を取りて一大自由党を組成することに決心致し其代表としての談判は小生に附托被致申候此事は大兄に於て定而御満足と存候間不取敢御通知申上候　若し貴紙に右之事御掲に相成候はゞ　小生之名前丈けは御差扣へ置被下度余は面晤可申述候　拝

八月四日　中江

徳富君坐下

〈注〉封筒表「□吉町（日）　国民新聞社　徳富猪一郎様」。封筒裏「八月四日　小石川柳町　中江篤介」。

22　明治二十三年八月十日

御清適之由奉賀候　○新政党一件衆君子之周旋に寄り追々相運び御互に祝賀之至に御座候　扨は毎々煩瀆之至に候得共至急金円入用有之何卒今月末迄に御返済之約束を以三四十円金御融通被下間敷奉伏願候〔後略〕

〈注〉封筒表「徳富猪一郎殿迄新披」。封筒裏「十日　中江篤介」。

封筒裏には他筆で、「八月十日二十円渡す」とある。

24　明治二十三年九月三日

御恩借之阿堵物返済遅失敬仕候　茲に返上し仕候　御落手可被下候　金は拝眉可申述候　拝

九月三日　　中江

徳富君

〈注〉封筒表「徳富様」「中江　金二十円入」「金員は坂田受取申候　印」（他筆、朱墨）。

25　明治二十三年九月十七日

（要旨）東雲新聞社に一記者が欲しい。寺田寛氏の言うには、坂牧氏は活発なところは良いが、いくら沢山添削を加えても、紙上に掲げにくき様考えられる。上野岩太郎は如何と、蘇峰の目にかなった人を社員に雇いたいようである。「○高田宗像の両氏は着京に相成候哉奉伺候　○立憲自由党も笑止千万なる有様と相成申候」。

〈注〉封筒表「国民新聞社　徳富猪一郎様」。封筒裏「小石川柳町　中江篤介」。

26　明治二十三年十月二日

（要旨）二十円早速届けて頂きありがたいが、小生と相談したときは、三十円であつた。いま十円御添足下さいませんか。伏して待貴答。

〈注〉封筒表「□(日)吉町　国民新聞社　徳富猪一郎様」。封筒裏「十月二日夜　小石川柳町二十九番地　中江篤介」。

27　明治二十三年十月七日

拝啓○改進党合同一件は一時絶望之姿に相成居候処何分初一念難棄事に有之近日高田宗像諸氏も種々心配尽力　小生事も右に一臂之力を添今の幹事常議員の一二名と協議中に有之多分好結果を可得と存居中候〔後略〕

〈注〉封筒表「□(日)吉町　国民新聞社ニ而　徳富猪一郎様」。封筒裏「十月七日　小石川柳町二十九番地　兆民生」。

この他、差出年不明の手紙にも借金に関わるものがある。蘇峰は金の貸借を嫌ったが、兆民とは気が合っていたようで、少々遅れるが、兆民は返金をしている。蘇峰は、兆民にあげてよいと思う金額を貸していたようである。貸借の中にもユーモアがあり、三十円貸して欲しいと頼んだのに二十円しかなかった。あと十円貸して欲しいと頼んだり、兆民は蘇峰から借りやすかったのであろう。

明治二十三年ごろから、蘇峰が外遊する二十九（一八九六）年頃まで、進歩党合同に関する内容が多い。蘇峰から借りた金は合同運動資金の一部になっていたのかもしれない。蘇峰から借りる金額が少額であったのは、『国民新聞』（明治二十三年二月）を創刊したばかりの蘇峰の事情を察していたからであろう。兆民の書簡を読んでいると、文字には書かれていないが、もし兆民が裕福であったなら、蘇峰の仕事に協力したいという思いがあったように感じる。

蘇峰は明治二十年四月『三酔人経綸問答』より一カ月早く、集成社より『新日本之青年』を出版し、また同年二月には『再版 将来之日本』を経済雑誌社から出版している。『中江兆民全集』8の解題を書いた松沢弘陽・井田進也氏は「この時期が『将来之日本』によって同時代に大きな反響を引き起した渦中の蘇峰と兆民の密接な交渉の時期でもあった」と指摘しているが、その通りである。

『再版 将来之日本』には、次のような兆民の序文がある。「君齢僅かに二十四五。而も学殖富衍。老師宿儒の未だ及び易からざる所のものあり。真に可畏敬也」と。従来兆民は序文を頼まれても断っていたが、蘇峰の文を読み感嘆し、「破格の一言」を為したとある。

蘇峰より十六歳年上の兆民が青年蘇峰に抱いていた希望の並々ならぬものが感じられる。それに対し蘇峰が兆民の期待を肌で感じていたことは、次の文章によっても知ることができる。「君交遊に敦し不肖余の如きも、自ら君を知るのみならず、亦君より知られたるの感なき能はず」（「中江兆民」『漫興雑記』）と。

蘇峰は『国民之友』一五号で、『東雲新聞』を紹介し、「絵入仮名付新聞の群中に於ては随分錚々たる者と謂はざるを得ず。殊に中江篤介君の如き爽利俊澄なる記者あれば、其光彩を煥発することは日を期して待つ可きか（中略）独り関西地方に雄視するのみに止らさる可き歟」と称賛している。このように、兆民が大阪に移ってからも蘇峰との親交は深く、お互いの行動に興味を示していた。又『国民之友』一七号に「文学趣味の応援」を寄稿し、その中で、「徳富君の将来之日本と志賀氏南洋時事とは僕友人と今日の作物に談及する毎に必ず此二書を挙げて称首と為す者は他に非す」。と述べているほどであった。志賀氏というのは、志賀重昂のことである。蘇峰と同じ歳で、政教社に属し、『国民之友』より一年後に『日本人』という雑誌を出版し、漢文が得意であった。

明治二十三年、議会開設前の大同団結において、兆民と蘇峰の政治姿勢が同じであったことは、『国民新聞』に掲載された兆民の「進歩党の連合、是れ一佳事なり」（明治二十三年七月二十九日付）と、蘇峰が『国民之友』八二号で書いている「七月以後」によって知ることができる。蘇峰の大同団結の構想は、九州連合同志会をも含んだ大連合であり、板垣退助などが考えていたものより大きなものであった。明治二十二年、二十三年の兆民と蘇峰の間には、肝胆相照の親交があったことが感じとれる。

蘇峰の進歩党合同については「徳富蘇峰と中江兆民――兆民の書簡から」（柿沢真知子・成田賢太郎『日本歴史』吉川弘文館、一九七七年）がある。

32　明治二十四（一八九一）年四月四日

〔前略〕小生今般北海道小樽北門新報社之招聘に応じ本月廿一日初号発行之計画に有之候　就而は御繁用中恐縮之至に存候得共来る六日迄に表書之場処へ宛て一言御寄被下度不堪切望候　匆々敬具

四月四日　　北門新報社主筆

中江篤介

徳富猪一郎殿親展

〈注〉封筒なし。他筆。

兆民は二十四年四月『北門新報』を創刊し、実業活動期に入る。紙問屋から鉄道事業などで、成功はしなかったという。実業活動に係わる書簡は、この一通のみである。

35　明治二十九（一八九六）年四月十四日

〔前略〕御洋行之由大慶之至奉存候　新聞雑誌御発行も独力洋行も独力一点半点官衙並に他之庇廕に依らず何もかも独力にて事を被成候　唯是のみにても大兄之尋常に卓越されたる段敬服之至　殊に一年第一之好時節揚々遠征之途に被上艶羨之至　早速参趨可仕候処余や御承知之通り俗冗に被駆日夜匆忙其儀を不能欠敬仕候　以書面御送別申上候　今後新聞雑誌上御消息可奉伺候　千万為国自珍

四月十四日

篤介拝

猪一郎様

〈注〉封筒表「赤坂氷川町五番地　徳富猪一郎様」。封筒裏「四月十四日　小石川　中江篤介拝」。

明治二十九年五月二十日、蘇峰は国民新聞社記者、深井英五（後に日銀総裁となる）とともに、横浜出港のアガパンサス号に乗り込み、欧米諸国漫遊の途に上った。中江兆民から何事も独力で計画し、実行していると褒められている。勝海舟からは、短冊を贈られた。咸臨丸の艦長であった海舟と、岩倉遣欧使節団の留学生であった中江兆民に「送別の辞」を送られ、咸臨丸から三十六年後、岩倉遣欧使節から二十五年後、三十三歳の蘇峰は新聞事業視察のために、欧米に旅立った。

明治二十年代前半の兆民からの書簡を読んでいると、生き生きとした息吹が感じられる。蘇峰も兆民も、最高潮の時代であったように感じる。兆民も保安条例による退去後、大阪に於ける『東雲新聞』主筆の当時が筆のよく走った絶頂期といわれているように、「議論とも附かず、真面目とも附かず譃言とも附かず、其の性質の錯雑にして、分明を欠く所、却つて兆民居士の天真活躍し来るを覚ゆ」（「妄言妄聴」）と。政治的動きも複雑であるが、楽しんでいるようにみえる。

兆民の弟子、酒井雄三郎パリに客死す

36　明治三十三（一九〇〇）年十二月（　）日

〔前略〕扨は酒井雄三郎氏巴理に於て今九日死去之旨其筋之電報に接申候　親戚より御報可申候得共何卒折を以て大兄健麗之筆を以て吊詞を艸し貴紙上に御掲載被下度大に地下之霊を慰むる手段にも相成可申懇願之至に御座候　参趨御願可申候処御多忙中御邪魔と存じ態と以書面奉願候　拝

即日　兆民生

蘇峰大兄

〈注〉封筒表「徳富猪一郎様」「中江篤介拝」。封筒裏「即日」。

兆民は弟子酒井の死にあたり、蘇峰の健麗の筆での弔詞を『国民新聞』紙上に掲載をすることを望んだ。蘇峰は兆民に、酒井についての履歴や、酒井の人物評を尋ね、兆民は翌日朝原稿を届けた。蘇峰は約束通り明治三十三年十二月十三日付の『国民新聞』に「酒井雄三郎氏の逝去」と題して酒井の生涯を紹介した。蘇峰が「予は殆ど之に添加すべき言辞を有せず」と言った酒井雄三郎についての兆民の書簡

は、全文蘇峰の「酒井雄三郎君」（『名家の遺影』）に収録されている。次の書簡がそれである。

37　明治三十三年十二月十五日

酒井之事御申越謹承仕候　何様始終読書生之事とて何の履歴も無之唯々読書家と中外無之又読書家なれども文学家と申よりは寧ろ哲学家にて哲学家としては同人の気象は殆ど希臘哲学者之如き性行を具へ居りたる様被察申候　しかし玄妙幽微の性理を談ずるよりは政理の方嗜好致し居たる様被察申候何様勢利には深く淡泊にて今日之政党政派には絶て意念無く故に彼輩に堕落の行有るも深く咎めず彼輩には当然之事と冷笑致居候様の風に有之　既に出発前にも「帰朝後到底面白き事も無かるべき故可成書物を買来りて他日之楽に供ふる考也」抔申居申候　無頓着は天性にて大隈伯邸へ参りても玄関にて取次を請ふ等の事無く直に居間に通りて来客の有無抔には一切不拘而して少も矯飾には無之勿論小生方へ参りても同様にて是等は決してブルにては無之自然之行為の様見受け申候　右等にて性行御推察被下度候

草々再拝

十五日朝

篤介

猪一郎様坐下

〈注〉封筒表「日吉町　国民新聞社　徳富猪一郎様親展」。封筒裏「十二月十五日午前　小石川　中江篤介拝」。

酒井雄三郎は二度目のパリで客死した。三階の窓から墜落しての死は自殺とも伝えられている。酒井

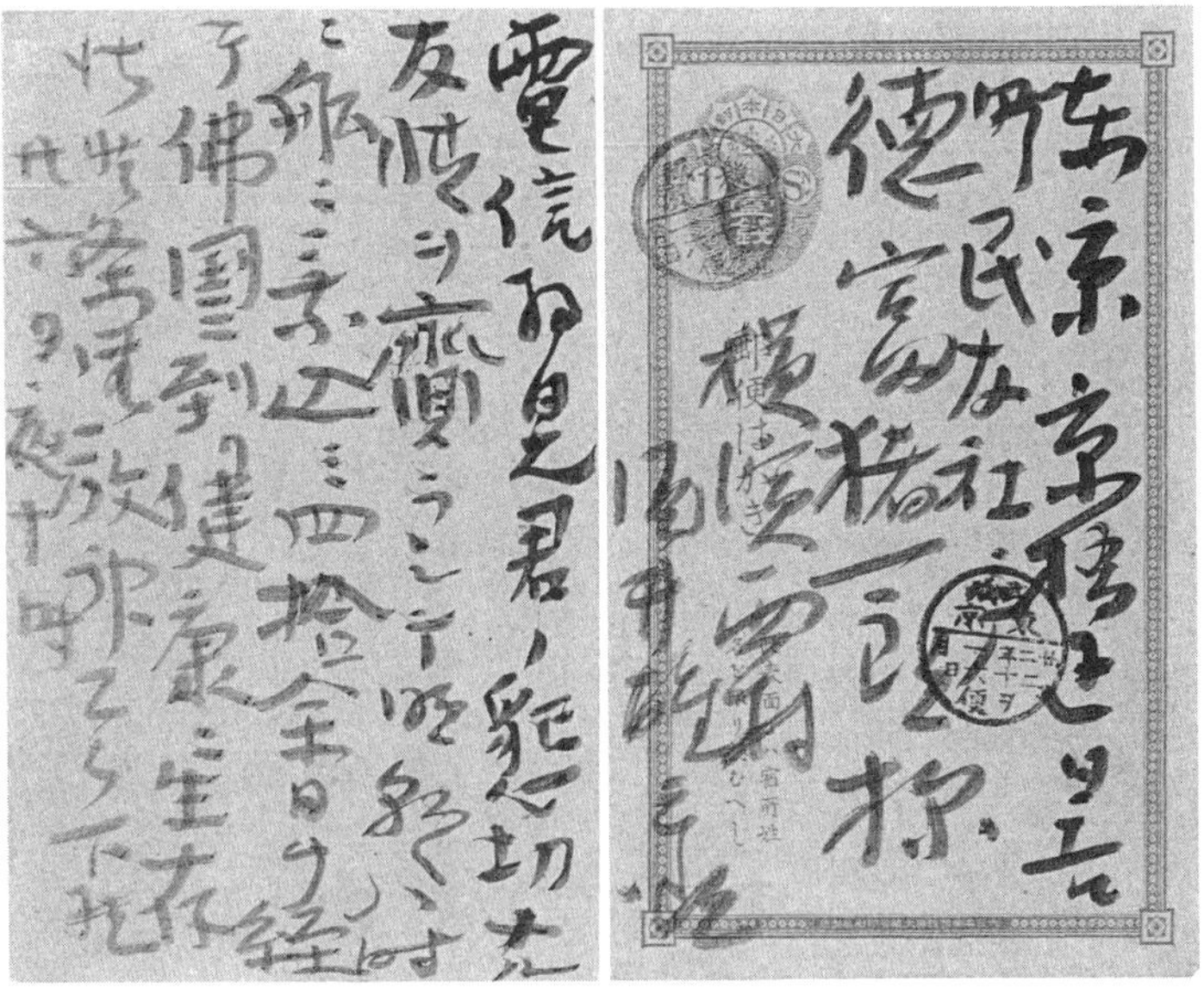

徳富蘇峰宛　酒井雄三郎葉書　明治22年1月26日付（提供＝徳富蘇峰記念館）

は四十歳であった。

二十世紀の初頭、ヨーロッパの労働問題、社会問題を最初に日本に通信したのが酒井雄三郎であった。酒井の通信は、吉野作造の編纂による『明治文化全集』（日本評論社）に収録されている。酒井の死は兆民の死の一年前のことであった。このころ兆民自身、体調の悪くなっていった頃と推察されるが、酒井のために蘇峰に弔詞を願い、人物評を蘇峰に送り、弟子の為になることを飄々と実行している優しい兆民の行動が伝わって来る。

次は明治三十四（一九〇一）年、いよいよ兆民の最後の年となった。『一年有半』の出版と、人々の反響。九月十五日付と十月十八日付の兆民からの蘇峰への最後の書簡を読もう。

3　『一年有半』

今生之別　誠に生に取り悲傷中に
言ふ可らざる快愉を感じ申候　　――兆民
（兆民の蘇峰宛て最後の書簡より　明治三十四年十月十八日）

乾涙の悲は、熱涙の悲より悲し。
笑裡の苦惨は、血泣の比にあらず。　――蘇峰
（『国民新聞』明治三十四年九月十五日）

いよいよ兆民の最後の書簡に向き合うことになった。兆民の最期、明治三十四（一九〇一）年の出来事を列挙してみよう。

三月二十三日、東京から大阪に到着。小塚旅館に入る。

四月　紀州和歌の浦に遊ぶ。ノドの痛み激しく、呼吸やや困難を感ずる。ガンを疑い大阪に帰る。医

師堀内の診察を受ける。切開手術を必要と診断される。
四月二十日　妻弥子、東京より来阪、ガンの切開手術の危険なるを説いて維持策をとることに決める。
堀内医師より余命一年半の答えを得る。
五月二十六日　気管切開。意思の伝達は筆談。
六月十八日　小塚旅館に帰る。
七月四日　堺市の大上宅に移る。
八月三日　『一年有半』を脱稿。
八月四日　幸徳秋水が見舞い。兆民『一年有半』を秋水に渡し、出版をまかす。
九月二日　『一年有半』を博文館から出版。

中江兆民（版木＝東京大学法学部明治新聞雑誌文庫蔵）

九月十一日　岡田和一郎の診察を受ける。死期を明言することを願い、翌年二、三月ごろまでの生命を保ち得るという答えを得る。『続一年有半』を書き始める。
九月十五日　板垣退助が見舞う。
九月二十三日　『続一年有半』脱稿。
十月三日　愛弟子小山久之助死亡。兆民落胆す。
十月十五日　『続一年有半』博文館から出版す。

十一月初旬　悪化。十四日板垣退助が見舞う。無葬式の遺言実行を確約す。石黒忠悳（ただのり）が見舞う。遺体の解剖を遺言する。意識混濁状態になる。

十二月十三日　午後七時三十分、小石川区竹島町の自宅で死亡。享年五十五歳。

十二月十四日　遺言により東京帝国大学病院で遺体の解剖が行われ、食道ガンと判明。

十二月十七日　遺言により、宗教上の儀式一切廃し、青山会葬場で告別式が行われた。

（飛鳥井雅道『中江兆民』年譜参照）

38　明治三十四（一九〇一）年九月十五日

昨日は態々草野君御越被下結構なる御贈物頂戴奉謝候　鄙著御批評是又奉謝候　病蓐中自遺の物真にタハイも無き作貴評を得て所謂九鼎大呂より重からしむ　貴論中小生之小心謹信なる処御指摘被下茫々天下唯詞兄のみ　此事小生自身友人に云ひたる事も御座候　先は御礼
艸々拝
十五日　中江
徳富様左右
蓐中乱筆御免可被下候

〈注〉封筒表「日吉町　国民新聞社　徳富猪一郎様親展」。封筒裏「九月十五日　小石川　中江篤介」。

手紙の中で、「病蓐中自遺の物　真にタハイも無き作」と書いているのは、九月二日に博文館から出

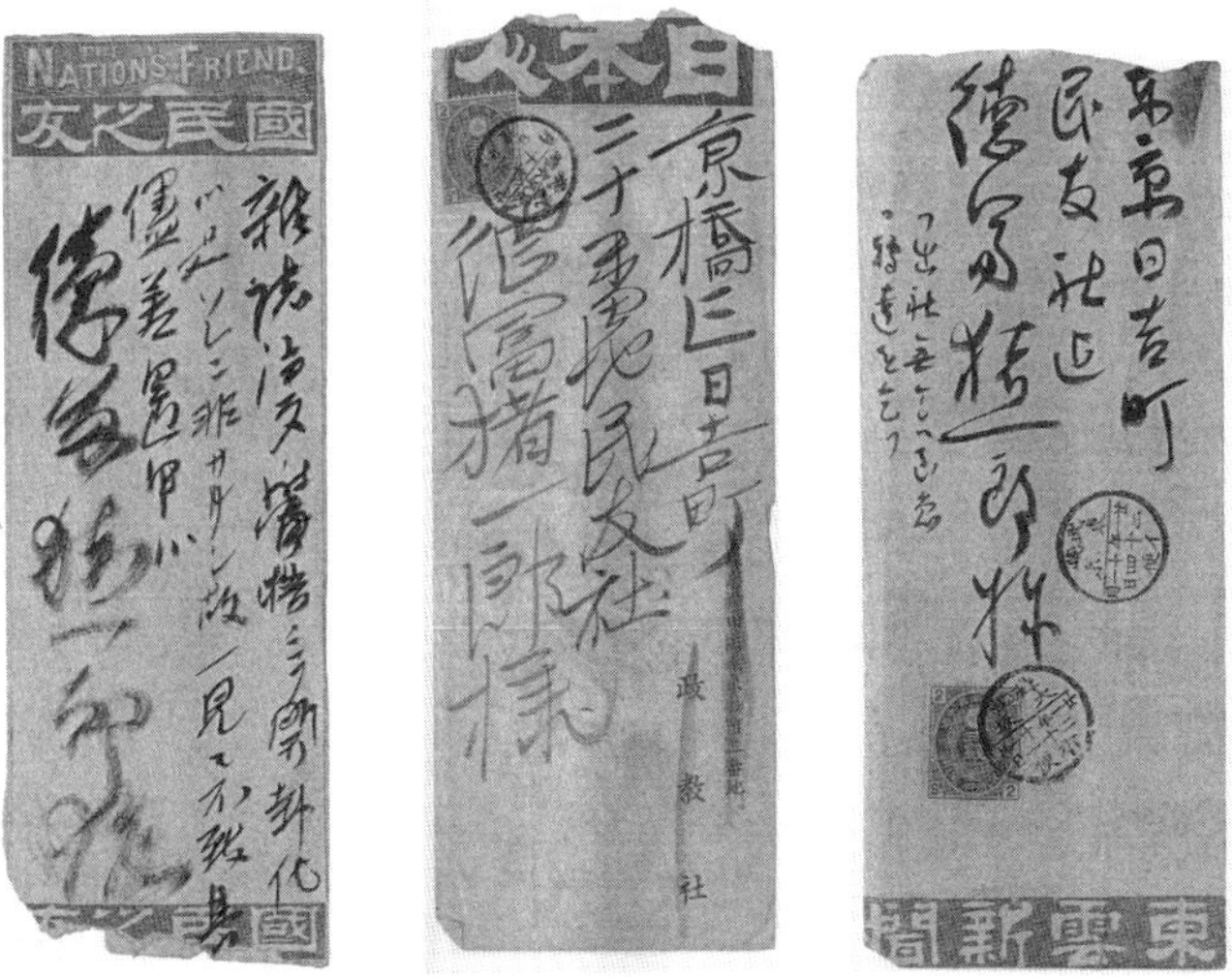

新聞・雑誌の広告入り封筒　左より『国民之友』（1887年徳富蘇峰創刊）『日本人』（1888年志賀重昂ら創刊）『東雲新聞』（1888年中江兆民創刊）　いずれも広告部分は赤色（提供＝徳富蘇峰記念館）

版された『一年有半』のことである。蘇峰は国民新聞社の社員、草野門平を使いに、贈り物と批評を届けた。兆民は「貴評を得て所謂九鼎大呂（きゅうていたいりょ）（貴重なもの、重い地位）より重からしむ」と喜んだ。兆民は自分が小心で、本の批評を気にして慎み深くしていたことを、蘇峰が指摘してわかってくれたことに「茫々天下唯詞兄のみ」と感謝している。蘇峰は右の九月十五付の書簡を、九月十七日の「東京だより」に掲載し「杜撰なる評論、幸ひに君の嘉納する所となる。記者においては、実に思掛けざる仕合と存候」と喜んでいる。兆民は奇行の人として認識され、いろいろ大言していたが、書評を気にする小心者であることを、蘇峰が見抜いていたことに、さすが自分の理解者であると感謝している。

『一年有半』は、兆民の心配をよそに、書

誌の批評は六十篇以上になったという。鳥谷部春汀は、「居士の如きは、真に所謂る洛陽の紙価を高からしめたるの人にあらずや」とその売れゆきに驚いた。『中江兆民全集』10の松本三之介氏の「解題」によると、「本書が刊行されると、目前に迫った死を自覚的に見すえつつ執筆した、いわば人間の極限状態における著作とも言うべきその特異性も手伝って、読書界に非常な反響を呼んだ」とある。

『一年有半』は病気の兆民が痛みに耐えながら書いたものである。三十四年九月十五日の『国民新聞』に掲載した蘇峰の長文の書評からその内容をみてみよう。

『一年有半』は明治の逸民〔隠者〕、中江兆民君が、死後の形見に残さんが為めに、病苦を犯して著作したるものにして、門人の請によりて、之を生前に発行したるもの也。〔中略〕兆民君が文士として、明治の社会に、一の異彩を放ちたることは、何人に於ても異論なし。其の仏蘭西文字の知識に加ふるに、漢学の素養ある、乃ち漢学者として、門戸を張るも、優に一家を成すに足るものあり。〔中略〕世上往々兆民君を以て、東洋のルーソとなす。然も記者は何の点に於て、其の近似の性格あるかを解するに苦しむ。暫らく記者の見る所を以てすれば、兆民君は、ルーソの天才なきと同時に、亦その狂気なし。〔中略〕約言すれば、著者は著書よりも、品格に於て高く、人物に於て愛好す可きものあり。〔中略〕君や死生存亡、愛別離苦の際に於て、堅忍のストイックたらず、却て和易〔穏やかで優しい〕のエピュキリアン〔快楽主義者・美食家〕を以て、自から擬せんとす。乾涙の悲は、熱涙の悲より悲し。笑裡の苦惨は、血泣の比にあらず。読んで此に到り、著者を知らざるも、尚ほ情に堪へざる可し、況んや著者を知る者に於てをや。

蘇峰は『一年有半』を心の深い処で受止めて、涙を堪えていたのである。九月十一日の「東京だより」に、蘇峰の正直な感想を見つけることが出来た。

卓上中江兆民君の『一年有半』あり、余は巻を開き、卒読するに忍びず。人生の最悲は、湿涙にあらずして、乾涙にあり。君が死を怖れず、死を憂へざる的の文字は、君が死を待つ今日に於いて、文芸として、論評するの勇気なきは、記者の白状する所也。

蘇峰の気持が深々と伝わってくる。「朋友」というより、蘇峰は兆民の弟のような目で、兆民を見守っているように感じられる。そこで蘇峰はあまりにも可哀想な兆民の書いた『一年有半』を批判する気持になれなかったのであろう。世間では、読書をしたことのあまりない人々にも読まれたという。愛すべき奇人と認識されていた兆民が死に臨んだ姿勢に、興味が高まったのであろう。読書界は我がこととして見つめていた模様である。人間の誰もが迎える死を、聖人君子とではなく、人間臭い兆民と共に考

『一年有半』(1901年, 博文館)

えてみたかったのであろう。次に兆民から蘇峰への最後の書簡を読んでみよう。(原文は一一二頁写真版)

39　明治三十四年十月十八日

過日は雨中態々御見舞被下今生之別誠に生に取り悲傷中に言ふ可らざる快愉を感じ申候　御属托之書跡病蓐中殊に劣悪御一笑被下度候　草野其他諸子へも宜敷御伝声奉希候　拝

十八日□　兆民生

蘇峰詞兄坐下

〈注〉封筒表「京橋日吉町　国民新聞社　徳富猪一郎様親剪」。封筒裏「十月十八日　小石川武嶋町　中江篤介」。

兆民の痛みは酷くなり、『続一年有半』は幸徳秋水の口述筆記で書かれ、十月十五日、博文館から出版された。十月十八日には、蘇峰はすでに『続一年有半』も読んでいたといえる。最後の書簡はいつもの兆民の字と異なりのびのびと、おおらかな字である。昏睡状態から覚めたような、気持のよい、透き通った字である。ガン末期の苦しみにさいなまれ、夜となく、昼となく痛み止めを飲み、雨の中見舞にきてくれた蘇峰の友情に、「悲傷中に言ふ可らざる快愉を感じ」、一瞬の幸せの思いを書いたのであろう。同封別紙三枚は、花模様の美しい便箋に漢詩が書かれている。「御嘱托之書跡」とあるので、蘇峰との約束で書いたものであることがわかる。「草野其他諸子へも宜敷ご伝声下さい」とある。民友社社員にも愛されていた兆民の姿が見えるようである。

かつて兆民の字を蘇峰は「君の字を作る、枯藤の老松を纒ふが如し。書牘の如き、蠅頭の細行草を以てす。其の老勁にして蒼古なる、宛然禅僧の風骨」(「妄言妄聴」『蘇峰文選』に収録)と評していた。小さな字は味わいがあり、蘇峰の言う「禅僧の風骨」が伝わってくるようである。大きな字にも趣がある。三枚とも漢詩の一部が書いてあり、「兆民録」とある。その下に「兆民」と読める印が押してある。猪一郎とか、徳富君とかの為書、日附もない。兆民は疲れていたのであろう。三枚の便箋は一枚ずつ、わさび色、桃色、夕日の色の美しい彩色である。

子規夜啼山竹　震毎昼降　亦鳥旗翻　兆民録　印
五更鼓角声　悲壮三峡歩河　影動揺　兆民録　印
四更山晴月残　夜水明楼　兆民録　印

三枚で一つの漢詩である。最後の兆民の書簡は、伸びやかな大きな字である。揮毫は活々とした字である。

『一年有半』を読んでみよう。『一年有半』は三章からなり、項目は一六二項ある。その中から二三紹介しよう。

○「議論時文の最なる者五人――議論時文、故福沢先生、福地桜痴、朝比奈碌堂、徳富蘇峯、陸羯南、是れ其最なる者、福沢文天下之れより飾らざる莫く、之れより自在なる莫し、其文章として観るに足らざる処、正に一種の文章也、桜痴才筆諸体を該ぬ、而して一種封建の臭気有るは奇と謂ふ可し、蘇峯直訳体蓋し殆ど其創立する所にして、一時天下を擅にせり、碌堂、羯南、倶に漢文崩しにして、時に措語不消化の弊有り、或は急普請の漢学者たるに因るもの耶、非か、」

○「堀内氏に幾何日月生きていられるかと問ふと、沈思二三分にして、一年半、善く養生すれば二年を保す可しと、余曰く余は高々五六ケ月ならんと思ひしに、一年とは寿命の豊年なりと、此の書題を一年有半と曰ふは是れが為め也」というところから始まっている。「死の宣告を受けて以来余の楽しみは、大阪の朝日、毎日の両新聞と東京の万朝報を読む事である」。死を宣告された兆民が、どんな心境であったのか、そこに興味が向けられるのは、読者の気持であるが、喉頭部の切開手術を受け、「痰口より出でずして胸より出づ」状態になり声もでなくなり、筆談となったそのような状態で、妻と外出し、買い物をしている。また星亨が伊庭某に刺され、即死したことなど、社会への興味は最後まで、ジャーナリスト感覚であった。兆民は豪快であると思った。薬を飲んでも「求むるに非ずして、唯死期を待つのみ、」と悟りの境地にいる。妻に云う。「余死したる後ち復た再嫁の望有るに非ず、余と倶に水に投じて直ちに無事の郷に赴かん乎何如と、両人哄笑し、途中南瓜一顆と杏果一籠を買ふて寓に帰る、時に夜正に九時」と仲の良い姿を描いている。「疾病なる一年半、頃日少しく歩を進めたるものゝ如く、頸頭の塊物漸く大を成し、喉頭極めて緊迫を覚へ、〔中略〕雞

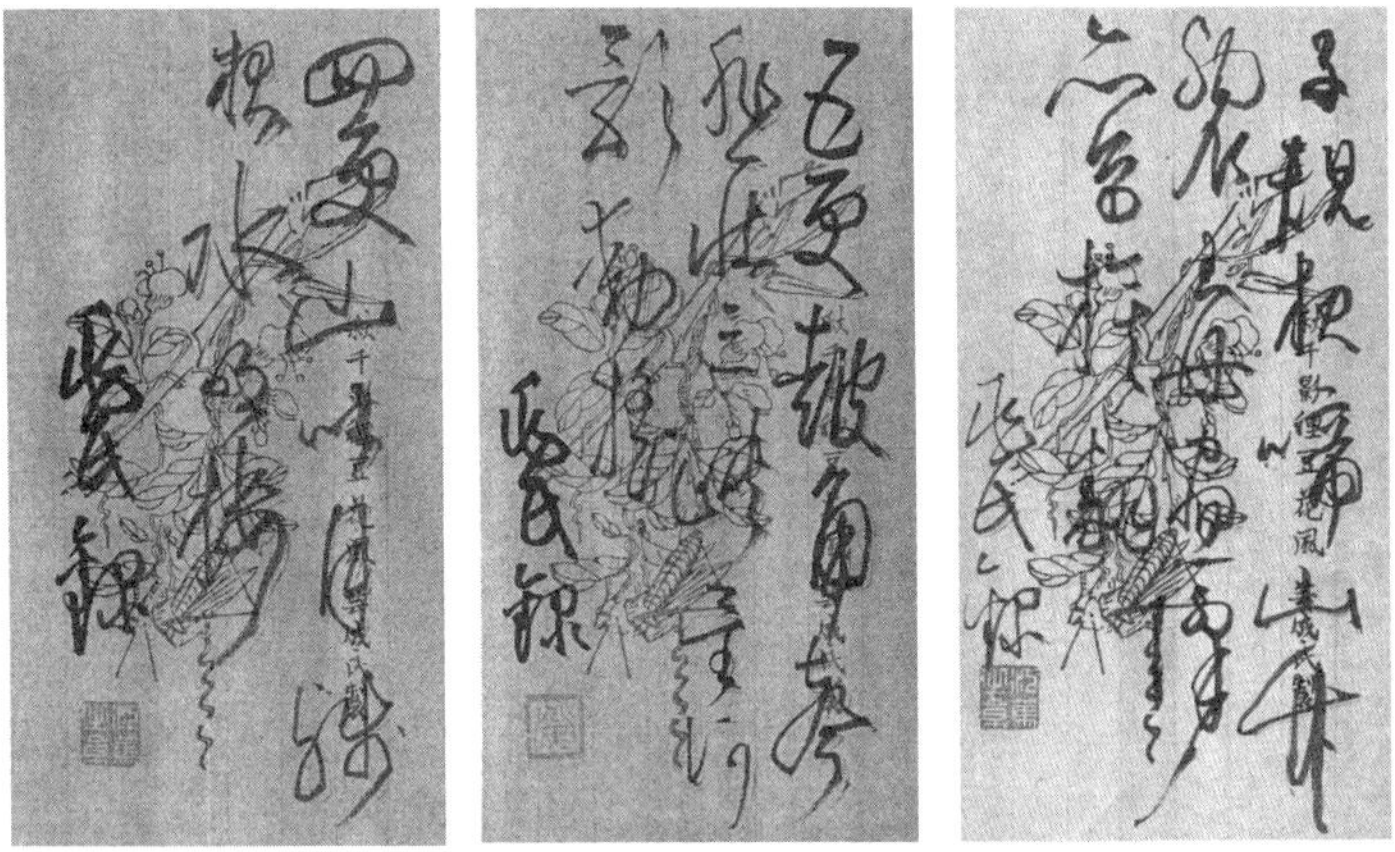

中江兆民揮毫の漢詩（３枚で１つの漢詩）
（明治 34 年 10 月 18 日付書簡に同封　提供＝徳富蘇峰記念館）

子二三個、粥二碗、殽二碟、牛湩一日に四合は之を摂取して違ふこと無し、是れ今日猶ほ能く余の一年有半を録する所以なり」とある。俳句の正岡子規は病床でさしみ、パン、スープ、鶏卵、葛湯、菓子パン、桜の実一かご、卯の花など、もっと美食していたように思うが、兆民はどうであろう。

○「粥三度四碗を喫し、菜物之に称ひ、其間或は果物、或は菓子、手に応じて啗食し、其貪ること地獄の餓鬼の如し、故に余の目下の楽は、新聞を読む事と、一年有半を記する事と、喫食する事との三なり、」と、『一年有半』を書くことを、三つの楽しみの中に入れている。正岡子規が、『一年有半』を何のためにもならないと言っていたのはあたらない。執筆が気晴らしになることを一番よく知っていたのは、子規本人であったであろうに。

○「余明治の社会に於て常に甚だ不満なり、故に筆を取れば筆を以て攻撃し、口を開けば詬罵を以て之を迎ふ、今や喉頭此悪腫を獲て医治無く、手を拱して終焉を待つ、或は社会の罰を蒙りて爾るには非ざる耶、呵々」。
○「兆民居士は学者也　余の本領は別に在る有り、他なし此一年有半即ち是れ也、是れ即ち余の真我也」。
○「余疾を得てより大に甘味を好む、是に於て毎朝粥を啜るに必ず砂糖を和す」。

この他政治のこと、人物評などがある。

『続一年有半』は、腫れ物が痛みだしたなかで、続けられた。どこを引用してよいか解らないような、哲学的、思想的な文章である。兆民は『続一年有半』を幸徳秋水の口述筆記で、僅か十日ほどで書きあげたという。脱稿の後、痛みと戦いながらも、本書の評判を気にしていたという。兆民の心配をよそに、『続一年有半』も大きな反響があり、版を重ねて一カ月で、十二版合計二万七千部が印刷されたという（『中江兆民全集』10、松本三之介氏の解題による）。『続一年有半』の「無神無霊魂論」は私にとっては難しい。

兆民は個人的な蘇峰の評をとてもうれしかったと言っている。自分の意見が人に認められることが、どんなに嬉しく、元気が出ることか、兆民の書面から感じとれる。九月二日『一年有半』が出版されたときも、九月十五日付で、「貴評を得て所謂九鼎大呂より重からしむ」と喜んで返書がきている。「貴論中小生之小心謹信なる処御指摘被下　茫々天下唯詞兄のみ」と自分が小心で世の評判を受けなければと、謹んで小さくなっている兆民の気持を、蘇峰がわかってくれていたことを喜んでいた。かつて保安条例で東京を追われたときも、蘇峰は兆民の気持をよく察していた。
十月十八日には、「今生の別　誠に生に取り悲傷中に言ふ可らざる快愉を感じ申候」と蘇峰の存在が、兆民に幸せの心地をもたらしていたような気さえする。

明治三十四年十月十八日付の蘇峰宛石黒忠悳の手紙を紹介しよう。

〔前略〕○先頃中江兆民に逢、一年有半の評は、少々腹案ありしも、蘇峰先生已に着鞭、余の言んと欲する所を尽候且余の言出し能はさる所を述らる　余の稿は之を覆醤の用とすと申候處、頷き居候〔後略〕

と、兆民の様子を伝えている。石黒が自分の評は醤油樽のめばりにすると言っても兆民は頷いたという。石黒は兆民から評を頼まれたかったのであろうか。蘇峰が『一年有半』を評してくれたことに満足している兆民を見て、石黒は書評することを控えたのであろう。
兆民は後輩の面倒をよくみた。先に紹介した酒井雄三郎のフランス行きにも助けとなり、留学から帰国した画家原田直次郎を蘇峰に紹介したのも兆民である。そこで原田直次郎は新島襄、横井小楠などの肖像を描くことができた。『国民之友』の表紙を蘇峰と相談したりしている。紹介状の手紙には兆民の名刺が同封されていた。

石黒忠悳と中江兆民

石黒忠悳（一八四五―一九四一　弘化二―昭和十六　号・況翁・況斎　明治時代の軍医）は日本の軍医制度を確立した人である。佐賀の乱、西南戦争に従軍し、日清戦争では野戦衛生長官を務めた。兆民が青年の頃、胸の病気を疑い、二人の医者に診てもらったが、信頼できず、紹介状もなく石黒を訪ねた。石黒は兆民の率直な態度が気にいったのであろう、後日診察して、いくら勉強をしても良いと太鼓判を押してくれた。その励ましが嬉しかったのであろう、それから三十年後、明治三十四年八月三十日、兆民は石黒の手紙に返事を出した。それは喉のガンになった兆民が、あの時の中江篤介であったかと手紙で問い合わせを受けたからである。「閣下のご診定を以て決心仕候次第」と三十余年前、病気の心配なく勉強できた喜びを書き、その節「御礼ビール壱瓶は確か三瓶かと存申候　当時小生は藩より月に五円の学費を支給せられ裡（うら）神保町なる箕作麟祥先生之私塾に居候一書生に付ビール一瓶と三瓶とは張込みに於て大相違に御座候　呵々」と。精いっぱいお礼を張り込んだので、一瓶か三瓶の大事なところは忘れてくれるなという正直な申し込みをした。石黒は兆民が癌になったことを知ったとき、三十年前の兆民についていろいろ新聞記者に語ったり、書いたりしたのであろう。石黒は蘇峰もかわいがり、目をかけていたことが、石黒からの九十八通の蘇峰宛書簡から感じ取れる。石黒は子爵、茶人で漢詩人でもあった。人間好きの石黒が客を招くとき、しばしば蘇峰も招待されている。一方石黒は森鷗外の十七歳年長の上官であったが、何かというと鷗外をいじめ、鷗外が陸軍軍医総監であるうえに、文学者であることが気にいらず、二人の間に確執があったことは、いろいろの本で読んだ。鷗外ほどの人が、爵位を持たなかったのは、周りの推薦がなかったからと言われている。石黒が鷗外を小倉に左遷したとか言う話など、いままで石黒の半面しかみていなかったことが反省される。石黒は若者に親切で、明治二十五（一八九二）年、後藤新平が相馬子爵の財産相続に巻き込まれ入獄したが、二十七年無罪となり、牢屋から出てきた時、後藤新平に休養を取らせた。日清戦争を戦った兵士が帰還してきた時、郷里に一刻も早く帰りたい兵士を水際に止め、船も兵士も消毒して検疫し、国内に細菌の入るのを防いだ大事業に、後藤新平を推薦したのが石黒であった。そして後藤は、児玉源太郎に臨時陸軍検疫部事務官長に任ぜられ働いた。

中江兆民と漢詩人野口寧斎

野口寧斎（ねいさい）（一八六七—一九〇五　慶応三—明治三十八　通称・一太郎）は明治の漢詩人といわれた人である。蘇峰より四歳年下の佐賀県出身の漢詩人で、病のなかにあって、漢詩を愛し、全国規模の雑誌『百華欄』の編集にあたり、その誠実さが愛されていた。明治二十六、七（一八九三、四）年のころから病が発生し、病床に苦しむようになったが、漢詩人として名を知られるようになった。蘇峰、森田思軒、朝比奈知泉主唱の「文学会」にも出席し、漢詩人森槐南の弟子でもあった。寧斎は環境、技量、名声ともに、結核の正岡子規に匹敵するとして、二大病詩人といわれた。

寧斎は中江兆民とも親しく、明治二十三（一八九〇）年十一月十八日「国粋の宴の記」（『中江兆民全集』12、収録）で、中江兆民、森槐南、幸田露伴、野口寧斎、宮崎晴瀾、石橋忍月、森鷗外などが午後五時に集まり、宴会を開き徹夜で酒を飲んだり漢詩を作ったりした。この顔ぶれはみな「文学会」に出席していた常連であった。十一月二十五日、第一通常議会が開かれる直前に、中江兆民を中心に大騒ぎするとは、どんな心境であったのか。

正岡子規の気持

病気の俳人と言われた正岡子規（一八六七―一九〇二　慶応三―明治三十五）は、当時病に苦しみながら、『病牀六尺』を書いていた。明治三十四（一九〇一）年、兆民五十四歳、正岡子規三十四歳であった。

病牀六尺、これが我世界である。しかもこの六尺の病床が余には広過ぎるのである。僅(わず)かに手を延ばして畳に触れる事はあるが、蒲団の外へまで足を延ばして体をくつろぐ事も出来ない。甚(はなは)だしい時は極端の苦痛に苦しめられて五分も一寸も体の動けない事がある。苦痛、煩悶、号泣、麻痺剤、僅かに一条の活路を死路の内に求めて少しの安楽を貪る果敢(はか)なさ、それでも生きて居ればいひたい事はいひたいもので、毎日見るものは、新聞雑誌に限って居れど、それさへ読めないで苦しんで居る時も多いが、読めば腹の立つ事、癪(しゃく)にさはること、たまには何となく嬉しくてために病苦を忘る

るやうな事がないでもない。年が年中、しかも六年の間世間も知らずに寝て居た病人の感じは先ず
こんなものですと前置きして

と、『病牀六尺』は始まる。

正岡子規は「命のあまり」(『日本』明治三十四年十一月二十日、二十三日、三十日)の中で、『一年有半』が売れたというのは、「題目の奇なのが一原因であるが、それを新聞でほめ立てたのが大原因をなしたのである」「『一年有半』を罵倒する程の資格あるならば罵倒してみよと言はれたところで何も罵倒する程の書物でも無い」「評は一言で尽きる。平凡浅薄」「兆民居士が『一年有半』を書いたのも、天職を尽したのでも何でもない、要するに病中の鬱さ晴らしに相違あるまい」と荒い評であるが、病人の苦しみが子規の正直な評をいわせたのであろう。

正岡子規は明治三十五(一九〇二)年五月五日から、死の二日前の九月十七日まで、病気の苦悩から来る気持を『病牀六尺』に書いている。五月二十七日には、「病勢が段々進むに従って、何とも言はれぬ苦痛を感じる。それは一度死んだ人か若しくは死際にある人でなければわからぬ」と。正岡子規は兆民の死の九カ月後に亡くなった。辞世「へちま咲いて痰のつまりし仏かな」。三十五歳であった。中江兆民と正岡子規の闘病生活は、同世代の人々に死を考える機会を与えた。子規は看護する母親、妹、友人、兆民は妻、子供、弟子、友人がいた。子規は本や日記を書き、写生をする豊かな才能があった。兆民は、辞世の著書『一年有半』『続一年有半』、二冊を残した。

兆民と「文学会」

明治二十一（一八八八）年九月八日、徳富蘇峰、森田思軒、朝比奈知泉の主唱によって、「文学会」が発会した。「文学会」は毎月第二土曜日に開かれ、少数気鋭の文筆家たちが、酒なしで夕食を共にし、食後一人か二人が口演し、その後雑談するという会であった。二十四（一八九一）年夏頃まで続いたが、後は消えていった会である。二年半の間に十七回開かれているので、その間の新旧の文筆家の交流の場としての意義は大きかったと思われる。「文学会」に出席した人は七十人程を把握しているが、面白い多種多様の人物の集まりである。己の意見を持ち、それを発表出来る人が「文学会」に出席できる資格のある人であったらしい。会員又は出席者は、徳富蘇峰、森田思軒、朝比奈知泉、山田美妙、依田学海、高橋五郎、竹越与三郎、坪内逍遥、矢野文雄、内田周平、中江兆民、志賀重昂、末広鉄腸、長谷川辰之助（二葉亭四迷）、幸田露伴、饗庭篁村、野口一太郎、森鷗外、大西祝、宮崎湖処子、中西梅花、末松謙澄、人見一太郎、尾崎行雄、須藤南翠、落合直文、市村瓚次郎、菅了法、川上眉山、内田魯庵など七十名ほどであった。一度に七十名が出席という会ではなく、十二、三人の会に四、五人のビジターが加わるような会であった。漢詩壇では森槐南、野口寧斎、宮崎晴瀾の性霊派と依田学海、国分青厓の格調派がともに出席していた。中江兆民は二十一年九月八日第一回文学会には、旅行中で欠席の葉書が早々と届いている。つぎは『学海日誌』によると、兆民は二十二年十一月二十六日の「文学会」に出席している。

明治二十年代の初頭に開かれた「文学会」に一度でも兆民が出席していたのは面白い。

兆民死後の「東京だより」三篇を見てみよう。

十二月十七日――「日々見舞客の人名を自から記し、死後其の人々に通知す可きを命じ、且つ曰く如何に面識の人たりとも、此の以外に通知する勿れ。彼より来るは妨げざるも、我より然かするは法にあらず。乃ち病を訪ふたる人士に対しては、其の終末を通知するは、亦た是れ礼なりと、而して大書して曰く、中江家より以て天下に及ぼす可しと」。

十二月十八日――「本日は青山に於て、中江兆民君の告別式を挙行したり。期せずして会する数百人、概して朝野知名の士にして、殆んど各種の仲間に通じたり。亦た以て君が交道の広く、且つ君を惜しむの情、一般に行き渡りたるを知る可し。板垣老伯の吊詞惻惻として、人を動かせり。大石正巳氏の滔々たる演説、殆んど四五十分を超へたり。是れ果して中江君の意を得たるや否やは、中江君に聞かざれば、之を確かむるに由なく候」。

十二月二十八日――「本年の過去帳には、実に珍らしき、著しき、大切なる姓名が多く記録せられ候。明治の大平民福沢翁の如き、政界の梟雄（きょうゆう）〔荒く強い〕星亨氏の如き、文界の逸民中江兆民氏の如き、植物学の大家伊藤圭介翁の如き、実業界に於ける中上川彦次郎氏の如き、其他数ふるに遑まあらず候。〔中略〕兎も角も冥府は、此の歳晩には、大賑合ひなる可しと被存候」。

過日ハ雨中態ゝ
御来兼ゝ候そもし
別儀て生を兩
飛と仙千之云ふ
可らさる快悔も
甚しく
かし　　ハ存候
可ら
多人口ハ

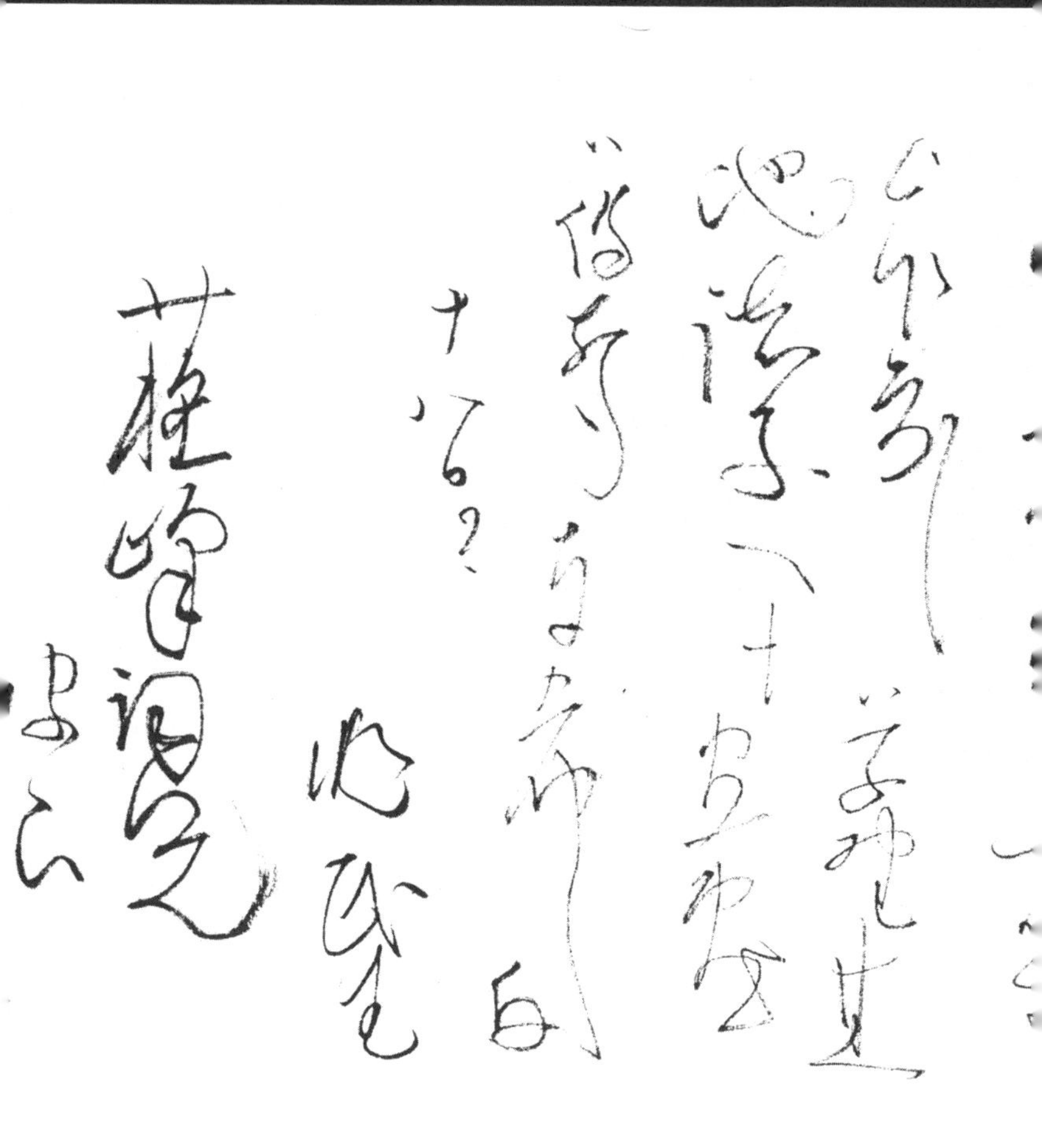

中江兆民の最後の徳富蘇峰宛書簡　明治 34 年 10 月 18 日付
（提供＝徳富蘇峰記念館）

兆民と蘇峰の絆について見てみよう。

蘇峰宛の兆民の書簡を読み始めたときから、十六歳年長の兆民が、蘇峰の文学的教養と漢籍の素養と漢詩を高く評価していることに驚きを感じていた。兆民はフランスに留学し、多くの本を翻訳した。明治十五（一八八二）年、ルソーの『社会契約論』の漢訳『民約訳解 巻之一』は、フランスを中心とする欧米の民主主義の紹介に大きな影響を与えたと言われる。兆民は『民約訳解 巻之一』を仏学塾から出版した。漢文の方がフランス語の本質的な気持を表現しやすい含蓄のある言語だと肌で感じ、兆民がフランス語を漢訳したことを、偉大なことに思えた。兆民は留学前から漢学の必要を感じており、石黒忠悳に診断を仰いだのも漢文の猛勉強をしなければ、という思いがあったからのようである。目の前に漢籍、漢文の身についた蘇峰がいる。兆民が歳の差を越えて蘇峰を認めたのがなぜか、謎がとけたような気がする。兆民が蘇峰に感心していたことや、お互いに「朋友」と思っていたことを考えてみよう。

一、蘇峰には、漢籍、漢文、漢詩の素養があった。それは母久子と共に、三歳から十歳までに、『唐詩選』の四六五篇の漢詩を全て暗記したことから始まる。それと並行して四書五経の素読を学び、十二、三歳の頃から父淇水の講義を受けた。これは谷沢永一氏が「一敬〔淇水〕翁の日暮れて道遠しとの謂（ことば）に鑑み、愛児の教育片時も念頭を去らざりしに依れるならむ」（谷沢永一「蘇峰の父と鷗外の母」）と、四人の女子の後に、父四十一歳、母三十四歳の晩年に生まれた長男蘇峰への一方ならぬ教育への思いがあったのであろうことを指摘している。

二、人間の尊厳を大事にし、教育に重きを置き、「読書大義に通ず」を疑わない家庭であった。
三、女も手に職をつける独立した女性を考え、職業をもって立つ女性を理想とした教育を受けた姉たちの影響も大であった。
四、若者でもそのぬきんでた能力を認め、敬することは、兆民と蘇峰の共通点であった。
五、兆民は夫人を大事にし、夫婦の会話があった。奇行者と認知されていたが、人々に愛すべき人間として尊敬され、頼られていた。兆民は漢籍の素養と、日本古来の教養の身についている若者として、蘇峰に一目置いていた。
六、兆民は蘇峰の身についた漢文、漢詩のリズムに家庭教育、幼児教育の成果を見たのであろう。

少なくとも以上の点で、兆民は蘇峰に親しみを感じていたのではなかろうか。中江兆民を書きながら、ふと、勝海舟と錯覚してしまうことがあった。蘇峰への温かさが、海舟も兆民も同じ波長の温かさで蘇峰に接しているように思えた。

歴史上の人物中江兆民に蘇峰を通して向き合うことができ、幸せであった。自由民権の逸民中江兆民と、新聞人・言論人である蘇峰との間に、文学的、人間的交流があったことを兆民の書簡から知った。四十四通の書簡が語る兆民と蘇峰のありのままの人間らしさに感動した。

明治三十四（一九〇一）年十二月十三日、兆民は五十四歳で亡くなった。その時蘇峰は三十八歳であった。蘇峰は昭和三十二（一九五七）年まで生きた。兆民より五十六年先の日本を見ていたことになる。兆民の死から百一年後、『一年有半』を読んだ後、『三酔人経綸問答』をもう一度読みかえしてみたい。南海先生、紳士君、豪傑君に再会し、「中江篤介は自から中江篤介なり」という兆民の叫びを再び聞いてみたい。

兆民は魅力的な手紙を書く人である。話し掛けるように、恥ずかしいから、どうしたらよいかわからないというそのままの姿で、手紙が泣いたり笑ったり、兆民の心を表す。

めったに兆民のような人、兆民の手紙のような文には出会うことは、ないであろう。

中江兆民のような飄々とした人物と蘇峰の組み合わせは、いままで、あまり知られていない。兆民からの書簡がなかったら、二人の交遊の真の姿はなかなか知られなかったであろう。書簡の持つ、真の姿を伝える力の大きさを感じる。中江兆民は、蘇峰の交遊の要となる一人であると思う。

参考文献

飛鳥井雅道『中江兆民』吉川弘文館、一九九九年
柿沢真知子・成田賢太郎『日本歴史』吉川弘文館、一九七七年
徳富猪一郎『国民叢書四冊　静思余録』民友社、一八九三年
――『国民叢書第十四冊　漫興雑記』民友社、一八九八年
――『蘇峰自伝』中央公論社、一九三五年
徳富蘇峰「東京だより」(『国民新聞』一九〇一年九月十五日、十七日、十二月十七日、十八日、二十八日)
正岡子規『病牀六尺』岩波書店、一九九三年

松永昌三『中江兆民評伝』岩波書店、一九九三年
松本三之介・松沢弘陽・溝口雄三・松永昌三・井田進也編『中江兆民全集』全17巻・別巻1、岩波書店、一九八三―八六年（『三酔人経綸問答』8巻、『一年有半』『続一年有半』10巻、『書簡　題辞・揮毫他』16巻）
『朝日百科　歴史の読み方』7、朝日新聞社、一九八九年
『朝日百科　立国の時代』21、朝日新聞社、一九九五年
同志社大学人文科学研究所編『民友社の研究』雄山閣、一九七七年

No.	日付	備考	分類
㉘	23/10/19	原稿を1章送った件。発行停止の解除が為されぬことへのいたわり。改進党の件。	フ
29	( )/( )/4	借金20円返済の件。ふたたび、解停にならぬ件への配慮。	フ
30	24/1/19	『国民之友』への寄稿に応諾。	フ
31	24/3/23	時事評論社の武市雄図馬を紹介。武市は蘇峰の序文を希望。	ハ
32	24/4/4	『北門新報』発刊の挨拶。一言お寄せ下さい。	フ
33	(25)/( )/18	古川銕畊なる篆刻家・風流人の紹介。	フ
㉞	(25)/12/30	古川銕畊を訪問させる。帰京後、多忙にしている。	フ
35	29/4/14	蘇峰の洋行への祝い。独力で活躍していることへの讃辞。千万為国自珍。	フ
36	33/12/( )	酒井雄三郎の死去の件。『国民新聞』紙上への弔辞掲載依頼。	フ
37	33/12/15	酒井雄三郎の人物評。蘇峰は全文を『酒井雄三郎君』に引用。	フ
38	34/9/15	蘇峰の『一年有半』の書評を喜ぶ。	フ
39	34/10/18	見舞いへの礼状。草野その他諸氏へもよろしく。漢詩同封。	フ
㊵	( )/3/6	須永元の紹介状。	フ
41	( )/4/24	至急百円の借金依頼。	フ
42	( )/4/24	依頼を受諾されたことへの礼状。	フ
43	( )/12/25	太田貞二郎の紹介状。	フ
44	( )/( )/9	借金の返済。帰京については口止めを願う。	フ

○印は中島司（蘇峰の秘書）による謄写で、実物は同志社大学に所蔵。
No. の欄に網掛けした書簡は、本文で紹介している。

中江兆民の徳富蘇峰宛書簡

（ハ＝葉書、フ＝封書）

No.	日付	備考	分類
①	20/1/12	序文が遅れたことへの詫び。	ハ
②	20/1/16	送った序文を「熊本徳富猪一郎君」とお改め下さい。	ハ
③	20/3/10	『国民之友』発刊への祝辞。本を書いている。公正な高評願います。	フ
④	20/3/16	知人の知人に職を紹介して欲しい。	フ
⑤	20/5/27	『三酔人経綸問答』の献呈。公告文は本書の目録で願います。	フ
6	20/10/6	原稿掲載への礼。しばらく原稿を送ることを控える。	ハ
⑦	20/12/10	信州旅行報告。蘇峰の病気見舞い。	フ
8	20/12/27	『国民之友』第14号掲載。保安条例による退去命令に対し「僕実に恥かしきの極点なり」。	フ
⑨	20/12/( )	保安条例による退去について。唯々為国為民自珍ヲ希フ。	フ
⑩	21/2/9	『国民之友』を批判した。御叱斥之程。	フ
11	21/4/4	『国民之友』が送られてこない。	フ
⑫	21/5/13	『国民之友』を続々と送ってもらったことへの礼。	フ
13	21/5/27	大阪での窮状について。	フ
14	21/8/14	影像の送付に対する礼。阿波から土佐に赴いていたため礼が遅れたことへの詫び。	ハ
15	21/11/21	東京で電信を依頼している人物の仕事ぶりが信頼できないので他の人の紹介を依頼。	フ
16	22/11/11	（チ便・空封筒）	フ
17	22/11/11	（ヘ便）梅田又次郎の来訪の件。原稿送付の件。	フ
18	(22)/12/21	**（新出資料）** 帰阪の報告。宿を移った通知。	ハ
19	23/3/26	（ホ便・空封筒）	フ
20	23/8/2	帰京報告。進歩党連合に関する『国民之友』の論説への讃辞。	フ
21	23/8/4	川島醇を訪問し、九州の同志とともに自由党を組織する件。	フ
22	23/8/10	新政党の件、祝辞。金の融通願い。	フ
23	23/8/23	（イ便・空封筒）	フ
24	23/9/3	返済の遅れへの詫び。金20円受領。	フ
25	23/9/17	東雲新聞に人を雇いたいため、蘇峰の意見を尋ねる。	フ
26	23/10/2	30円融通してもらう予定が20円だったので10円追加を願う。	フ
27	23/10/7	改進党合同の件について。	フ

ハ我ニ備併體倫一子ノ
其不ナク只以賞訓ニ從ヒ修生
事ニ及ヒ語ヲ蒙リ及ヒ去ハ
廿八日突然水李ヲ理ニ臥
ル熱病ノ大ニ觀樣ニ投シ歸

Ⅱ 釈宗演と鈴木大拙

——仏教東漸の悲願

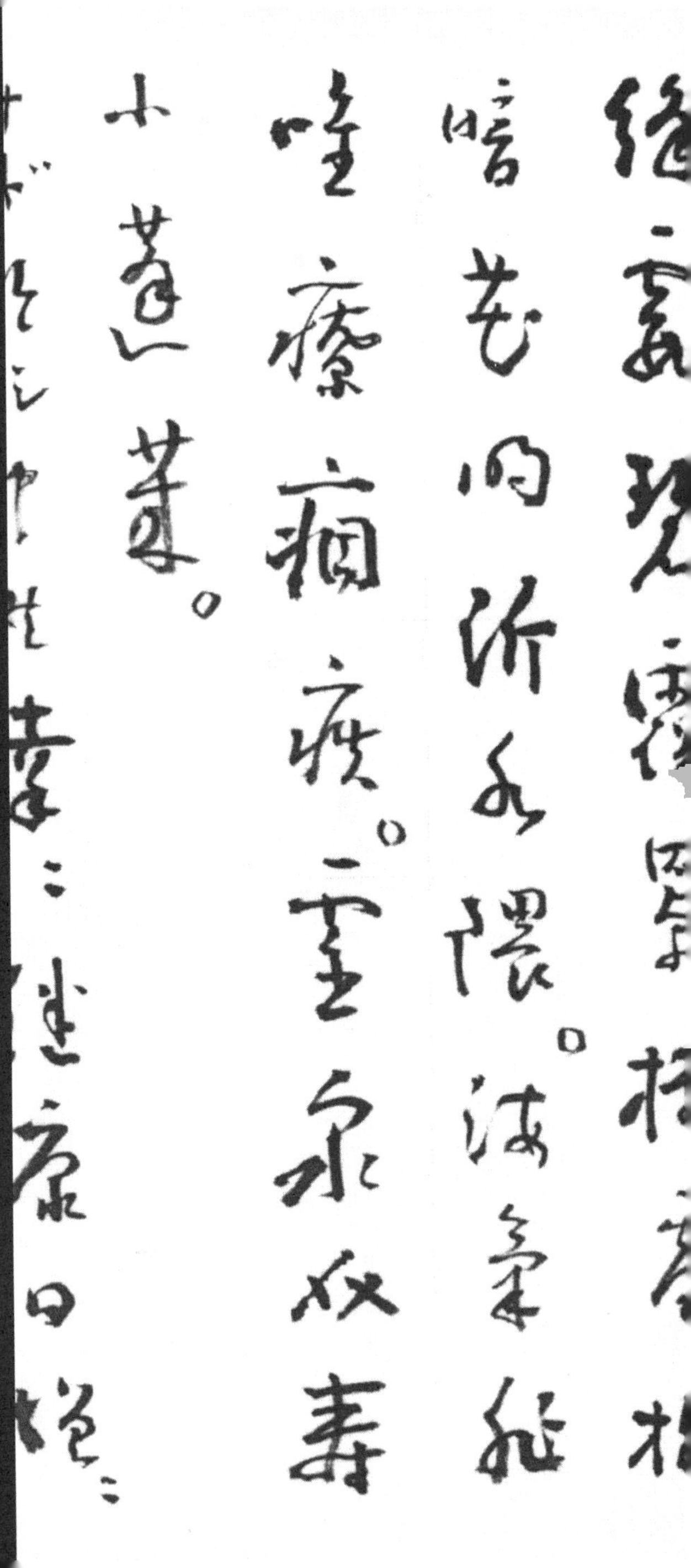

釈宗演（しゃく・そうえん　一八五九―一九一九）福井生まれ。臨済宗僧侶。号は洪嶽、楞伽窟、小厮子、不可往子。初め祖光と称す。俗名・一ノ瀬常次郎、出家して釈と改姓。明治十一（一八七八）年より今北洪川に参禅、弟子となる。慶応義塾卒。セイロン（スリランカ）に留学、インド、タイ、中国を歴訪。明治二十五（一八九二）年円覚寺管長に就任、のち明治三十六（一九〇三）年には建長寺派の管長を兼任する。明治二十六（一八九三）年、福沢諭吉の支援により渡米しシカゴの第一回世界宗教会議に出席、初めて欧米に禅を紹介、その後も鈴木大拙と共に世界に禅を喧伝した。大正三（一九一四）年臨済宗大学（花園大学）の学長に就任。徳富蘇峰主宰の碧巌会の講師を務めた。

鈴木大拙（すずき・だいせつ　一八七〇―一九六六）石川生まれ。仏教学者（文学博士）。同郷の西田幾多郎、藤岡作太郎とは石川県立専門学校（後の第四高等学校）以来の友人であり、「加賀の三太郎」と称された。東京専門学校から東京帝国大学選科に進学、今北洪川、釈宗演らに参禅し大拙の道号を受ける。明治三十（一八九七）年渡米、哲学者ポール・ケーラスを助けて東洋学関連の出版に従事。また禅についての著作を英語で著し、日本の禅文化を海外に広くしらしめた。明治四十二（一九〇九）年帰国、東京帝大・学習院で教鞭を執り、大正十（一九二一）年大谷大学教授。東方仏教徒協会を設立し『イースタン・ブディスト』を創刊。昭和二十四（一九四九）年に文化勲章、日本学士院会員。英文多数を含む著書約一〇〇冊。

1　眼光鋭きZENの布教者

慶応義塾特選塾員の禅僧

明治十八（一八八五）年、三田の慶応義塾に一人の禅僧が訪れた。鎌倉円覚寺の管長今北洪川（こうせん）（一八一六―一八九二　文化十三―明治二十五）の法嗣、釈宗演（しゃくそうえん）（一八五九―一九一九　安政六―大正八）であった。日本の近代化の牽引力となった志の高い青年たちは、語学を学ぶ必要を痛感していた。釈宗演は福沢諭吉（一八三五―一九〇一　天保五―明治三十四　思想家・教育家）のもとで洋学を学ぶため、慶応義塾入学を志望した。『慶応義塾入社帳』（福沢研究センター、一九八六年）に釈宗演について次のようにある。「本人姓名・釈宗演。府県住所身分・神奈川県相模国鎌倉郡山ノ内村円覚寺塔頭仏日庵住職平民。当主及ヒ年齢・二十六年五ケ月。入社ノ年月・明治十八年九月入社。証人ノ住所姓名・麹町区富士見町一丁目三十六番地、華族鳥尾小弥太（一八四七―一九〇五　弘化四―明治三十八　軍人・政治家）代理　川合清丸（一八四八―一九一七　嘉永元―大正六　社会教育家）」。明治十八年今北洪川六十九歳、福沢諭吉五十歳、宗演二十六歳であった。同年二十二歳の徳富蘇峰は『将来之日本』を、郷里熊本の大江義塾で書いていた。明治十九（一八八六）年、『将来之日本』は田口卯吉の「経済雑誌社」から出版され、五十銭で瞬く間に売り尽し再版となった。その成功を足がかりに一家をあげて上京し、二十（一八八七）年二月には総合雑誌『国民之友』、二十三（一八九〇）年には『国民新聞』を創刊し、青年・知識層に熱狂的に迎えられていた。

福沢諭吉と釈宗演との出会いは、慶応義塾に入社した時であろう。慶応義塾は福沢諭吉が江戸鉄砲洲に創設した洋学塾を、明治元（一八六八）年、芝に移転して改称したものである。宗演は「教家として時勢に見る所あり。新知識を必要として之を断行する」と入塾を志願し、洪川はそれを認めざるを得なかった。正規の学生ではなく課外及び別科で学ぶ聴講生のような立場であった。鳥尾小弥太居士（居士とは出家せず仏道に志す人のこと）が賛助した。宗演が慶応義塾に入って福沢のもとで学んだのは、どのような学問であったのか。『慶応義塾勤惰表』（福沢研究センター）の「明治十八年九月ヨリ十二月マデ第三期科外慶応義塾勤惰表」の凡例に、科目の様なものが見える。

一、本期各科出席ノ度数。一、毎日ノ会読ニ得タル点数。一、読方小試験ニ於テ得タル点数ト又コレニ平日輪講ニ於テ得タル点数トヲ合計シタルモノ。一、書取リ或ハ翻訳ノ試験ニ於テ得タル点数。一、数学小試験ニ於テ得タル点数ト又コレニ平日ノ教授ニ於テ数学ノ問題ニ答ヘタル点数ヲ加ヘタルモノ。一、漢書試験ニ於テ得タル点数。一、毎二週間一度ノ本邦文作文試験ニ於テ得タル点数。一、語学小試験点数トハ一期両度ノリージング、ジクテーション、コンペルセーション等ノ小試験ニ於テ得タル点数。一、数学、簿記、語学、又ハ読方大試験点数モ皆期末ノ大試験ニ於テ得タル点数。一、毎二週間一度ノ翻訳試験ニ於テ得タル点数。一、期末ノ翻訳大試験ニ於テ得タル点数

とそれぞれの科目が点数で評価され、合計出来るようになっている。大小の試験の合計点によって、優等卒業証書、卒業証書、登級ということになる。「登級トアル者ハ次期ヨリ一段上級ニ入ルルモノナリ」。以上「科外」のクラスで宗演は一二七点で登級している。最高点の人は一九一点で登級している。宗演の成績は「明治十九年五月ヨリ七月マデ第二期慶応義塾勤惰表」によると、「別科六級」で三三六点である。勉強し、努力したのであろう、成績は大変伸びている。福沢の合理的な教育が見えてきた感じがする。「同年三期別科五級」では、会読点数九四、翻訳点数九二、翻訳大試験点数八八、読方大試験点数九〇、合計点数三六四と成績が向上している。明治二十年福沢のもとでの勉学を終え、同年春、山岡鉄舟（一八三六―一八八八　天保七―明治二十一　剣客・政治家）の指示によりセイロン（スリランカ）に渡航した。鳥尾小弥太等が費用を援助した。

福沢と蘇峰の出会いは『蘇峰自伝』（中央公論社、一九三五年）によると、明治十五（一八八二）年ごろであったという。蘇峰は従兄弟の江口高邦に伴われ、福沢に面会し

福沢諭吉（1835-1901）

た。福沢四十七歳、蘇峰十九歳の時であった。江口は福沢の愛弟子の一人であったという。ちょっと長くなるが出会いの様子を『蘇峰自伝』から見てみよう。

予は平生福沢翁の立言に余り多く感心せず、特に当時翁が官民調和論を唱へ、姑息の妥協論を主張するかの如く考へられて、頗る不満であつたから、予は出会ひ頭に、「先生は学者として世に立たれる積り乎。政治家として世に立たれる積り乎。学者ならば千古の真理を探明するが目的であり、政治家ならば、当今の務に応ずるが当然であろうが、先生の所論は何れとも予には判断しかねる」と云つたら、福沢翁はその質問に答へず、「貴君は書物を読む乎」と訊いたから、「勿論読んでいる」と答へた。翁は「いずれ貴君が書物を読めば、追って判るであろう」との事で、話はそれで済んだが、帰途に江口は予に向つて、「初見の先生に左様な議論を吹掛くるなどとは、余りに大胆すぎる」と、頻りに予をたしなめた。

釈宗演の略歴を紹介しよう。宗演の弟子釈敬俊が編集した『楞伽窟（りょうがくつ）年次伝』（大中寺、一九四二年）と井上禅定編著『釈宗演伝——禅とZENを伝えた明治の高僧』（禅文化研究所、二〇〇〇年）を主に参照した。

釈宗演は、明治・大正期の禅僧で、安政六（一八五九）年十二月十八日福井県若狭国高浜に生まれた。俗名は一瀬常次郎、字は洪嶽（こうがく）という。二男四女の末子であった。若狭長福寺印州和尚について学習し、十一歳で初めて詩作を学んだ。明治九（一八七六）年十七歳の時母安子逝く。哀感の情にたえられないほどの悲しみを味わったという。宗演と鈴木大拙（一八七〇―一九六六　明治三―昭和四十一　宗教家）が共に影響を受けた鎌倉円覚寺の今北洪川は、性根の座った立派な禅僧であったといわれている。今北洪川は招かれて鎌倉円覚寺の管長となり、明治十五（一八八二）年、七山管長になった。明治十一（一八七八）年、宗演十九歳の時、初めて今北洪川に参学した。十六（一八八三）年、洪川の徒弟となった。

明治十八（一八八五）年、慶応義塾に入学する。宗演は時勢を見、新知識を必要として自発的に入学した。得庵居士鳥尾小弥太が賛助した。慶応義塾を卒業するや、直ちに印度セイロンに遊学した。山岡鉄舟、鳥尾小弥太等がその費用を援助した。「西遊日記」（井上禅定編著『釈宗演伝』に収録）に載っている餞別表を紹介しよう。山岡鉄太郎（鉄舟）君五十円、鳥尾小弥太君二十五円、田中菊次郎君二十円、福沢諭吉君五円、チヨ女史二円などの名が見える。

明治二十（一八八七）年三月八日、ドイツ汽船で横浜港を出航した。船上の待遇は食事は陳米をブリキの鍋で煮たもの、午粲は芋をゆでたもの、塩気もなく、只この一品のみであり、寝床は板上に一枚の菰席を敷くだけ、便所はなく、苦労をした。三等の客として、「実に冷且薄なりと言はざるを得ず」と想像できないような扱いであった。明治二十年春、セイロンに渡ったのは、南方仏教研究ということに加え、鉄舟の「和尚の目は鋭過ぎる。もっと馬鹿にならねばいかん。印度へでも行ってくるがよい」といわれたことに意義を認めている。「西遊日記」によれば、セイロンの地において五事の困難があったと書いている。土語の発音を学ぶこと、指先を使って食事をとること、熱い地面を飛びながら歩くこと、便所で用を足した後洗うこと、片手で鼻をかむことであった。また英語、土語、日本語、漢語、パーリ

謹啓餘寒ニ親マサル三
日我ニ備併陳備一子ノ
甚スナク只此醫師ニ從ヒ出生
者ニ存候ヲ承リ存居去月
廿八日突然小李ヲ招ニ伝

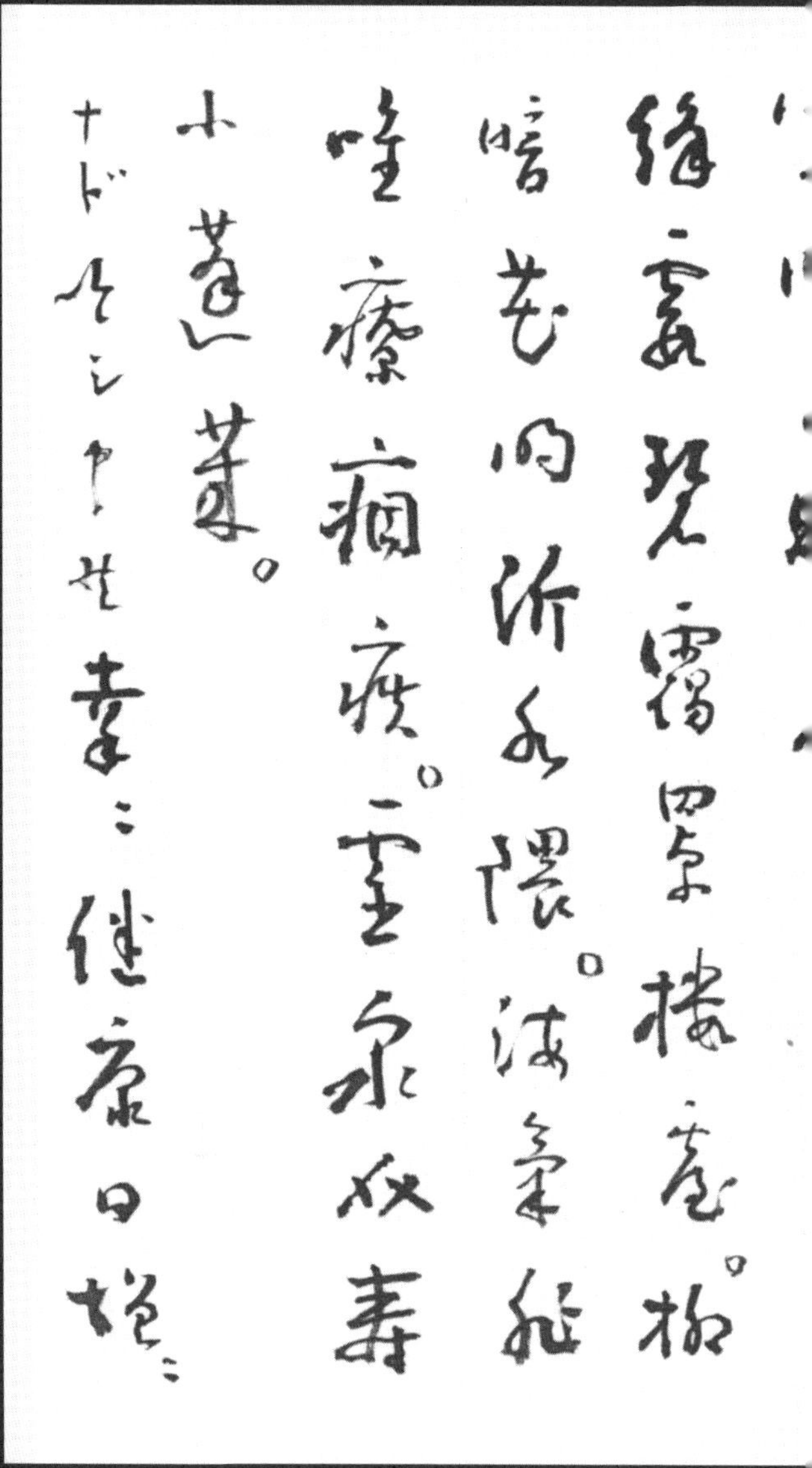

徳富蘇峰宛　釈宗演書簡　大正５（1916）年４月８日付
（提供＝徳富蘇峰記念館）

語、サンスクリット語とさまざまな言語が入り交じり、耳と舌が大忙しだったようである。明治二十二（一八八九）年、三十歳の宗演はコロンボに至り、七月シャム（タイ）に入り十二月横浜に帰着した。明治二十五（一八九二）年一月、今北洪川（蒼龍窟）が七十六歳で急逝し、三十三歳の釈宗演が円覚僧堂師家となり、楞伽窟（りょうがくつ）と号す。円覚寺派管長となり、大教正になった。宗演の旧友定達和尚の第二子、敬俊（釈大眉）を徒弟とした。

明治二十六（一八九三）年秋、日清戦争の始まる前年、宗演は「万国宗教大会」に日本仏教家代表として渡米した。会場はシカゴのコロンビヤホールで、聴衆は四千五百人と盛況であった。宗演の演説は「仏教の要旨並びに因果法」と題目した。英訳は大会主催者バッロース氏が朗読した。

帰航の船中では、三等客船で横浜の某氏が病没した。宗演も経を誦じたかったが、一等船客の故を以てボーイに阻まれ、その意をはたせなかった。宗演は「宗教者が四海同胞を宗教大会で高調しながら、実行できなかったのは遺憾であった」と嘆いた。

明治二十七（一八九四）年米国在住のドイツ哲学者ドクトル・ケーラス著の『仏陀の福音』（鈴木大拙翻訳）に宗演は序文を書いた。この本はよく売れたという。後にケーラスと鈴木大拙と深い関係ができる。

二十八（一八九五）年、東京で行われた福沢諭吉翁の還暦祝に出席し、宗演は賀詩を呈した。宗演は慶応義塾の科外及び別科で学び、正規の学生ではなく、聴講生のような立場であり、同窓会員に相当する「塾員」にはなれなかったが、明治二十九（一八九六）年、特に選ばれて同窓会の仲間に加えられ「特選塾員」となった。宗演は体格は大きくないが、眼光鋭い、人を圧倒する姿であったという。写真を見るとまさに目が光っていて、威嚇的である。福沢の還暦祝いに禅僧の衣をまとい出席した美男の僧は目立つ存在であったろう。三十三歳の若さで円覚寺の管長となり、「万国宗教大会」に日本仏教家を代表して出席し、ZENを布教しようとしていた宗演を、福沢が「特選塾員」にしたのかもしれない。

三十六(一九〇三)年四十四歳の時、重野安繹(一八二七―一九一〇　文政十―明治四十三　歴史家・漢学者)、鳥尾得庵(小弥太)等に『碧巖集(へきがん)』を開講する。宗演は繰り返し『碧巖集』を講演に使っている。『碧巖集』は宋の佛果圜悟(ぶっかえんご)禅師の著で、禅門における宗門第一書といわれ、夏目漱石も蘇峰も著書によく引用している。三十三(一九〇〇)年『静坐のすすめ』と題する小冊子を発刊した。宗演の立案、大拙の執筆によるもので、青年学徒の求道熱を大いに高めたという。

宗演と蘇峰の出会いは、明治三十三(一九〇〇)年十二月「徳富蘇峰氏鹿山に上り初て師に相見す」と『楞伽窟年次伝』にある。明治二十七(一八九四)年末には、夏目漱石(一八六七―一九一六　慶応三―大正五　小説家)、元良勇次郎(一八五八―一九一二　安政五―大正元　心理学者)、杉村広太郎(一八七二―一九四五　明治五―昭和二十　号・楚人冠　ジャーナリスト)らが宗演のもとに参禅したことは、円覚寺の記録に残っている。また漱石の作品『門』に宗演は老師、宗活は釈宜道として登場することでよく知られている。宗演は明治四十(一九〇七)年四月、『閑葛藤』を蘇峰が創立した民友社から出版している。これを原本として、英文『SERMONS OF A BUDDHIST ABBOT』が、シカゴ・オープンコート社より出版された。鈴木大拙が緒言で「宗演の提唱と米国各地での講演を元に、外人にもわかりやすい文章にした。その戦争論はトルストイ伯の注意を引いた」と書いている。大拙は宗演の三十八年の渡米に通訳として働いた。

明治三十八（一九〇五）年六月十一日、日露戦争の最中、宗演は横浜を出航した。二十七日サンフランシスコに到着した。大拙がシカゴより来て、各所の法話で通訳した。

釈宗演一行は、明治三十九（一九〇六）年四月、ホワイトハウスにルーズベルト大統領を訪ね会見し、大拙の通訳により世界平和について談話した。また同年、蘇峰の叔母で、八十九歳まで日本基督教婦人矯風会の会頭であった矢島楫子（一八三三—一九二五　天保四—大正十四　女子教育者）は、ボストンにおける第七回矯風会世界大会に出席した。姪の久布白落実（一八八二—一九七二　明治十五—昭和四十七　キリスト教婦人運動家）を代弁者としてルーズベルト大統領に会見し、日露講和成立に尽力してくれた謝意を述べた。ルーズベルトは楫子のこの一言に感激し、喜んで握手をしたという。

宗演は米国シカゴの宗教大会事業存続のため、新団体を組織する意見に賛成し、書中に「哲学、科学を精神の盾となし、一視同仁四海兄弟の主義を矛となして、旧来の宗教と一大決戦、真理の前には基教、回教、仏教等という差別など毫もない。大日本仏教青年会」と書いた。宗演と鈴木大拙が日本に留まらず、アメリカ、欧州、アジアに出かけて行って禅というものを、「ZEN」と英語で伝えたその情熱と、二人を精神的にも金銭的にも支えていた多くの人々があった。いずれ最後に人脈をまとめてみよう。蘇峰もその一人であった。

時代が前後するが、明治三十四（一九〇一）年二月三日、福沢諭吉は亡くなった。釈宗演の弔偈中に「先生身死不心死。独立自尊天下伝」の句がある。蘇峰は六十六歳で逝去した福沢に『国民新聞』の「東京だより」で次のような哀悼の意を表している。

「本日の出来事と申せば、福沢氏葬送より外なかる可く候。或は東京の精華の一半を此処に集めたりと申しても余りに誇張とは、非難す可らず候。今や社会の波は、福沢氏の徳を頌するに傾きぬ。此れも福沢氏其人の品性事功に対して、当然の事と存候。ただ願くは氏の門下生たるもの、此の敬慕渇仰の念を喪ふことなく、氏の志を成就するに於て、敢て中途に挫折するなからんことを」。

東京市の優れた紳士、淑女の半数は集まったであろうと蘇峰にいわしめた福沢の葬儀の模様が目に浮かぶ。

釈宗演の蘇峰宛書簡

宗演の書簡を紹介しよう。

徳富蘇峰記念館には、釈宗演の蘇峰への書簡が四十二通ある。内訳は封書が二十三通、葉書は十九通で、すべて直筆である。書簡の差し出し年は、明治四十一(一九〇八)年七月の葉書から、大正八(一九一九)年七月の葉書までの十一年半の間のもので、明治七通、大正三十五通である。一番最後の書簡は宗演の死の四カ月前のものである。釈宗演と蘇峰は四歳ちがいで、釈宗演のほうが年長である。

釈宗演の字は、宗演が生まれた若狭の国、高浜海岸に、ぼたん雪が降っているような筆跡にみえる。旅に出ると、宗演は朝お粥を食したあと三十枚位の揮毫をしている。お世話になった人々に、お礼に書いたものであろうが、速く書けるような字でないように見受けられる。誠実さが伝わってくるような字である。明治四十一（一九〇八）年、四十九歳の宗演が書いた書簡から見てみよう。

1　明治四十一（一九〇八）年七月二十六日

〈注〉葉書。葉書表「東京市京橋区日吉町　国民新聞社　徳富蘇峰様」「佐賀県鹿島町にて　釈宗演」。漢詩。

2　明治四十一年七月二十九日

〔前略〕却説今回熊本回錫（かいしゃく）に就ては、一方ならぬ御配慮を煩はし、御陰にて暗夜に燈に頼（たのみ）を認め候心地致申候。御厚情　辱（かたじけなく）　御礼申上候。〔中略〕途上より時々悪詩を御覧に入れ慚愧の至に御坐候。是も雲水子〔宗演〕が一種の消夏法と御笑い下され候はば幸甚之至に御坐候。

〈注〉封筒表「東京市赤阪区青山南町六ノ三十番地　徳富猪一郎殿」。封筒裏「肥前国鹿島町　泰智寺にて　釈宗演」。

3　明治四十二（一九〇九）年二月五日

〔前略〕扨て過般は尊著吉田松陰一冊特別製之珍本、殊に御恵贈被成下、真に是れ久旱の初雨他郷の旧知珍重慶快手巻を捧げて放たざるもの餉時尓来禅暇を得て緩々（ゆるゆる）熟読玩味仕度と存じ昨今の近県旅行にも必ず行李に携帯致し居り候得共、到処拈槌（ねんつい）〔禅問答をすること〕竪拂（じゅほつ）〔拂子（ほっす）をたてたり〕の事繁く未だ全編貫読の機を捉ふるを得ず、残懐に存候得ども拝謝を伸ぶる余りに迂延（うえん）に流れ候恐有之、不取敢此に数行の閑文字〔詩〕を列ね御厚志に奉酬候。蓋し貴著は吉田松陰と云ふと雖、其実は一部の明治文明史と見て宜敷からんと存候。勿論明治文明の史源は三千年の上古に在て、吾が　皇祖皇宗の洪範を垂れ玉ひし事は申迄も無御坐、随て吾国民の先天性とも云ふべき超越的愛国の大精神は三千年間、一瀉千里の勢を以て今日まで傾倒し来りし所のもの、是明治文明史の真髄にして又貴著吉田松陰の生命なりと山僧〔宗演〕は堅く信じて不疑候。老居士の所謂「尊皇愛国一致の精神は、是亦一種の宗教心」なりとは、真に知言と奉存候。〔中略〕彼の神儒佛耶の諸宗教の信条経典の如きは、蓋し個の一種不可思議の霊物の注釈と云ふも、敢て過当にあらずと存候。私(ひそか)に恐る、仏教は動(やや)もすれば、一種の哲学の穴に陥り耶教は或は慈愛に流れ、儒教は時に虚礼に失す。反之若し此の三教の特色たる大智と大慈と大勇とを併せ備へて始て此の大和民族の超越的愛国の精神即ち殉道の気魄を発揮すべしと存候。「かくすればかくなるものと志りながら、やむにやまれぬ大和魂。」此短歌は実に吾が大和民族の黙示なり。福音なり。而して亦松陰先生の肖像なりと存じ候。今や吾国が世界に於ける地位と境遇とを顧れば、千の松陰、万の寅(ママ)二郎の輩出あるも尚其不足を感するの思ひに堪へず。〔中略〕貴著吉田松陰は此点に於て精神教育と確に金鵄(きんし)勲章に直(あた)るべき大功ある傑作と奉存候。〔後略〕

〈注〉封筒表「東京市京橋区日吉町　国民新聞社　徳富蘇峯様」。封筒裏「二月五日　相州鎌倉山之内松ケ岡東慶寺　釈宗演」。

蘇峰著の『吉田松陰』の読後感である。吉田松陰の意見、徳富蘇峰の意見に感動している宗演も、国を思い、神儒仏耶を超越した神の存在を認めていることを「超越的愛国の大精神」と、表現している。蘇峰が著書を贈る第一の友人グループに宗演がいた。宗演の書簡は、どれも長文で問題点を衝いている。

4　明治四十四（一九一一）年八月三日

〈注〉葉書。葉書表「東京市京橋区日吉町　国民新聞社　徳富蘇峯様」「塩原にて　釈宗演」。漢詩。

5　明治四十四年十月二十五日

先生の御尽力と老師〔宗演〕との恩力に依り到る所非常なる大歓迎を蒙り千万奉拝謝候。吾々平民僧迄大に面目を施したる次第に候。あまりに歓迎せられ候為め十分に視察する事を得ずに夢中に奔走するは、少々遺憾に御坐候。

〔宗演の法嗣である間宮英宗の絵と文〕

大江縹渺（ひょうびょう）接長空　　天窓台高天可通
天下壮観無一句　　萬千景轉苦吟中
洪岳

〔宗演の漢詩〕

〈注〉葉書。葉書表「京城　京城日報社　徳富蘇峰先生」「英宗拝日」。間宮英宗（えいじゅう）と釈宗演の連名。絵・漢詩あり。

6　明治四十四年十一月四日

〈注〉葉書。葉書表「東京市京橋区日吉町　国民新聞社　徳富蘇峰様」「京城南山町　明石〔元二郎〕将軍官邸」。漢詩。

7　明治四十四年十一月十八日

〔前略〕先般入鮮に付ては終始多大の御高配を煩はし真諦俗諦（しんたいぞくたい）二辺の運動一々吾兄指導の下に奔走聊か仏祖の使命を在外同胞の新領土の衆庶に相伝へ候事私に歓喜不禁存候。吾等一行が途上大過なく官民の同情を得候事一に老兄及阿部居士、其他御部下諸君の庇護に惟依る事と存じ深く〱五内〔身心〕に感銘仕候。南大門にて御別申上候後、寺内総督閣下の招筵を始め、明石総長邸に於ける数日の提唱、多少の悪因縁を結び候事歓喜慚愧相半に存申候。

〈注〉封筒表「京橋区日吉町　国民新聞社　徳富猪一郎殿」。封筒裏「十一月十八日夕　駿河台　西邑家　釈宗演」。

明治四十三（一九一〇）年蘇峰は『京城日報』の監督になり、年に二、三回京城に出かけていた。朝鮮、満州、中国に旅する人は、蘇峰に挨拶して出かける人が多かった。大正七年まで蘇峰は『京城日報』の監督であったが、その後寺内正毅と意見が合わず、辞めた。

8　大正三（一九一四）年三月二日

〔前略〕山水随縁の文字既に小衲（わい）が臆裡の琴線に触れ清風脈々と座に生ずるを覚へ申候。〔後略〕

〈注〉封筒表「東京市京橋区日吉町　国民新聞社　徳富蘇峯様」。封筒裏「三月三日　三島町　宮崎氏内　釈宗演」。紹介状を持参した模様。長文。漢詩あり。

9　大正三年六月十八日

〔前略〕厳父君御没後、頓に従前の鋭気を減せられ従て多少健康をも失ひ被居、同人一統乍蔭心配致し居るとの事に有之候。風樹御哀悼之情、左こそと御察申上候得共、何卒悲而不傷様被為成度、私（ひそか）に祈上候。〔後略〕

〈注〉封筒表「東京市赤阪区青山南町六丁目　徳富猪一郎様」。封筒裏「六月十八日　相州鎌倉山之内松ケ岡東慶寺　釈宗演」。

蘇峰の父親一敬は大正三（一九一四）年五月二十六日に亡くなった。享年九十二歳であった。蘇峰の父親思いは大変なもので、『近世日本国民史』を大正三年に書き始めたが、無気力と涙でどうしようもなく、大正七（一九一八）年まで延期した。その間『世界の変局』『吉田松陰』『両京去留誌』『蘇峰文選』『大正政局史論』『大正の青年と帝国の前途』『公爵桂太郎伝』『杜甫と弥耳敦』を上梓し、大正七年から

修史を書き始めた。蘇峰が元気でないことを心配して、宗演に相談に行く阿部充家（一八六二―一九三六
文久二―昭和十一　号・無佛　国民新聞副社長）ほか友人の顔が浮かんでくるようである。

10　大正四（一九一五）年四月十六日

〔前略〕『世界の変局』　殊に親署を以て御恵贈被成下　毎度の御芳志を有難く頂受申上候。老兄先には『時務一家言』の名著あり。明治大正両朝の政変を批評して精妙其巒に入り侃々の言諤々の論、宛も老吏の獄を断ずるが如く慧眼犀利傍観の人をして覚へず手に汗を握らしむ寔に是と当世罕覯の大文章なり。〔後略〕

〈注〉封筒表「東京市京橋区日吉町　徳富猪一郎先生　国民新聞社」。封筒裏「四月十六日　相州鎌倉山之内松ケ岡　東慶寺　釈宗演」。長文。

11　大正四年七月二十九日

〔前略〕駅を距る十餘丁の星野鉱泉に安着致申候。此処山水清秀幸に未だ都人士の蹂躙する所とならず些の衒気なく亦粉臭なく其佳趣殆ど予想の外に有之候。老兄若し一日の清暇を得られ候はば乞ふ百穗画宗を伴ふて茲に仙遊せられんこと偏に御勧申上候。〔後略〕

〈注〉封筒表「東京市京橋区日吉町　国民新聞社　徳富蘇峯様」。封筒裏「七月廿九日　信州沓掛　鉱泉明星館にて　釈宗演」。

と漢詩三首が贈られている。よほど美しい所であったらしい。宗演の字も清々しい走りである。

12　大正四年十一月二十五日

尊著『両京去留誌』一本御慈贈下され難有拝受仕候。

〈注〉封筒表「青山南町六丁目　徳富猪一郎様」。封筒裏「十一月廿五日　浅草　海禅寺にて　釈宗演」。

13　大正四年十二月二十五日

〔前略〕昨日貴国民新聞紙上に於て　拙著『碧巌録講話』に対し、吾兄椽大（えんだい）の筆を弄せられ操縦自在宛（あたか）も摩妨（まご）の手を借りて其痒（かゆみ）を掻か如く快適云ふ可からず。就中「何事も妙味は素人にあり。特に禅に於て然りとす」真に是れ知音（ちいん）の語「善者の人を教化するや決して之を自箇の薬籠中に詰め込を欲せず」夫子自ら言ふ「師の講話たるや初学者に取りては聊か物足らぬ筋もあらん。左れど此書の特色は唯其門戸を指黙して更に管鍵を与へざるにあり」〔後略〕

〈注〉封筒表「東京市青山南町六ノ三十番地　徳富猪一郎様」。封筒裏「十二月廿五日　相州鎌倉山之内松ケ岡東慶寺　釈宗演」。

宗演が言おうとしていた所を、蘇峰が心の通った言葉で言ってくれたことに感謝している。大正五（一九一六）年一月末、宗演は急性肺炎となり、一時重体に陥った。新聞にでも載ったのであろう、漱石は二月十六日、リウマチの療養のために滞在していた湯河原からの帰り、鎌倉に宗演を見舞ったが、宗演に会わず、弟子の敬俊に挨拶して帰ったという。寒がりでリウマチで、胃弱な漱石が、東海道線を大船で途中下車し、宗演を鎌倉に見舞ったことは、相当の愛情がなければできないことである。漱石は若い禅僧への手紙に、宗演を見舞ったことを書いている。

14　大正五（一九一六）年四月八日

〔前略〕今日は釈尊降誕の聖日に付、かすめる眼、ふるへる筆を走らし、一書を認め、病中再三御訪問被下候厚誼に酬ふる為め、野情区々如是に御坐候。

〈注〉封筒表「東京市京橋区日吉町　国民新聞社　徳富蘇峰先生」。封筒裏「四月九日暁　修善寺新井にて　釈宗演」。

病後の心境が四つの漢詩に読まれ、枯れた美しさがある。蘇峰に心から感謝していたことが伝わってくる。

15　大正五年六月二十四日

華翰難有拝見仕候。御来示の如く這回一般、野兎閑神の草廬を伺ふ所となり肉薄、懶眠を驚かされ候て終に一派の犠牲と相成り再び醜面皮を世上に暴さねばならぬ事と相成り真に忸怩之至に御坐候。老婦再嫁の一言吾兄同情の厚きに因らずんば、余人の口よりは聴く事を得さる親言と存じ申候。今更申すも愚痴の至に候得共、衲は元来江湖一箇の殉道者を以て私に自ら任じ居候者なり。一方より云へは管長制度廃止論者に有之候。但々時気機未到、凡衆不容予説ため快々今日に至り申候。然るに這回亦一派の情実に迫られ事茲に及び申候事乍自分如何にも腑甲斐なき奴つと存じ申候。乍併一たび點頭致し候上は佛祖へ報恩の為と存じ自ら駑骨に鞭ち直前勇往仕べくと決心仕候間、老兄亦外護御同情を垂れられん事、千祈万祷の至に御坐候。右卑答得高慮度　草々如是に御坐候。

謹言

〈注〉封筒表「東京市青山南町六ノ三十　徳富蘇峯先生」。封筒裏「六月廿四日　相州鎌倉山之内松ケ岡　東慶寺　釈宗演」。全文

管長制度廃止論者である宗演が、管長をおしつけられた苦痛を書いている。しかし管長を引き受けたからには、老体に鞭打って仕事をするが、「老兄亦外護御同情を垂れられん事」を願っている。

16　大正五年八月二日

〈注〉封筒表「徳富蘇峯先生煩親剪」。封筒裏「八月二日　田寄仁義氏持参　釈宗演」。紹介状。

17 **大正五年八月十四日**

〈注〉葉書。葉書表「東京市京橋区日吉町　国民新聞社　徳富蘇峯様」「盛岡知事官舎にて　釈宗演」。漢詩。小岩井牧場を一見。

18 **大正五年八月十八日**

〈注〉葉書。葉書表「東京市京橋区日吉町　国民新聞社　蘇峯先生」「北海道旭川　釈宗演」。漢詩。

19 **大正五年八月二十日**

〈注〉葉書。葉書表「東京市京橋区日吉町　国民新聞社　徳富蘇峯先生」「北海道旭川にて　釈道人」。漢詩。

20 **大正五年八月二十三日**

〈注〉葉書。葉書表「東京市京橋区日吉町　国民新聞社　蘇峯先生」「札幌　馬島氏にて　釈宗演」。漢詩。

21 **大正五年八月十八日**

〈注〉葉書。葉書表「東京市京橋区日吉町　国民社」「小樽にて　宗演」。漢詩。

22　**大正五年八月（二十九）日**

〈注〉葉書。葉書表「東京市京橋区日吉町　国民新聞社　徳富蘇峯様」「函館　高龍寺にて　釈宗演」。漢詩。

23　**大正五年九月一日**

〈注〉葉書。葉書表「東京市京橋区日吉町　国民新聞社　蘇峯先生梧右」「福島にて　釈宗演」。漢詩。

24　**大正五年十二月二十八日**

拝啓　尊候　益御健勝に被為入候段珍重慶快此事に奉存候。陳ば這回は歳末の祝儀として羊毫大小三握の管城子〔筆〕特に御慈投被成下、毎度之御厚志難有御礼申上候。山中歳晩亦人事に取紛れ一年の功過など自ら省みて更に新陽刷新の工夫を運らし居候。右不取敢御礼一言如是に御坐候。

敬具

丙辰十二月廿八日

宗演

蘇峰大居士侍史

歳晩次友人寄　懐韻〔同封の漢詩〕

一年三百幾昏晨　魔佛往来揮麈（しゅ）頻

促々人生時易古　悠々天地事難新

搬柴汲水閑中課　釣月耕雲方外民

山寺幸無詩酒債　暖爐吹上満頭塵

御添削被下度願上候

〈注〉封筒表「東京市青山南町六丁目　徳富蘇峯様」。封筒裏「十二月廿六日　相州鎌倉山之内松ケ丘　東慶寺釈宗演」。

25　大正六（一九一七）年一月九日

〔前略〕昨日は又小包にて支那製の羊毫細太五握殊に御恵寄被下、毎度の御芳情感謝難述尽存上候。去る二日野田大塊居士午後より松丘草庵を訪はれ、今に先生も茲に来会被遊候筈とも〔中略〕新年の道盟を温め度と申され衲（わし）と二人にて心待申上居候得共、遂に無其儀甚だ残懐に存じ申候。何れ其内上京の節、よき機会を捉て拝眉萬御話し申上げ度〔後略〕

〈注〉封筒表「東京市青山南町六丁目　徳富猪一郎様」。封筒裏「一月九日　相州鎌倉山之内松ケ岡　東慶寺釈宗演」。

と宗演、野田大塊（一八五三―一九二七　嘉永六―昭和二　本名・卯太郎　政治家・実業家）と蘇峰の親密な雰囲気が伝わってくるような書簡である。

26　大正六年一月十二日

過日は御手翰を給はり、難有奉謝候。御注意に従ひ今朝九時首相寺内伯を官邸に訪上、只今帰庵仕候次第なり。談は山雲海月の辺より始まり、時々微温的に日支親善の機に触れ、時々突如剣禅一味の境に入り、其間主客黙契の裡に何物かを交換致申候。小衲〔宗演、私〕留京中一度拝顔を得度と存居候得共、例会課外突発の用事にて日夜忙々地に暮らし居候。右一寸御通知申上度如是に御坐候

草々敬具

〈注〉封筒表「京橋区日吉町　国民新聞社　徳富蘇峯閣下」。封筒裏「一月十二日　小石川茗荷谷　至道庵にて　釈宗演」。

宗演は大正六（一九一七）年三月から鳥取、松江、出雲に旅に出ている。蘇峰は九月から朝鮮に渡る前に、寺内正毅首相（一八五二―一九一九　嘉永五―大正八　陸軍軍人・政治家）を訪ねたら良いと忠告していたようである。その時の様子が伝えられている。

27　大正六年三月二十二日

〈注〉葉書。葉書表「東京市京橋日吉町　国民新聞　徳富蘇峯様」「鳥取市にて　釈宗演」。漢詩。

28　大正六年三月二十二日

〈注〉葉書。葉書表「東京市京橋区日吉町　国民新聞　徳富蘇峯様」「鳥取市にて　釈宗演」。漢詩。

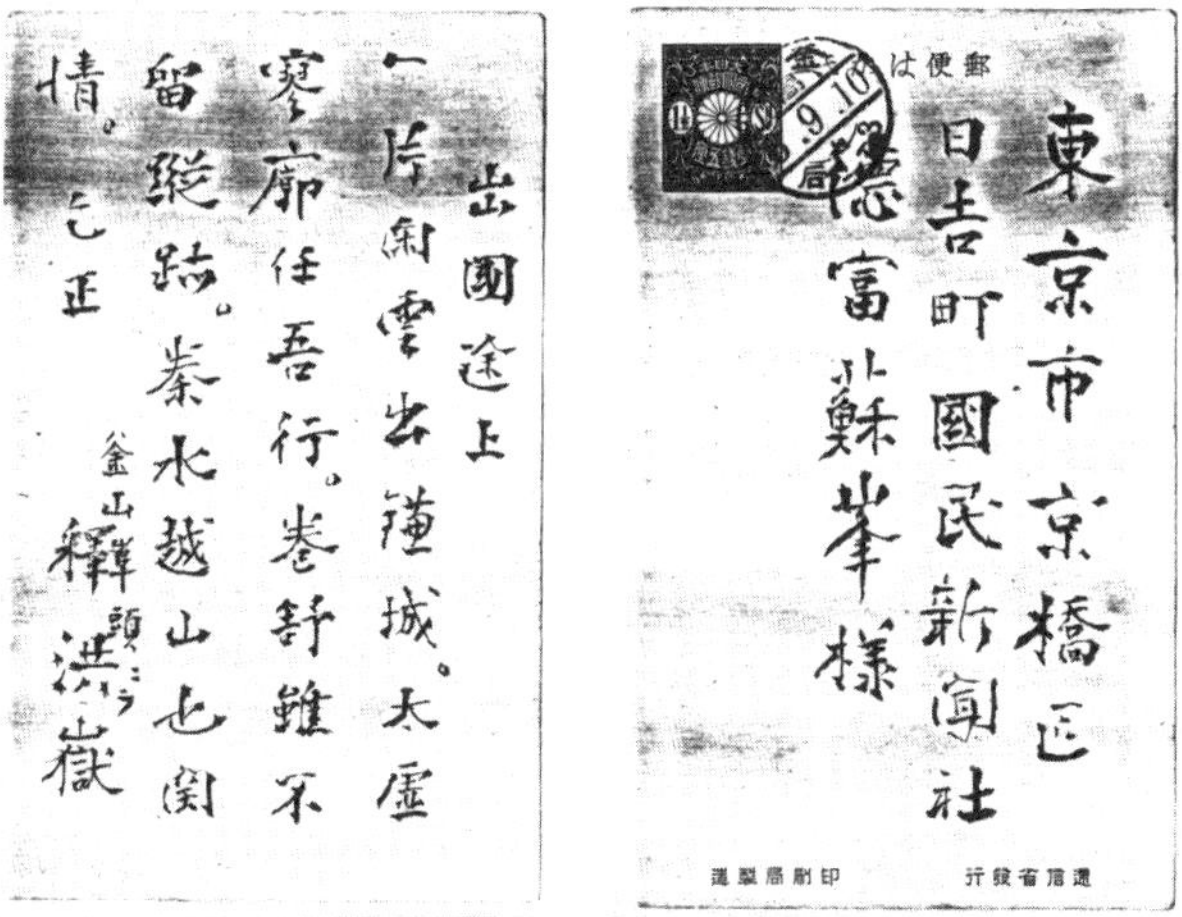

大正6（1917）年9月10日の葉書

29　大正六年三月二十六日

〈注〉葉書。葉書表「東京市京橋区日吉町　国民新聞社　徳富蘇峯先生」「雲州松江市にて　釈宗演」。漢詩。

30　大正六年三月二十六日

〈注〉葉書。葉書表「東京市京橋区日吉町　国民新聞社　徳富蘇峯様」「雲州荘原駅にて　釈宗演」。漢詩。

31　大正六年八月六日

〔前略〕年来の志望たる支那大陸清遊決行可致事に相成申候。就ては親しく、尊堂御訪問申上け百事旅行中の御指教に預り申度と存候。本月十日以後に於て何日頃相敲申上候て宜布や乍御面動（ママ）何卒御一報奉願上候。

草々謹白

〈注〉封筒表「東京市赤坂区青山南町六丁目　徳富猪一郎様」。封筒裏「八月六日　神奈川県大船局山之内　東慶寺　釈宗演」。

32　大正六年八月十日

〔前略〕高諭に従ひ明十一日早天、親敲老龍庵奉得拝顔度と存候。何とか、一、二時間の光陰を割愛被成下度願上候。種々御垂教に預り度と存候。〔後略〕

〈注〉封筒表「逗子駅桜山　徳富猪一郎様」。封筒裏「八月十日　神奈川県大船局山之内　東慶寺　釈宗演」。

33　大正六年八月十二日

〔前略〕長時間に亘り世真責の御高説を承り、裨益少なからず真に近頃の渇望を医する事を得申候。〔後略〕

〈注〉封筒表「逗子駅桜山　老龍庵　徳富蘇峯先生」。封筒裏「八月十二日　神奈川県大船局山之内東慶寺　釈宗演」。

34　大正六年八月二十一日

〔謹啓〕昨日は寧馨（ねいけい）〔優れた子〕万熊君特に山房へ御越し被下小衲（わい）支那行脚の贐別（じんべつ）として精巧堅牢なる皮製鞄子一箇特々御恵贈被成下此際何よりも貴宝なる品、御厚志難有奉感謝候。〔中略〕衲西遊出発は九月八日と内定致し申候。其前迄一度拝芝を得たてまつり度と存居候。〔後略〕

〈注〉封筒表「三浦郡逗子桜山　観瀾亭　徳富蘇峯様」。封筒裏「八月廿一日　神奈川県大船局山之内東慶寺釈宗演」。

35　大正六年九月十日

〈注〉葉書。葉書表「東京市京橋区日吉町　国民新聞社　徳富蘇峯様」「釜山駅頭にて　釈宗演」。漢詩。出国途上。

36　大正六年九月十日

〈注〉葉書。葉書表「東京市京橋区日吉町　国民新聞　徳富蘇峰先生」「船中にて　釈宗演」。漢詩。渡支途上。

37　大正七（一九一八）年八月二十七日

〈注〉葉書。葉書表「東京市京橋区日吉町　国民新聞社　徳富蘇峯先生」「日光にて　釈宗演」。漢詩。

38　大正八（一九一九）年五月十二日

〔前略〕昨日は先約ありて野田大塊居士、高橋〔是清　一八五四―一九三六　安政元―昭和十一　政治家〕蔵相、明石〔元二郎〕総督、後藤瑞巖〔後の大徳寺管長〕等の道友相携へて御房〔東慶寺〕の午睡を驚かし来り、林下苦茗を啜りて方外に清談を交へ申候。承れば其地令夫人にも伴供御静養との御事〔後略〕

〈注〉封筒表「県下湯河原　天野屋温泉旅館　徳富蘇峯様」。封筒裏「五月十二日　神奈川県大船局山之内東慶寺　釈宗演」。

39 大正八年五月十六日

〔前略〕四十日間不在中の瑣事続々突発、且つ去る十二日、無辺俠禅子爵〔渡辺国武　一八四六―一九一九　弘化三―大正八　官僚・政治家〕、七十四歳を一期として大夢を覚され〔逝去〕就は衲に引導焼香を嘱せられ、〔後略〕

〈注〉封筒表「県下湯河原　天野屋旅館にて　徳富蘇峯様」。封筒裏「五月十六日　神奈川県大船局山之内　東慶寺　釈宗演」。

40 大正八年六月（日付不明）

予が弟子敬俊の父が死去した。十日まで熱海にいる。

〈注〉葉書。葉書表「湯川温泉　天野屋にて　徳富蘇峯様」「伊豆山相模屋　釈宗演」。

41 年不明の九月八日

〈注〉封筒表「徳富梧右」。封筒裏「九月八日　宗演」。切手なし。礼状。

42 年不明の九月十一日

〈注〉封筒表「徳富先生」。封筒裏「九月十一日　釈宗演」。切手なし。淇水翁からの見舞い状に対する礼状。

大正三年以前。

以上宗演の書簡の要旨を紹介した。宗演の書簡は九十歳（当時）の井上禅定（東慶寺閑栖）様が読んで下さった。どの書簡にも、宗演の思いが込められている。葉書には漢詩が書かれ、巡業地の情景と生活が見えるようである。封書の巻紙は延々と続く華麗な筆である。言葉の美しさ、表現の豊かさ、的確さ。正直な感情を蘇峰に伝える信頼は、蘇峰との豊かな人間関係を感じさせる。

次回は大拙と宗演の生き方をみてみよう。わき道を歩いた哲学者と言われる大拙にとって、アメリカの出版社で仕事をした十一年間が、ＺＥＮを紹介する上で、如何に力になったか、はかり知れない。ゆっくりした歩みの中に秘められた、鈴木大拙の力強い生き方である。黙していては、ＺＥＮは世界に広がらない。宗演が講演し、大拙が通訳し、本を書き、二人の禅僧によって、ＺＥＮが広い世界に布教されていった様子をみてみよう。

2　ひじ、外に曲らず

イースタン・ブディスト

禅には、見性（妄念を捨て悟りを開くこと）というものがあるという。水上勉氏の著書「鈴木大拙――禅を世界にひろめた仏教思想家」（『国際交流の演出者』TBSブリタニカ、一九八三年）を読んだとき、私にも見性の意味が、すーっと分ったような気がした。その何でもない文章を見てみよう。鈴木大拙が「アメリカへ行ってラサール（シカゴの郊外）で何かを考えていた時に、〈ひじ、外に曲らず〉という一句を見てふっと何か分かったような気がした。『うん、これで分かるわい。なあるほど、至極あたりまえのことなんだな。なんの造作もないことなんだ。そうだ、ひじは曲らんでもよいわけだ、不自由（必然）が自由なんだ』と悟った」。「ひじは外に曲らない。〈花は紅で柳は緑だ〉というのだ。まことになんの造作もない、きわめて端的な、それはまったく自明の真理なんだ。なあんだ、当り前のことじゃないか」。「ひじは外に曲らぬところに、その不自由な必然のところに、真の自由があるというのだ。自由意志ということも、客観的にいうとそうは云えんが、主体的自覚的な内面的な世界、西田〔幾多郎〕のいわゆる〈行為的直観〉の立場からいうと、そこにほんとうの〈おのずから〉なる自由がある。キリスト教でも神の僕(しもべ)の信仰に徹した時、そこにキリスト者の自由があるというだろう。真宗の妙好人(みょうこうにん)〔篤信の信者〕の立場もそこからだ。室内で『無字』を見た時よりも、ラサールでこの体験があってから、ほんとうに禅がはっきりした。これですべてが尽きるではないか」。大拙の弟子秋月龍珉(あきづきりょうみん)氏が大拙に問うた、悟りについての見解である。

前節「眼光鋭きZENの布教者」を書いたときには、宗演の四十二通の書簡が、人間宗演を彷彿とさせてくれた。宗演の書簡が語る蘇峰への信頼と友情——愛——をどう伝えたらよいのか、書簡に押しつぶされそうな気がした。眼光鋭い宗演の姿の奥に、並々ならぬ人間性の豊かさが感じられ、眼光がみずみずしい宗演の本当の姿の隠れ蓑にさえ見えてきた。一方、鈴木大拙の場合は上海からの一通の書簡が残るだけであるが、他にも蘇峰に書簡を出していた様子が窺える文面である。大拙の書簡は、経歴の後に紹介しよう。

鈴木大拙は禅の哲学者として、沢山のことを語っている著書や座談集があるが、それらを熟読してまとめてみることは、私には難しすぎた。雪国、石川県金沢市の生まれの大拙は、行く先々で心からの友人ができている。それは何故だろうという思いがあった。そこで福井県出身の水上勉氏が、雪国の辛抱強い人々の根性と温かみをよく分かる方であると思われるので、水上氏の鈴木大拙伝から、大拙の略歴を見てみようと思う。鈴木大拙は哲学者西田幾多郎〔一八七〇—一九四五　明治三—昭和二十〕をはじめ、実業家・安宅弥吉（一八七三―一九四九　明治六―昭和二十四　安宅産業の創設者）などの親友をもち、歳をとっても最後まで友情でむすばれていた。東慶寺の閑栖井上禅定氏の想い出にある大拙は、「あのお人には華がありましたね」というつぶやきであった。大拙が、多くの師、先輩、友人に助けられた愛すべき人物であったことが自然に伝わってきた。

鈴木大拙（一八七〇―一九六六　明治三―昭和四十一）は明治三年十月十八日、石川県金沢市に生まれた。本名は貞太郎といった。本名の貞太郎よりも鈴木大拙が通り名になっている感がある。禅僧の中に鬼大拙という禅僧もおられるので、間違えないようにしよう。大拙は父良準、母増の四男一女の第四男として生まれた。鈴木家は代々医者が多く、良準も金沢藩医学館の役員を務めた。六歳の時父を、翌年三兄を失い、少年時代を貧困のなかに成長した。私塾に学んだ後、石川県専門学校付属中等科に入学した。卒業後、学制改革により第四高等中学校予科二年に編入学した。そこで後に、岩手県水沢の天文台長になった木村栄（ひさし）（一八七〇―一九四三　明治三―昭和十八）、哲学者西田幾多郎、国文学者藤岡作太郎（一八七〇―一九一〇　明治三―四十三）、教育家の山本良吉、外交官になった倉知鉄吉（一八七一―一九四四　明治三―昭和十九）などと一緒であった。大拙は家計の都合で第四高等中学校を中退し、明治二十二（一八八九）年、十九歳で能登飯田小学校の英語教師となり、ついで同県美川小学校の訓導となって家計を助けた。明治二十四年上京、早稲田大学の前身、東京専門学校に入学した。英文学を志していた大拙は、坪内逍遙に英語を習った。その頃の想い出を「坪内先生の英語はおかしな発音であまり上手なほうでなかったようだ。スコットの『レディ・オブ・ザ・レイク』すなわち『湖上の美人』を習った。坪内先生の英語の試験のとき、わしが逐語訳をしないで、詩のまねをしたような訳をしたら、試験の済んだあと、あの訳もいいが、一字一語について訳さないとだめと聞かされたことがあるんだ」。「あれでは文法がわかっているかどうか分からぬので、採点に困るといわれたことがあった」（鈴木大拙『私の履歴書』第一五集、日本経済新聞社、一九六二年）と。当館には坪内逍遙の書簡が二十通あるが、逍遙の誠実でまじめな性格が、大拙に逐語訳を求めたことがよくわかるような几帳面な書簡である。大拙は東京専門学校で学び、鎌倉円覚寺で今北洪川に参禅し、強い影響を受けた。洪川が遷化した後、釈宗演に参禅し、大拙という居士号を宗演から授与された。明治二十五（一八九二）年、西田幾多郎とともに、東京帝大文科大学哲学科選科に入学、二十八（一八九五）年、選科を修了した。

今北洪川は鎌倉円覚寺管長で、大拙の最初の参禅の師であった。今北は明治二十五年一月、七十六歳で遷化されたため、半年の師だったが、今北洪川によって大拙の禅のイメージは決定的になったといわれる。大拙が今北洪川に会った時、「生国を問われ、金沢ですと答えた。北国の者は根気がよいといわれたことと、土鍋から手もりの粥をすすっていられたことを、ただおぼえている」と二十一歳の大拙は、今北洪川への半年の参禅を生涯忘れなかったという。

鈴木大拙は宗演より十一歳、蘇峰より七歳、年少である。「貧困と身内の死と農漁村の荒涼たる風景の三つが、大拙の精神形成期を揺り動かしているけはいが濃い」と、水上勉氏は言う。また「古田紹欽氏が鈴木大拙を脇道を歩いた哲学者といったのは、その謂れかもしれないけれども、じつはそのわき道を、本道としたところに、鈴木禅学の、独自性があって、大拙の哲学と文章は、いつも体験が裏打ちになったこととかさなる」。これが大拙の禅であると、水上氏は言う。

大拙はよく歩いた。金沢から敦賀まで、神戸に行く汽車に乗るために歩いた。神戸から上京し、本郷西片町にあった加賀藩の学生寮久徴館に下宿した。本郷から早稲田まで、東京専門学校へ歩いての通学であった。

久徴館で生涯の友となる安宅弥吉にめぐり会った。大拙は「妙に安宅と気が合って、よく安宅と話をしたな。安宅は石川県専門学校ではわしより三年か四年かあとであったろう。なんでも小男だったが、きかん気の男だったな。わしは貿易をやって日本の国の富を増すんだ」という。ところが「わしはそういうことはできないので、教育か学問かの方をやるんだといったら、それでは学問をやるなら金がいるだろうから、金ができたらおれが出してやるぞ」（鈴木大拙『私の履歴書』）と言っていた。大拙がアメリカにいた時、安宅は五十円を送ってきた。まだ上海で、石炭の番頭をしていた安宅であった。ありあまる金でなく、大拙に使ってもらいたいためにためた金であった。

鈴木大拙が宗演に感謝している様子をみて見よう。「その頃は書生で参禅するものは余りに多くなかったように思う。もしあったとすれば、いずれも一癖あるような男ばかりで、予のごとき弱虫は彼等の仲間に入りてただ小さくなってその放言高論にただ耳をそばだて胸を驚かすのみであった。随分色々な事をやって、老漢を悩ましたものだが、彼には一種の愛があったことを、今でも忘れぬ。この愛を何かにつけて予は感じた。それからというものは予は彼に対して単に教えの師であるとのみ考えるわけにゆかなくなった。予が米国へ行くようになったのも彼の厚情であった。海外に流浪すること十数年、随分淋しい生活をやったが、どうやらその間の悩みを切り抜けたのも、老漢のこの精神的鍛錬から来たと見てよい」（井上禅定編著『釈宗演伝』に収録の「楞伽老師を悼む」）。

ポール・ケーラスは、ドイツ生まれの哲学者、比較宗教学者で、明治二十六（一八九三）年に万国宗教会議で訪米した釈宗演の話を聞き、仏教の合理性と哲学的な教義に感銘を受けた人物である。ケーラスは宗演に刺激されて、『ダ・ゴスペル・オブ・ブッダ』を著述し、その原稿を宗演に送り、大拙が和訳し、明治二十八年一月三日『仏陀の福音』が世に出ることになった。大拙はポール・ケーラスに会う前に、彼の『仏陀の福音』の翻訳をしていたのである。この頃大拙は宗演から大拙という居士号を授与された喜びを以て『新宗教論』を書きあげ、宗演の漢文の序を添え、二十九（一八九六）年十一月に刊行した。これで鈴木大拙の名がようやく知られるようになった。

明治三十（一八九七）年、大拙二十七歳のとき宗演の推薦で渡米し、シカゴ郊外に住むポール・ケーラスのもとで雑誌編集、東洋思想書の英訳を手伝い、十一年間ほどそこに留まった。その間『大乗起信論』の英訳、『大乗仏教概論』などを発表し、学者としての将来を嘱望されるようになった。語学を大拙ほど勉強した日本人も少ないであろう。いろいろな翻訳を手がけた大拙は、翻訳の仕事に止らず、禅そのものの魅力を糧に自分を育てていったのであろう。

明治二十六年、万国宗教会議に日本代表として出席した釈宗演の演説原稿は「仏教の要旨ならびに因果法」であった。二十三歳の大拙が、宗演の演説原稿を英訳した。釈宗演に同行したのは三人の随員と、実業家で居士の野村洋三（一八七〇—一九六五　明治三—昭和四十）であった。野村洋三が通訳した。

明治三十八（一九〇五）年六月、釈宗演が再度渡米した時、ラサールにいた大拙はシカゴに駆けつけ、宗演の講演旅行に通訳として随行した。また各地での講演を英訳して出版した。

明治四十一（一九〇八）年帰国の途についた大拙は、オープン・コート社の社長ヘゲラー氏の篤志により、ヨーロッパを廻って、フランスでは敦煌出土の古写経の記録と研究に従事しての帰国であった。「わき道を歩いた哲学者」といわれた大拙は、仕事をしながら、英語で教養を深め、禅という東洋的哲学を世界に伝えることができるような実力をつけていった。帰国した明治四十二（一九〇九）年、大拙は三十九歳になっていた。

アメリカに初めて禅宗を伝えた宗演の外人布教は、次の世代にうけつがれたが、仏教東漸の悲願は失敗に終わったといわれる。しかし大拙が英文著作をもって禅を説きはじめたことによって、仏教東漸は実現していった。

大拙は「英文で何か書きたいものだ。日本文だけでは読者の範囲が少ない。自分の経験でよくわかる」。この文章は、昭和二十九（一九五四）年、大拙の弟子秋月龍珉への手紙（秋月龍珉『世界の禅者』）から引用した。日本文だけでは読者の範囲が少ないという発想は、英語による禅の徹底した説明ができる大拙ならではの言葉であると感じた。以下興味のある文章を大拙の秋月宛の書簡から、少し書きうつしてみよう。年代は、昭和二十二（一九四七）年から四十（六五）年までのものである。

「禅は日本だけのものでなく、世界に進出して、西欧流の考にのみ慣れたものに対して、新たな思索の方向を示したいものです」

「無分別の分別」

「能率が問題ではない。歩々著実――プロセスそのものに意味があるのだ」

「死ぬまでには、色々の経験をつまされます。これで人生に対する批判も深まり、自己の内的生活にも残忍なほどの反省を要求されます」

「来たものは、悉く取り入れて、向上の資料に使ひたいものです」

「こどもが託されたものだと云ふ感じ、俗にも授かると云ふことがある。人一人の存立に対する敬虔の心持には深い宗教心の発動があると、自分は信じる」

「世界を一つに見たところから、仕事にかかるべきであろう」

「禅と漢文とは、今までのところ殆んど離せないが、禅には禅の生命があるので、そう恋々としてばかりをれまい。思ひ切って、新天地を開拓することだ、わしはそう考へる」


大拙の秋月への書簡にある禅の精神は、特に解りやすく感じる。

話が前に戻るが、明治四十四（一九一一）年、四十一歳の大拙は、外交官の娘ビアトリス・アースキン・レーンと結婚した。ビアトリスは熱心な仏教信者で、宗演が明治三十九年アメリカで講演したさい聴衆の中にいた人という。横浜領事館で結婚式をあげ、友人の野村洋三宅で披露宴がおこなわれた。大拙夫人は、妻というよりは娘のように無邪気に甘え、夫人は犬や猫に異常なまでの愛情をもっていたという。

「先生の学問の深まりは一つには、先生夫妻の戦いと和解の生活に負うところが多い」と大拙の大谷大学での学生であった岩倉政治氏が語っている。

四十一歳の大拙が仏教信者ビアトリスとどのような家庭をつくったのか関心があった。伝記などからは、あまり詳しいことは解らない。森清氏は『大拙と幾多郎』の中で次のように書いている。「二人の間に子はなかった。養子をひとり持ったが、不幸にも大拙たちを継げなかった。資質が全くふたりとちがっていたようである。戦後に大拙は理由あってやむなく義絶している。大拙夫妻、唯一の痛恨事であった」と。隠しておきたいことを、探るようなことは、してはいけないことであるが、一つの家庭の中で、国際結婚、養子という問題を抱え、大拙がどのように悩み、苦しんだかを、知りたいと思った。子供を育てることの大変さは、すべての親が味わうことである。大拙の子供との、あるいは少年、青年になった息子との葛藤は、不幸にも「義絶」という結果になったようであるが、親が子供にとってどのような存在であればよいのか。家庭によって異なる、永遠のテーマであるように思う。〈花は紅で柳は緑〉が思いうかんだ。これをどのように解釈したらよいのか。

宗演が亡くなった時、大拙は「楞伽老師を悼む」（井上禅定『釈宗演伝』に収録）に次のように想い出を書いている。

当時四歳あまりの吾が子も共に小さな数珠をかけて、誦経の間は合掌を忘れなかった。彼が家を出るとき、母との間に一条の問答があった。その言葉のままに写せば左の如くである。

小児　“Are we going to see Kwancho-San now?”（これから管長さんのところへ行くの？）

母　“You won't see him any more. He's gone away to Buddha.”（管長さんにはもう御目に懸かれない、仏様のところへいらっしゃったので）

小児　“Has he gone away to meditate with Buddha?”（仏様のところへ座禅しにいらっしゃったの？）

母　“Yes, my dear Child”（そう）

これを聞いた彼は『おう』というた、そうして全く満足したように見えた。小児の方が予よりも徹底している

宗演が亡くなった大正八（一九一九）年、四十九歳の大拙は四歳の男の子の父親であった。素直に宗演和尚の死を、「仏さまのところへ、座禅しにいらっしゃった」と認め満足していた男の子に、感嘆している大拙の姿がある。

大拙が昭和四十一（一九六六）年七月、九十六歳で亡くなった時、そばにいた人が、「何かほしいものは」と聞いたとき、大拙は「ノー　ナッシング　サンキュー」と答えた。これが最後の言葉であったという。宗演の死から四十七年たっていた。歳を重ねた大拙の穏やかな笑顔は、苦しみを有りの儘に受け止め、生きてきた歩みが読みとれるような、優しい顔である。一人の背負った苦労だけでなく、さまざまな人との繋がりが、深みのある、慈悲深い顔にしたのであろう。ビアトリス夫人が亡くなったのは、昭和十四（一九三九）年、大拙六十九歳の時であった。結婚生活は二十八年間であった。

先にもどるが、大正五（一九一六）年、大拙は学習院の寮長になった。大正十年、親友西田幾多郎と佐々木月樵の勧めで大谷大学の教授になった。この時期から大拙の本格的な研究生活が始まった。学内にイースタン・ブディスト・ソサイエティを設立し、英文雑誌『イースタン・ブディスト』を創刊したのが、五十一歳のときであった。大拙の禅普及の活動は、英文の雑誌『イースタン・ブディスト』の普及と、英語講演と年を重ねるほど調子がでてきたようである

宗演と大拙の関係は、二人で一つのことをやりとげるよう努力したことである。それは何か。禅の普及である。禅僧としての釈宗演、哲学者としての鈴木大拙居士の信念が花開き、二人の協力で禅の普及という遠大な計画をいくらかでも実現出来たことは、大きな仕事であったといえよう。今北洪川の弟子、宗演と大拙が、世界に禅をＺＥＮとして浸透させたこと、宗演がＺＥＮの精神を講演し、大拙が通訳をし、宗演亡き後、大拙もＺＥＮの講演をし、本を出した。この期間は短かかったとはいえ、宗演が種を撒き、大拙が水をやり、英語で教壇にたち、東洋の「禅」を、「ＺＥＮ」という国際的に通用する言葉としたのである。

禅を世界に広める為、普及活動に邁進した国際人であった大拙は、無理なく時を過ごせた人であった。急がず、騒がず、丁寧に日々を送り、粘り強く生きていた。

上海からの一通の書簡

鈴木大拙の昭和九（一九三四）年五月二十六日付の書簡を読んでみよう。

蘇峰老先生

拝啓　去る六日上海上陸以来見物やら会談やら日々忙殺の為體（ていたらく）に有之、併し少なからぬ経験を獲、併せて又多少の意見も立ち申候、尚此から南京に赴き、二、三の人を訪問致し、それから北上の心算に有之候、帰国の上は更にお目にかかる機会も可有之、その節又縷述致度候、時節柄御自愛専一と存候。

頓首

五月二十六日　鈴木大拙

〈注〉封筒表「日本東京市大森区入新井、新井宿　二八三二　徳富蘇峯様」。封筒裏「中華民国上海西華徳路万歳館　鈴木大拙」。便箋一枚。サーベルの絵。「誓殺敵人」「救国箋」「臥薪嘗胆」と赤色で印刷。一九三四（昭和九）年消印による。

手紙は、六十四歳の大拙から、七十一歳の蘇峰への書簡である。

鈴木大拙は昭和九（一九三四）年、六十四歳で、「楞伽経の研究」で、文学博士になった。その年昭和九年五月初、南支から北京、満州、朝鮮各地に、仏教に関する視察に出かけた。その時の上海からの書簡である。大拙の書簡をひろげてまず驚いたことは、異様な感じの便箋であったことである。便箋は八行の赤い罫線のあるもので、中国の紙には、よく竹の繊維を加えて、丈夫な紙をつくると大谷光瑞の書簡を読んだとき、聞いていたが、それと同じように、少し竹がはいっているような、チャラチャラと音がする便箋である。その上段にサーベルと「誓殺敵人」「救国箋」「臥薪嘗胆」が赤で刷られている。大拙の文面と、このキャッチフレーズをどう結び付けたらよいのかすぐに理解できなかった。便箋に書かれた文字は大拙の直筆であるが、封筒の字は随行した僧侶が書いたもののようである。「万歳館」という元気のよい名の旅館を、徳富蘇峰記念館の職員がインターネットで探したところ、大きな建物で、高級ホテルぜんとしている様子であった。旅館万歳館の写真説明に、「虹口地区は日本人街の景観をかもし出していた。万歳館は西華徳路　現在の長治路」にあるという。昭和九年といえば、中国にとって押し寄せる外国勢力に対抗しなければならない、列強みなが敵であった時期である。「救国箋」「臥薪嘗胆」「誓殺敵人」というスローガンを掲げた便箋が当地で作られていても、少しもおかしくない。

鈴木大拙は蘇峰にこの便箋を使って、上海の状態を伝えたいと思ったのであろう。

大拙はその旅の印象を、『支那仏教印象記』にまとめ、「文学博士　鈴木貞太郎著」として同年十月十日に出版した。この本には、写真が多く、写真の下には人物の名前が書いてあるので、旅行中大拙が会った人がわかり都合が良い。現地でどのような人と会い話し合ったかをかいつまんで見てみよう。

「上海に於ける王一亭といふ人の如きは、仏教徒としての好標本である。上海の居士林及び功徳林では、

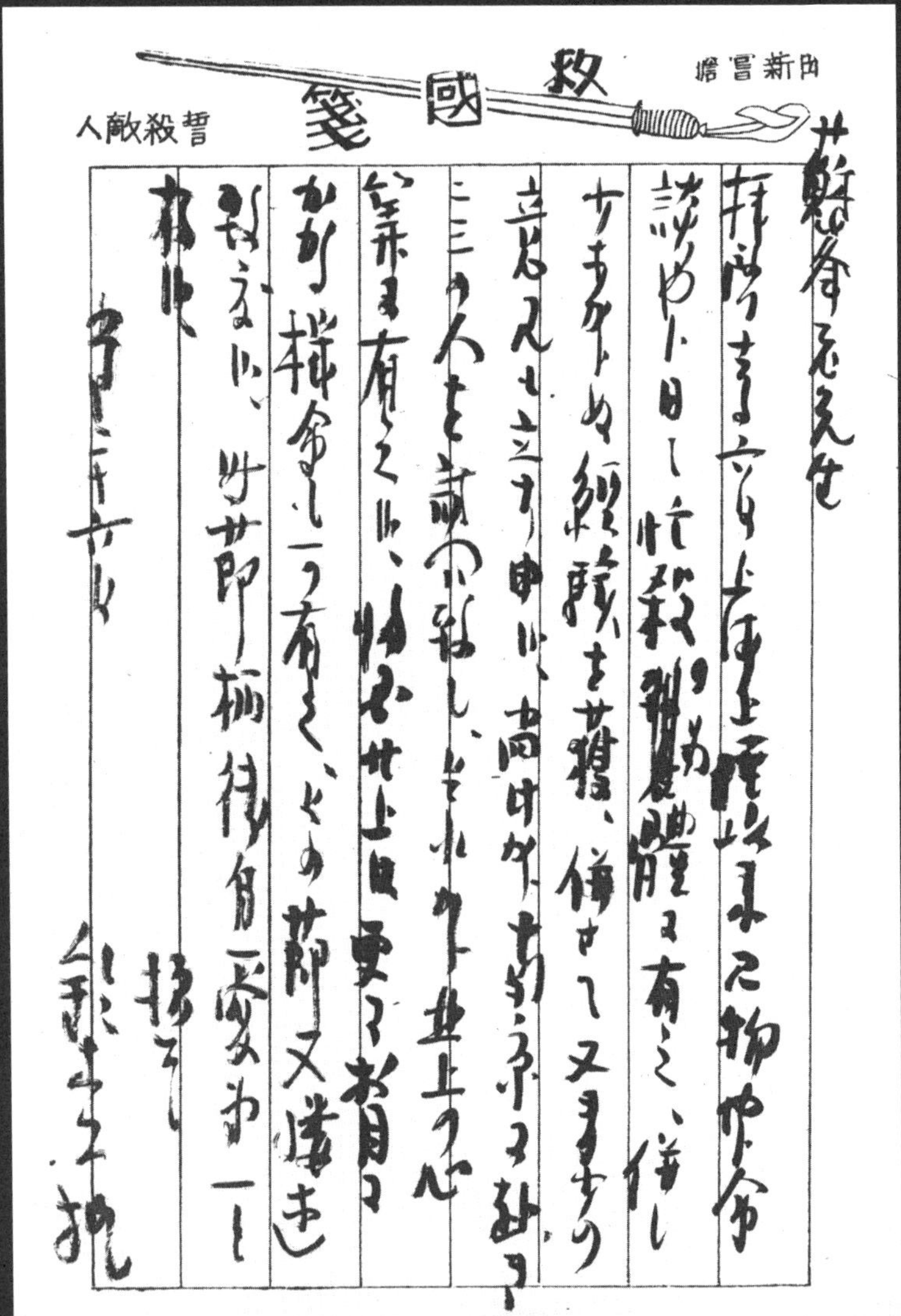

徳富蘇峰宛　鈴木大拙書簡　昭和 9（1934）年 5 月 26 日付
（提供＝徳富蘇峰記念館）

◀写真第一

写真第二▶

中国に視察に出かけた鈴木大拙一行。
(『支那仏教印象記』より。井上禅定氏提供)

居士が集まって仏教的行動をやっている。有力なる居士が社会的方面にも講経的方面にも活動して、それぞれに成績を挙げて居ると云ふことは、支那仏教に附ての注意すべき一事項である。支那の坊さんには平民主義が頗る徹底しているようである。今後の支那の仏教は果して那辺に向って転廻せんとするか、お隣りの我等は大に刮目してこれを見るべきではなかろうか」と云っている。

「今回の旅行は、政治的に何だか八釜敷(やかましく)なつて居る民国への突入で、何か心配な事があるかも知れぬと思はぬでもなかつたが、それは何れも杞憂であつた。外の点で、民国と日本といがみあうことがあつても、この宗教の点だけは、出来るだけ相助けて進まなくてはならぬ。私共が彼方へ行つて来てこの感じが一層深くなつたと云ふことだけでもこの旅行の意味があつたと言つて宜かろう。こういうことを可能ならしめた故人の武藤山治さん〔一八六七―一九三四 慶応三―昭和九 実業家〕及びその外財界の人々に感謝する。できるだけ相助けて進まなくてはならぬ。快く会つて下さつた何れもの諸法師及び諸君子に深く感謝の意を表する次第である」。大拙の会った人を通しての中国の感想である。次に写真〔一六六頁〕の説明を見てみよう。写真は全部で、三十葉ある。その内二葉の説明。

第一 「王一亭先生 上海 五月七日 前列右より藤井静宜、鈴木大拙、王一亭先生、中村戒仙、何耀光先生他六名」

第二 「魯迅先生 上海 五月十日 前列右より藤井静宜、鈴木大拙、魯迅先生、中村戒仙、高畠眉山、内山書店主人夫人、内山書店主人」

写真には大拙による簡単な説明が付されている。第一の写真説明は、「鐘紡の御骨折にて、早速王先生に面会することを得た。故武藤山治先生の主唱により今回当地の仏跡見学に参りましたというと王先生は非常に共鳴せられた」。第二の写真説明は、「内山書店主人の御骨折にて、魯迅〔一八八一―一九三六 中国の文学者。一九〇二年、官費留学生として日本に留学。医学を志したが急務として文学者となる。上海で、中国左翼作家連名を中心に帝国主義などに戦い抗日統一に努めたと言われる〕先生に面会する。短身偉貌の魯迅先生との会談は僅少の時間であつたが、全く春宵一刻値千金と云つた感で其の一問一答胸のすく思である」と大拙は喜んでいる。大拙六十四歳、魯迅五十三歳の出会いであった。魯迅に会う機会を用意してくれた書店主内山完造（一八八五―一九五五　明治十八―昭和三十四）の好意は大変なことである。内山は日中友好運動家で多くの学者を援助したという人物である。大正二（一九一三）年、牧野虎次（一八七一―一九六四　明治四―昭和三十九　牧師・後同志社大学総長）の世話で中国に渡り、上海で内山書店を開設し、中国知識人に愛顧された。

支那の仏教界を復興させるには、僧侶と同時に居士の力が頼りであったらしい。日本でも宗演の時代は、政治家、実業家、学者、ジャーナリズム関係者など多くの居士が参禅した。宗演の『碧巌録』を読む会が東京にできた。

日本国を愛する絆

次に大拙の語る宗演の思い出を見てみよう。

「宗演老師はなかなか偉い人で、禅の修行が済むと、慶應義塾に入って、福沢諭吉先生のもとで勉強し、それからセイロンにまで留学して勉強修行せられた。老師がセイロンへ行かれたときの日記がいまも残っている。先年その『西遊日記』を東慶寺の禅定和尚が出版したが、ずいぶんと苦労されたことが書いてあるな」。「松ケ岡文庫の設立資金を安宅が出してくれた。英文で書いた禅の書物は二十冊ぐらいあるだろう。古い物はたいてい死んだ安宅弥吉君がせわしてだしてくれたものだ」（『私の履歴書』）。

松ケ岡文庫は昭和十七（一九四二）年、井上禅定東慶寺住職が寺城を提供して、（財）松ケ岡文庫創設に参加協力し、今も守られている。松ケ岡文庫の書庫には、大拙らが多年収集してきた、禅を中心とする思想文献を収め、海外の禅研究家にも開放し、世界の精神文化高揚に役立てる、というのが松ケ岡文庫の目的であるという。

前にもどるが、大正七（一九一八）年十二月、蘇峰は自著『近世日本国民史』第一巻を宗演に贈った。蘇峰は初の『近世日本国民史』を贈ることができたのである。第百巻は昭和二十七（一九五二）年に完成した。大正八（一九一九）年十一月一日の宗演の死から三十三年後のことであった。

大正八年、宗演の亡くなる年の一月、支那公使章宗祥氏の晩餐会に招待された。集まった人は釈宗演、野田卯太郎（大塊）、床次竹二郎内相（一八六六―一九三五　慶応二―昭和十　政治家）、徳富蘇峰、土肥慶蔵（一八六六―一九三一　慶応二―昭和六　医学者）、阿部充家（無仏）。五月には、逓相野田卯太郎、蔵相高橋是清、台湾総督明石元二郎（一八六四―一九一九　元治元―大正八）、石井光雄、阿部充家、後藤瑞巌（一八七九―一九六五　明治十二―昭和四十　妙心寺・大徳寺管長）らが、宗演の松ケ岡東慶寺を訪れ宗演と禅話した。六月には慶応大学教授マコーレーなどと会見、大拙が通訳した（『楞伽窟年次伝』）。亡くなる年の七月まで、野田卯太郎、阿部充家など、いつもの楽しい連中が遊びに来ていたことなど、宗演和尚の魅力のほどが窺える。

「徳富蘇峰氏は『宗演老漢』と題する一篇を草して、氏の主宰する国民新聞紙上に掲ぐ。即ち氏の観たる師の面目の描写なり。仍て其数項をここに抄出し、仮りて以て師伝の結語となす」と大眉釈敬俊は

『楞伽窟年次伝』を終了した。長文なので、掲載されたのは、蘇峰が書いた半分の量であるが、それでも結語にふさわしい哀悼の辞である。井上禅定師は、『釈宗演伝』に鈴木大拙の「楞伽老師を悼む」と、蘇峰の「宗演老漢」を全文掲載している。

大拙は「特に老師は明るい処、晴れ晴れした処が好きであった。もし霊というものになられたとすればそれもやはり明るい処が好きであるに相違ない」と、書いている。

蘇峰は「老漢は此の江湖逸民の老新聞記者をば十の八九まで理解したりしが如し」と、書いている。蘇峰が自分のことを九分まで解ってくれたと認めた友達は、他に聞いたことがない。蘇峰のこの文章は宗演の四十二通の手紙への返事となるようなものだと感じた。

写真の宗演は威厳があり、空の先を睨み、人を寄せ付けない居ずまいである。しかし蘇峰への書簡に現れた宗演は、漢詩をこよなく愛し、謙虚に斧正を願い、たまに人に言えないような自分の苦痛を、率直に蘇峰にうち明け、重荷を分かち合うことを願っている。

たとえば、大正五（一九一六）年六月二十四日付の書簡にみえる。管長制度廃止論者の宗演が、管長に再任されてしまったことを蘇峰にうち明け、それに対し蘇峰は、「老婦再嫁のようだ」という。この蘇峰の一言に、宗演は「吾が兄同情の厚きに因らずんば余人の口よりは聴くことを得ざる親言と思う」と蘇峰が宗演の気持を受け止めてくれたことに安心している。ユーモアのある蘇峰の笑顔が、浮んでくるような情景である。宗演はなお続けて言う。「老兄亦外護御同情を垂れられん事、千祈万祷の至に御坐候」と蘇峰だけには自分の心が理解されていることを信じている、宗演の蘇峰への友情の熱さが感じられる。夏目漱石が二十年ぶりに宗演に会った時、「自分の予期と少し異なるだけで、他はむかしのままの禅師であった」。と書いている。「歳のせいか、顔にどこか愛嬌がついたのが、自分の予期と少し異なるだけであった」（『初秋の一日』）。さすが漱石の鋭い観察である。釈宗演は明治四十二（一九〇九）年の蘇峰宛書簡で、蘇峰著の『吉田松陰』を読んだ感動を書き、国のありかたと、おおきな神の存在を宗演は信じていると書いている。鈴木大拙も『禅と日本文化』を書き、『支那仏教印象記』には、日本と支那とはお互いに提携していかなければならない、宗教の裏付けのない政治は危ないとも書いている。この点で、蘇峰、宗演、大拙は、日本国を愛する絆で結ばれていたように思う。また宗演と大拙の魅力で多くの居士の協力も得られたのである。

釈宗演は講演するときの教材はいつも『碧巌録』からであった様だ。たまに恩師今北洪川の『禅海一瀾』を使っているが、『碧巌録』が多い。『碧巌録』は仏果圜悟禅師の著で、禅門における宗門第一の書と言われているものである。宗演の禅僧としての生涯を振り返ってみると、『碧巌録』がバックボーンにあったことを感じる。『碧巌録』は、宗演にとって聖書のようなものであったのかも知れない。宗演が他の多くの教本を使わず、『碧巌録』をもととして、日本も韓国も満州も講演してまわったことは、宗演らしく、とてもよいことであったと思われる。

明治二十（一八八七）年宗演がスリランカに留学したとき、山岡鉄舟居士は「眼光をおだやかになるよう」修行をもとめた。明治二十一（一八八八）年、鉄舟は宗演が帰国する一年前に死んでしまうが、宗演の眼光はどうであったのか。弟子たちの話からは、まだまだ眼光鋭く光っていたようである。

大拙の魅力を上海からの一通の手紙から推察することはむずかしい。大拙の地味で謙虚な生き方は、大拙の著書からにじみ出てくるもので、質実な、大拙が納得する生き方を我々に示してくれることが感銘深い。十一年の間、アメリカで編集、出版、翻訳の仕事を続けられたのも、禅の教えを抵抗なく、ZENという国際語で語れるほどの深さまで、追求できたからであろう。宗演という円覚寺管長の禅の精神を通訳し、それぞれが禅の大師、哲学者として大成した。宗演と大拙による禅の普及は、鎌倉の瑞鹿山頭の誇りであると思われる。

宗演はアメリカに明治二十六年、三十八年と二回行ったが、そのたびに、ドクトル・ケーラスやラッセル夫人に、キリスト教について、いろいろ質問し勉強していた。宗演が魅力的な講演者であったからこそ、以下に示すような人々の環が作られたのであろう。この環は、次の環を生む。ここにとりあげたのは氷山の一角の人々である。蘇峰の交友の広さと、宗演との共通の友人が多いことに、改めて感嘆した。

宗演と大拙を支援した人々をリストアップしてみたが、優に二百人を越えた。今北洪川（禅僧、鎌倉円覚寺の中興の祖といわれた）、山岡鉄舟（剣客・政治家。勝海舟の使者として西郷・勝会談を周旋）、野村洋三（実業家・横浜商工会議所会頭）、福沢諭吉（啓蒙思想家。慶應義塾を創設）、安宅弥吉（安宅商会を設立。大拙の親友、資金の援助もする）、重野安繹（漢学者・歴史学者。厳格なところから「抹殺博士」と称される）、野田卯太郎（政治家・実業家・三池紡績社長）、明石元二郎（陸軍軍人・台湾総督）、原富太郎（美術収集家・三溪園の主）、阿部充家（国民新聞社副社長・京城日報社長。蘇峰の片腕）、岩波茂雄（漱石の十人弟子の一人・岩波書店創立者）、武藤山治（鐘紡社長。ジャパンガゼット新聞社に勤務、時事新報を立て直す）、後藤新平（政治家・医師・台湾総督府民政長官・満鉄総裁・東京市長）、長谷川好道（陸軍軍人・朝鮮総督）、石井光雄（日本勧業銀行総裁）、井上友一（東京府知事・社会慈善事業育成）、夏目漱石（小説家・朝日新聞社員）、坪内逍遙（文学者・小説家・『国民之友』の寄書家）、元良勇次郎（ジョンズ・ホプキンズ大学で心理学・哲学を学ぶ。同志社卒）、早川千吉郎（大蔵省書記官・三井銀行常務取締役）、杉村楚人冠（新聞人・京都本願寺文学寮教師・評論家）、ポール・ケーラス、中村是公（官僚・台湾総督府総務局長。後藤新平の信任を得る）、西田幾多郎（哲学者。大拙の親友）など、各地の政界、財界、官憲、学界、宗教界など社会各層の、いずれも主要な人々である。蘇峰は「個人の関係に於て老漢を見、父母及び家族の関係に於て老漢を見、交遊の関係に於て老漢を見る。即ち予と老漢とは、三重の因縁ありと謂うべきか」と『宗演老漢』で述べている。蘇峰は、老人にも子ども達にも愛された宗演を感じていたのであろう。

昭和二十四（一九四九）年大拙は日本学士院会員となり、文化勲章を受けた。七十九歳の時である。それからまたアメリカにわたり、長い米国滞在は一日として欠かさぬ布教と研究の日常であったという。

二〇〇一年の夏、釈宗演和尚と鈴木大拙居士から、禅、ＺＥＮに出会えたことを感謝せねばならない。「日日是好日」「ひじ、外に曲らず」「花は紅で柳は緑」「莫妄想」「喫茶去」「関赤洒洒」「三級浪高魚化龍」の世界を「澄観」してみよう。

参考文献

秋月龍珉『世界の禅者――鈴木大拙の生涯』岩波同時代ライブラリー、一九九二年

井上禅定編著『釈宗演伝』禅文化研究所、二〇〇〇年
入矢義高・溝口雄三・末木文美士・伊藤文生『碧巌録』上・中・下、岩波書店、一九九七年
斉藤兆史『英語の達人列伝――あっぱれ、日本人の英語』中公新書、一五三三、二〇〇〇年
釈敬俊『楞伽窟年次伝』大中寺、一九四三年
『鈴木大拙全集』第一二巻、岩波書店、一九六九年
鈴木大拙、古田招欽『鈴木大拙座談集――人間の智慧』読売新聞社、一九七一年
鈴木貞太郎『支那仏教印象記』森江書店、一九三四年
竹内好『魯迅選集』1巻、岩波書店、一九五六年
『仏果圓悟禅師乾坤　標注碧巌録』東京書林、山口屋佐七、一九二七年
水上勉「鈴木大拙――禅を世界にひろめた仏教思想家」『国際交流の演出家』TBSブリタニカ、一九八三年
森清『大拙と幾多郎』朝日選書四一七、一九九一年

Ⅲ　森次太郎

——博覧強記と人間観察

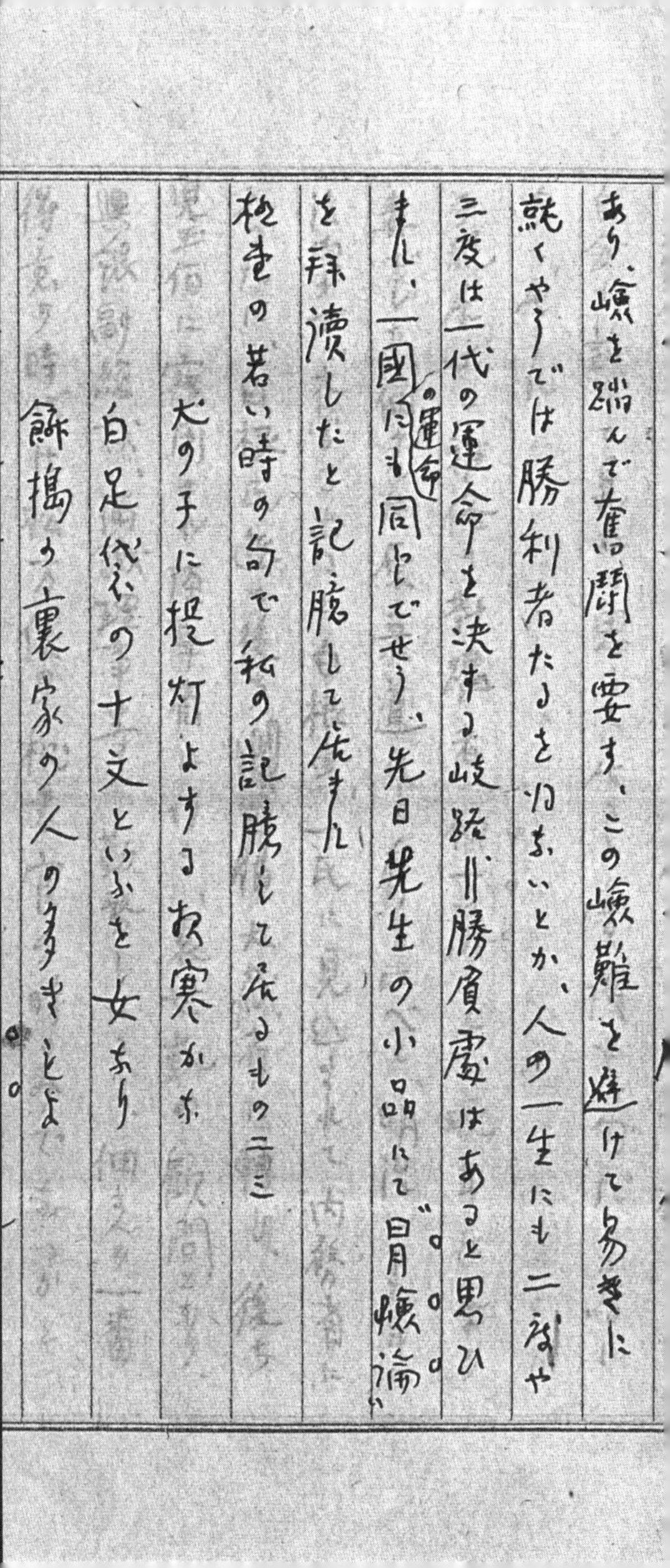
あり、嶮を踏んで奮闘を要す、この嶮難を避けて易きに
就くやうでは勝利者たるを得ないとか、人の一生にも二度や
三度は一代の運命を決する岐路＝勝負處はあると思ひ
ます、一國の運命も同じでせう、先日先生の小品にて「月嶮論」
を拝讀したと記臆して居ません
極老の若い時の句で私の記臆して居るもの二三
犬の子に提灯よする夜寒かな
白足袋の十文といふを女あり
餅搗の裏家の人の多きことよ

森次太郎（もり・じたろう　一八七〇—一九五五）愛媛生まれ。号は円月、松嶺。明治二十七（一八九四）年同志社普通学校卒業。松山中学、柏原中学（兵庫）で英語を教える。明治三十四（一九〇一）年渡米、エール大学で三年間学ぶ。帰国後は大阪新報社を経て東洋協会に勤め、『東洋協会雑誌』の編集にあたる。著書に『欧米書生旅行』（一九〇六）など。

1　市井の御意見番

漱石の弟分

徳富蘇峰記念館に、森次太郎（一八七〇―一九五五　明治三年―昭和三十）から蘇峰への書簡が六十七通ある。便箋五、六枚から、長いものでは十枚、コクヨの薄茶色に変色した便箋用紙に小さな字で、ぎっしり書いてある。葉書十五通、封書五十二通、合計六十七通である。

夏目漱石から森次太郎に宛てた書簡は、『漱石全集』の「書簡集」第一四巻・第一五巻に、明治三十九（一九〇六）年七月から、大正五（一九一六）年十月までの十年間に二十二通ある。漱石は大正五年十二月九日に亡くなったので、漱石の次太郎への書簡は、晩年の書簡といえよう。次太郎は漱石が弱音をはいたり、書や画の批評をするとき、まず聞いてもらいたくなるような、気のおけない弟分であったようである。十年ほど前に漱石の「書簡集」を読んでいたとき、漱石の次太郎への書簡が、冗談があり、温かみがあり、面白かったので、どんな人物かと、気になる人として心に残った。当記念館の六十七通に加え、徳富敬太郎氏所蔵の九通を提供して下さったので、合計七十六通の書簡をもとに、次太郎と蘇峰と漱石の三人の関係を見てみよう。

森次太郎は何者なのか。号は円月、松嶺ともいう。明治三（一八七〇）年六月十五日愛媛県温泉郡余土村大字余戸に森久次の長男として生まれ、昭和三十（一九五五）年六月二十九日、八十五歳で松山市大字余戸で亡くなった。年齢は蘇峰より七歳、漱石より三歳年下である。同志社の卒業生であること、松山中学で英語を教えていたこと、松山から上京して来ていたこと、蘇峰が保証人になって渡航免状をとったこと、エール大学に三年間留学したこと、帰国後漱石が気軽に用を頼めた人であったらしいこと、東京の東洋協会で雑誌の編集をしていたこと等が、いろいろの調べで段々わかってきた。森次太郎が同志社に在籍していたことが、『同志社各学校生徒原籍簿』（第二号、明治二十五（一八九二）年三月起。同志社の本井康博氏提供）によると次のように記されている。「愛媛県伊豫國伊豫郡余土村大字余戸　平民久次長男。明治三年七月（ママ）十五日生まれ。明治二十三年一月普通校一年級へ入学」とある。『創設期の同志社――卒業生たちの回想録』（同志社社史資料室、一九八六年）には、創設期の卒業生の一人として、次太郎は同志社で過ごした思い出を書いている。森次太郎が書いたのは「青柳有美君皇宮刑事に叱られし事」「醜業婦と関係して居た学生の処分」「勉強」「チャペルの朝会」「ベースボール」などである。回想録には、以下のような執筆者が名を連ねている。

深井英五（一八七一―一九四五　明治四―昭和二十年　財界人・官僚・国民新聞社・民友社記者・日銀総裁　蘇峰と欧米旅行　群馬県）

東郷昌武（生活改善中央会理事　米国留学）
三宅驥一（一八七六―一九六四　明治十一―昭和三十九　植物博士・東大農学部教授　蘇峰の長女逸子の夫　兵庫県）
古谷久綱（一八七四―一九一九　明治七―大正八　政治家・貴族院議員　蘇峰の紹介で伊藤博文の秘書になる　愛媛県）
山室軍平（一八七二―一九四〇　明治五―昭和十五　キリスト教伝道者　日本救世軍の創設発展に尽力　社会事業に貢献　歳末慈善鍋　岡山県）
安部磯雄（一八六五―一九四九　慶応元―昭和二十四　同志社牧師・キリスト教社会主義者・早稲田大学野球部監督　福岡県）
留岡幸助（一八六四―一九三四　元治元―昭和九　岡山県社会改良家　同志社神学校卒　東京巣鴨に不良少年感化のための家庭学校を創設　岡山県）
横井時雄（一八五七―一九二七　安政四―昭和二　キリスト教指導者・牧師・同志社総長　横井小楠の長男　蘇峰の従兄弟　熊本バンドの一員　熊本県）
村井知至（一八六一―一九四四　文久元―昭和十九　キリスト教社会主義者・東京外国語学校教授・英文学者　同志社神学校、米国のアンドーバー神学院卒　愛媛県）

こうした人々と並んで上記のような題で思い出を書いている。『同志社校友会便覧』（一九〇七年十二月発行、森直樹氏提供）に、森次太郎は明治二十七（一八九四）年の卒業者として名前がある。

森次太郎は同志社を卒業した明治二十七年秋、東京に出たが職につけず、渡米してみたくなり、蘇峰の保証で赤坂区役所から渡航免状を受け取った。保証人の蘇峰の判は田中正造（一八四一―一九一三　天保十二―大正十二　政治家　足尾銅山鉱毒事件の指導者）の羽織の紋ほどではないが、すこぶる大きなものであったという。しかし結局、渡米に失敗したというが、なぜかその理由は分からない。渡米の費用のことでそう易々といかなかったのであろうか。次太郎の孫、森直樹氏に伺ったところ、次太郎の渡米の希望をかなえられるように、蘇峰は保証人になり、正岡子規（一八六七―一九〇二　慶応三―明治三十五　俳人・歌人）は次太郎の父親久次に、次太郎を渡米させてあげるよう、手紙を書いてくれたという。しかし最初の希望は成らず、次太郎は故郷余戸へ帰った。

次太郎は明治二十九（一八九六）年四月から同三十一（一八九八）年三月まで松山中学で、三十三（一九〇〇）年四月から三十四（一九〇一）年三月まで兵庫県の柏原中学で英語の教師を務めた。松山中学で安倍能成（一八八三―一九六六　明治十六―昭和四十一　教育者・哲学者　愛媛県）、兵庫県の柏原中学で後の総理大臣芦田均（一八八七―一九五九　明治二十―昭和三十四　京都）に英語を教えたことが、次太郎の自慢であったという。正岡子規の叔父が次太郎の東隣に住んでいた関係で、次太郎は三歳年上の子規と幼なじみであった。次太郎は義理の兄森河北とともに、松山の「松風会」に参加した。また子規の鼓舞していた当時の新派の俳句に傾倒し、村のインテリと会を組織して子規にみてもらったり、村の若者たちを集めて講習会を開いたりした。教科書には蘇峰著の『国民叢書』の第四冊目、『静思余録』（一八九三年五月）を使用した。若者たちは蘇峰の「田舎漢」の一文を喜んで暗記した。しかし次太郎は田舎で落着くことができずまた上京した。いよいよ渡米の時が来た。

『明治欧米見聞録集成』の中の一冊、森次太郎著『欧米書生旅行』（博文館、一九〇六年）によると、明治三十四（一九〇一）年九月四日、次太郎は横浜から鎌倉丸（六一二三トン）で出航した。同志社普通学校を卒業したての前回と異なり、松山中学と柏原中学で三年間奉職した次太郎は「行てみたいと思ひし処」アメリカに旅立つことができた。ニューヨーク迄の通し切符を買い、残りの金を正金銀行で為替にしてもらったら「千円の金が五百弗に少し足らぬ半分以下になるので、何やら心細い気もした」という。

乗客は日本人と西洋人と半々位で、二週間後、鎌倉丸はシアトルに到着した。大北鉄道、シカゴ大西鉄道、ペンシルヴァニア鉄道の三鉄道で、五昼夜がかりでニューヨークに到着した。アメリカに上陸以来、自分の体格の小さいのが残念でたまらなかったという。「二割方馬鹿になっても苦しくない。二割方背丈が伸ばされぬことかと思ふたりもした」と体格が気になり、柳行李はいかにも見すぼらしいと自信をなくしている。ニューヨークで「自由の銅像と摩天楼、エレベーター、ブルックリンの釣橋」などに驚き、行李を運ぶために初めて箱馬車に乗り、「一弗で大臣になったような気がした」という。次太郎の書生旅行は明るく気持がよい。文章は歯切れが良く、体格や柳行李に引け目を感じる反面、堂々とした行動をしている。いよいよエール大学の学生生活が始まる。

明治三十四年十月（入学した年）、エール大学創立二百年記念祭がニューヘブン市で行われた。その年の日本からの留学者は二十余名であった。鳩山和夫博士（一八五六―一九一一　安政三―明治四十四　政治家・法学者・コロンビア大学、エール大学留学　東京）が先頭に立って行進した。新大統領セオドア・ルーズベルトも世界の学者も集合した。名誉学位が六十三名に授与され、日本人は伊藤博文と鳩山和夫であった。

ルーズベルト大統領も名誉学位を授与された。森次太郎は三年間ニューヘブンのエール大学に滞在の後、ロンドン見物に大西洋を渡り、タイムズ新聞社、林権助（一八六〇―一九三九　万延元―昭和十四　外交官）公使を訪問した。

森次太郎はエール大学で三年間、何を学びたかったのかと、次太郎の孫にあたる森直樹氏に質問したところ、英語を学ぶためだと答えられた。英語を学ぶのにアメリカに渡ったことは、本場で「ほんまもんの英語」を学びたいという次太郎の願いからであったという。帰国した年、明治三十八（一九〇五）年十一月十六日、三十六歳の次太郎は美しい女性シゲヨと結婚した。十七歳年下のシゲヨさんは松山から嫁入した。次太郎は帰郷して後、居を東京に移した。次太郎は若いころから禿げていて、号もそれから円月としたという。次太郎と夫人が一緒に歩いていると、次太郎は夫人の父親に見られたという。次太郎は夫人を三輪田女学校に通わせ、何事も話し合うことのできる夫婦になることを希望したという。優しい夫であったことが伺える。一人息子

森次太郎、家族と共に。右より妻の母、妻シゲヨ、妻の妹。（提供＝森直樹氏）

孝雄ができ、直樹という孫ができた。

次太郎は交際が上手で、多くの知名人との付合いがあった。早くから青山に二軒借家を建て、朝顔や菊作りに熱中し、自適の生活をしていたという。直樹氏によると、東京青山の土地は、日露戦争の戦勝で明治天皇より大山巌（一八四二―一九一六　天保十三―大正五　陸軍軍人）が八千坪拝領した土地の一部を借地したもので、後に大山巌が国に返したので、現在は国から借地しているという。現在も直樹氏一家が住んでおられる。

アメリカのエール大学留学を記念して明治三十九（一九〇六）年九月『欧米書生旅行』を博文館から出版した。漱石はこの出版について「高著出版の件小生の出来る事なら本屋へ一、二軒は聞いて見てもよろしく候　妻君の御馳走が出来損って御病気は風流に候　自分で粥を煮て食ふ杯は猶々風流に候」（明治三十九年七月十一日）と書簡を送っている。次太郎は自分で出版社を見つけたのであろうか、漱石の紹介で本を出したとは書いていない。新婚の次太郎を漱石は、「妻君のご馳走が出来損って御病気は風流に候」と冷やかしている。

次太郎の蘇峰宛書簡

森次太郎から蘇峰への書簡は、思い出が具体的で、文壇の小競り合い、いじわるな人、優しい人、どれも人間らしい話である。「日本で一通り学問をしておくことは、留学生の必要条件である。そうでないと七、八年いても耳学問にすぎず」「運を摑むには、実行する時がある」と、いろいろ学んでいる。

次太郎の書簡を紹介しよう。時代は下り、第二次世界大戦中、庶民の生活はどうであったのか、生活はどのように苦しかったのか、皆が何を欲していたのか。その現実を知ることは大事なことである。次太郎はせっせと蘇峰に手紙を書いている。次太郎の博覧強記に驚き、繊細な感受性に驚き、書簡というより、人物伝のようなものもある。蘇峰に手紙を書く姿が一貫していることは、なかなかできないことである。蘇峰は喜んで次太郎の手紙を読み、世の中を見る判断材料の一部にしていたことが多々あったであろうことが感じられる。すぐに返事を出していることも、封筒に「スミ」の印があることでわかる。蘇峰の同志社の後輩であることが、二人の絆を強いものにしていたようにも感じる。しかしたまには蘇峰に意見していることもある。次太郎の七十六通の書簡は、大正八（一九一九）年十一月二日から、昭和二十九（一九五四）年九月までの三十五年の間の来信である。大正の書簡は一通のみである。明治時代、大正時代の話や子規や漱石がよく登場する。それらは思い出を書いているのであるが、話は正確で色あせていない。

1　大正八（一九一九）年十一月二日

〔前略〕今日の新聞にて宗演禅師の遷化を承知致候　七十歳を越すと老人も中々元気に被存候得共　活動家は六十歳前後は危険時期の様に被存候　貴台も差当り七十歳の安全齢域までは是非とも御清健の程切に祈上候　　　　　　匆々

次太郎

十一月二日

蘇峰先生玉案下

〈注〉封筒表「相州逗子桜山　徳富猪一郎様侍者」。封筒裏「東京青山原宿二〇六番地　森次太郎」。

2　昭和四（一九二九）年一月十九日

〔前略〕終に貴下御引退の御声明を拝読仕り　小生すら万感禁じ難きもの有之候次第〔中略〕今回の事あるを人生の最大悲惨事と存申候〔中略〕天下同憂の士の御見舞状山積の事と拝察、簡略に御見舞申上候のみに留め候〔後略〕

〈注〉封筒表「市外大森山王　徳富猪一郎様侍者」。封筒裏「東京青山穏田九　森次太郎」。

明治二十三（一八九〇）年二月、二十七歳の蘇峰は『国民新聞』を創刊した。国会も開かれ、蘇峰は張り切って将来の日本を考えていた。それから四〇年後、『国民新聞』における自分自身の言論の自由を守る為に共同経営者根津嘉一郎（一八六〇―一九四〇　万延元―昭和十五　政治家・実業家）と別れ、退社した。新聞退社を嘆く書簡には、誰から来た書簡にも同じく蘇峰が赤エンピツで新聞の略「新」と書いている。己への支持を確認する、それは何よりのなぐさめの作業であったのかもしれない。

3　昭和十（一九三五）年十二月九日

蘓峰先生貴下

一昨晩青山会館に於る御講演を拝聴に参り、先生の益御雄健の状を拝し喜ばしく存候〔中略〕今夕の新聞紙上にて子規居士に関する記事拝読『才の美と共に強き意志と大なる野心と精進禁ぜざる向上心』云々は故人に聞せたら必らず鼻の上に皺を寄せて（居士が会心の言を聞きし時の癖）首肯すべき項と存申候　居士と散歩をした時に小生は『今の文壇から逍遥と鷗外と蘇峰の三人を抜き去つたら、全く寂寞たるものならん』云々と申す者ありなど申候処ろ、居士は首肯して『野心家であることも似て居るよ』と云はれたるを記憶致候、野心といふ些か語弊あれど勿論善い意味にての野心に外ならず候、居士が明治二十八年秋、松山の漱石居士の下宿に寄寓して居た当時、一日往訪致候処、帝国文学誌上、居士の日本派と紅葉の硯友社派とを俳句の新派として対照したるを憤りて『紅葉などと同じに見られて堪るものか』と云はれしことありしが先生の『固より子規と同席すべき資格は無い』の断案には地下に於て居士は満足して居るべしと存候〔後略〕

十二月九日夜

森次太郎

今日は漱石居士の命日にてお墓参り致候　漱石居士『子規は文学者になる男でなく、法学士になる男だよ』云々と或時話されたこと有之候

〈注〉封筒表「大森山王　徳富蘓峰先生執事」。封筒裏「青山青山穏田九　森次太郎」。

次太郎が子規、漱石、紅葉、鷗外、思軒などの話をしても、みな蘇峰と知りあいであり、話は通じ易かったであろう。明治二十一（一八八八）年から二十四（一八九一）年の夏頃まで蘇峰、森田思軒、朝比奈知泉主唱で「文学会」を月に一回開催していた蘇峰は、文壇の事情にも明るかった。

4　昭和十二（一九三七）年八月十日

〔前略〕拙児結婚に際し御祝に先生の御揮毫を頂くことは大なる光栄に有之、記念の幅として永く家宝と相伝へ度と存候〔中略〕先生は広大無辺何物も豊富の御事とて先生をお呰ばせ申上る事の出来ざるは御憐察被下度記念品の代りとして霽月君句賛、為山君書の半折一幅別便小包にて御送り申上候間　拙生の微意御諒察被下御笑納被下候はゞ幸甚に存申候〔後略〕

〈注〉封筒表「山梨県富士山麓山中湖畔旭日丘　双宜荘にて　徳富蘇峰先生侍者」。封筒裏「東京渋谷区穏田町一ノ九　森次太郎」。

次太郎の一人息子孝雄の結婚内祝に、四十年来の親友霽月の句賛を送っている。

5　昭和十五（一九四〇）年九月二十七日

〔前略〕『鶏頭』の発行者柳原極堂〔一八六七―一九五七　慶応三―昭和三十二　子規らと「松風会」を作り句

作に励んだ　愛媛県）は子規居士と同年位（竹馬の友）、私よりは五六歳年長者です、虚子君のホト、ギスは極堂が松山にて創めたものです。松山で経営難の為め、虚子が引受けて東京にて発行するやうになつたのです、子規居士在世中、極堂に上京を親切に勧誘したさうですが、親あり、妻子ありで、その勧誘に応じ能はざりし様子です、地方新聞の記者、社長など奮闘に奮闘を重ねしも、到頭刀折れ矢尽きて落城して仕舞ひ、老境に入つてから東京に出て来たのです、文章も器用であり、人間も練れて居る人ですから、若い時にホト、ギスを提げて出て来たらば虚子君の今日の成功を占め得たるや否や、之は何とも申されぬとしても、相当名を知られ居るべく、今日『鶏頭』の如き貧弱なる雑誌を持て、文壇の裏街の隅の方に小さく縮まつて居ないで済んだらうと思はれます、碁の達人の話に一局の中ち、二度や三度は勝負処といふがあり、嶮を踏んで奮闘を要す、この嶮難を避けて易きに就くやうでは勝利者たるを得ないとか、人の一生にも二度や三度は一代の運命を決する岐路＝勝負処はあると思ひます、一国の運命にも同じでせう、先日先生の小品にて『冒険論』を拝読したと記憶して居ます、極堂の若い時の句で私の記憶して居るもの二、三

犬の子に提灯よする夜寒かな
白足袋の十文といふ女なり
餅搗の裏家の人の多きことよ

昨年（今春か）道後駅前に極堂の句碑が建てられました、その句は
春風や船伊豫によりて道後の湯

碁の達人の話に一局の中に二度や三度は勝負處といふが
あり、嶮を踏んで奮闘を要す、この嶮難を避けて易きに
就くやうでは勝利者たるを得ないとか、人の一生にも二度や
三度は一代の運命を決する岐路＝勝負處はあると思ひ
ました、一國の運命も同じでせう、先日先生の小品にて「月蝕論」
を拝讀したと記憶して居ました
極堂の若い時の句で私の記憶して居るもの二三
犬の子に提灯よする夜寒かな
白足袋の十文といふを女あり
餅搗の裏家の人の多きとよ
昨年（今春か）道後驛前に極堂の句碑が建てられ
ました、其の句は
春風や船伊豫によりて道後の湯

新人で松山に句碑のあるは子規、鳴雪、極堂の三人だけです

コクヨ

徳富蘇峰宛　森次太郎書簡　昭和 15 年 9 月 27 日付（提供＝徳富蘇峰記念館）

新人で松山に句碑のあるは子規、鳴雪、極堂の三人だけです
子規居士が一句の中に時間を包容して居る、斯様の句を自分も試みて見たく思うて居ると賞讃せし句だとか噂に聞て居ります、〔後略〕

〈注〉封筒表「山梨県富士山麓山中湖畔　双宜荘　徳富蘇峰先生侍者」。封筒裏「東京渋谷区穏田町一ノ九　森次太郎」。「野人五百木瓢亭」原稿同封。

子規が森田思軒を嫌っていたこと、明治文化史研究の参考になる書物云々との安倍能成の依頼に、次太郎が『国民之友』を貸与したこと、安倍が蘇峰を精力絶倫、博覧強記と褒めていたこと、自分が明治二十七年秋東京に出てきて子規と蘇峰に心配をかけたこと、次太郎の父親は、次太郎が村長、県議会議員にでもなればと思っていたこと、佃一豫（一八六四―一九二五　元治元―大正十四　官僚・銀行家）、原嘉道（一八六七―一九四四　慶応三―昭和十九　弁護士・宮中政治家）、白根専一（一八四九―九八　嘉永二―明治三十一　官僚・政治家）などの消息も書いている。便箋十三枚にぎっしり書かれた人間観察である。原稿「野人五百木瓢亭」は便箋九枚である。面白く、深い内容である。

6　昭和十五年十月二十四日

（要旨）新島〔襄〕先生五十年記念の展覧会参上　新島先生は米国に心酔しすぎ。亡くなられた時私は同志社の一年生。蘇峰と永井〔柳太郎〕の演説よかつたが、越える者が出なかつたのは寂しい。新島先生

は諸生の長を見、能を察し適材を適処に送るといふことに、聊か暗いといふ憾みはなかつたのでせうか。

〈注〉封筒表「山梨県富士山麓山中湖畔　双宜荘　徳富蘇峰先生執事」。封筒裏「東京渋谷区穏田町一ノ九　森次太郎」。

次太郎は、蘇峰を越える同志社卒業生が出ないことをいつも嘆いていた。

7　昭和十六（一九四一）年九月三十日

〔前略〕先達の御音信に接して先生の文を全部削除の事あるを承り驚入候　正に昭和不思議の一と存申候　十字十五字位の削除とあるからは、ハメ字をして見れば　何うやら御原稿に近いものが出来る様に思はれ候　而して是が差支あるのかと思ひ不思議に存じ候〔後略〕

〈注〉6と同じ住所。

8　昭和十九（一九四四）年二月二十四日

（要旨）『必勝国民読本』拝読、売値が安い、敷島〔たばこ〕半袋の料金と同じ、どこも有益。一つ物足りないのは芸者、待合いの禁止がなかったことと配給機構の不備。この二つが智識階級を憤懣させている。大東亜共同宣言は史上の大事件、誰の発案、誰の起草でしょう。

〈注〉封筒表「熱海市伊豆山晩晴楼　徳富蘇峰先生執事」。封筒裏「東京渋谷区穏田町一ノ九　森次太郎」。

『必勝国民読本』蘇峰徳富猪一郎著、毎日新聞社刊、昭和十九年二月十一日発行（五十万部）。定価五十五銭であった。

9　昭和十九年九月十日

〔前略〕最近『呑敵の気魄』を読み欣快に存じました。孝雄は〝朝日〟を購読しているのですが、私が相似た新聞の〝毎日〟を取って居るは先生の文を時々読まん為めです。呑敵の気魄は繰返し再読三読しました。孝雄にも読ましめ、妻も読みました。

先生の呑敵の二字を特にお用ひなされたお心持はお察し致ますが陳腐なやうでも矢張り必勝の気魄位の方が穏やかでないでせうか。この事に就ては後に少し申述ます。先般（東條内閣当時の頃でした）先生が憂国警世の文を書かれたに情報局はその印行を許可せず云々といふことを耳にしました。〔中略〕三宅君と時局に就て雑談をしましたが、三宅君は大分悲観論者であると思ひました。私は楽観説を唱えましたが、三宅君は驚く計り悲観説でした。三宅君計りでなく友人中悲観論者は尠ないやうです。「呑敵の気魄」を喪して居る者甚だ多いことなきかと思はれます。悲観論者の多いのは無理でもないと思うは、当今誰も彼も戦争病に罹って居るのでないでせうか。戦争より来る圧迫に苦しんで居るのでないでせうか。〔中略〕第一、食料品の配給振りが言語同断です。最近私方など四人家内に野菜の二日量として配給さるるもの、茄子二つであつたり、馬鈴薯五つであったり〔中略〕先生の仰せらるゝ如く防空の薬が利き過ぎたほど、空襲必至だ、疎開疎開と聞かされては心細くなる計りでせう、呑敵の語ですが、〔中略〕先生の呑敵の気魄といふは、軽々しく敵を侮るといふ意味でないことは、勿論分つて居りますが、私は矢張り必勝の二字の方が間違ひを生ぜず、穏やかでないかと思ひます。米国は我が日本を馬鹿にし切て居た。見縊らるゝ点ゝは当方に澤山あるも、馬鹿にする、見縊るのが個人間にても国家の間にても喧嘩、戦争となるのでないでせうか。双互に長所を尊敬して居れば平和に幸福に過ぎ行くものを。〔後略〕

〈注〉封筒表「山梨県富士山麓山中湖畔　徳富蘇峰先生執事」。封筒裏「東京渋谷区穏田町一ノ九　森次太郎」。

と蘇峰の「呑敵」に反対している。

10　昭和二十（一九四五）年二月一日

（要旨）言論報国会の幹部を集め皇国革新の十か条を議決、政府に具申されたと拝読。皇室と国民もう少し親しみを持つように。また配給の公平を望む。

〈注〉封筒表「熱海市伊豆山　晩晴草堂　徳富蘇峰」。封筒裏「渋谷区穏田　森次太郎」。

次太郎の蘇峰への書簡の前半から十通をピックアップして要旨を書いたが、書簡の内容量の多さに圧倒されてしまった。

蘇峰の次太郎宛書簡

最後に徳富蘇峰の森次太郎宛書簡二通を読んでみよう。

昭和二十年九月二十二日

御念書くり返し拝読候　老生も最早現在には無用の存在と相成一切幻滅茫然相暮し申候　何れ不遠戦争犯人?として米人より召喚と存候間　其節は存分鄙懐を陳述致度存候　余りに虚偽軽薄の世の中日本人を辞職いたし度存候得共　何処にても受納の場所もあるましく　不得己此の侭々経過罷在候
尚此回の戦争に関する私見たけにても書綴りて見度ものと存候

　血涙為誰揮　丹心白首違　滄桑転眸変　八十三年非

一生の努力水泡に帰し今更諦られぬ諦をいたし居中候　別紙悪筆近来の心境御洞察被成下候はば大幸に奉存候

艸不一

　昭和廿　九月念二

頑蘇老人頓首

森先生玉几下

尚又時々御通信奉待候　十一月には下山熱海に赴き可申と豫定仕候

〈注〉封筒表「伊豫松山市外余戸　森次太郎様拝復」封筒裏「山中湖畔旭日丘　双宜荘　徳富猪一郎」。

敗戦から約三十七日後の蘇峰の心境である。自分の存在が無用のものと感じ、日本人であることを辞職したいが受け入れてくれる所もない、と自嘲した気持で過ごしていたのであろう。蘇峰は次太郎の手紙を繰り返し読んだという。またの便りを待っているとある。次太郎と明治二十年代からの思い出話がしたかったのであろう。俳句のこと、同志社のこと、アメリカ留学のこと、子規のこと、漱石のこと、霽月のこと、時代は下がって第二次世界大戦下の配給のこと、戦災のこと、蘇峰の演説や『必勝国民読本』のこと、「呑敵」のこと、話題は尽きないほどあったであろう。渡航免状を取るための保証人の蘇峰の大きな判のことで大笑できたかもしれない。

蘇峰の次太郎宛書簡を読めることなど思いもよらなかったが、愛媛県松山市役所に問い合わせ、森次太郎の孫森直樹氏に連絡がとれた。御夫妻で御来館下さり、蘇峰書簡を十二通(全部)複写して提供下さった。昭和二十年九月八日の次太郎の書簡に「五月二十五日の空襲にて穏田の拙宅は焼失いたし、私共の疎開荷物は当時輸送意の如く運ばず、荷作したまま全部焼失してしまいました」とあったので、最初から蘇峰書簡の存在はあきらめていたが、思わぬ史料の出現であった。

戦後の蘇峰の悲哀は、達磨を描き、禅語を書き、狂歌、短歌を作り、「法廷に立つ気持」(タイプ用紙四十一枚)を書き、晩晴草堂の門を閉め蟄居していた蘇峰から推測していた。昭和二十年九月二日、みずから戒名を「百敗院泡沫頑蘇居士」と誌し、二十一(一九四六)年文化勲章の辞任手続をしたことなどから伝わってきたが、直筆の蘇峰書簡の迫力は大きなものであった。もう一通読んでみよう。

拝見候下右蔵
一切之歳花候
相替ものに何不
遠識者様人なと
小生於人見る嘯
小用同者節

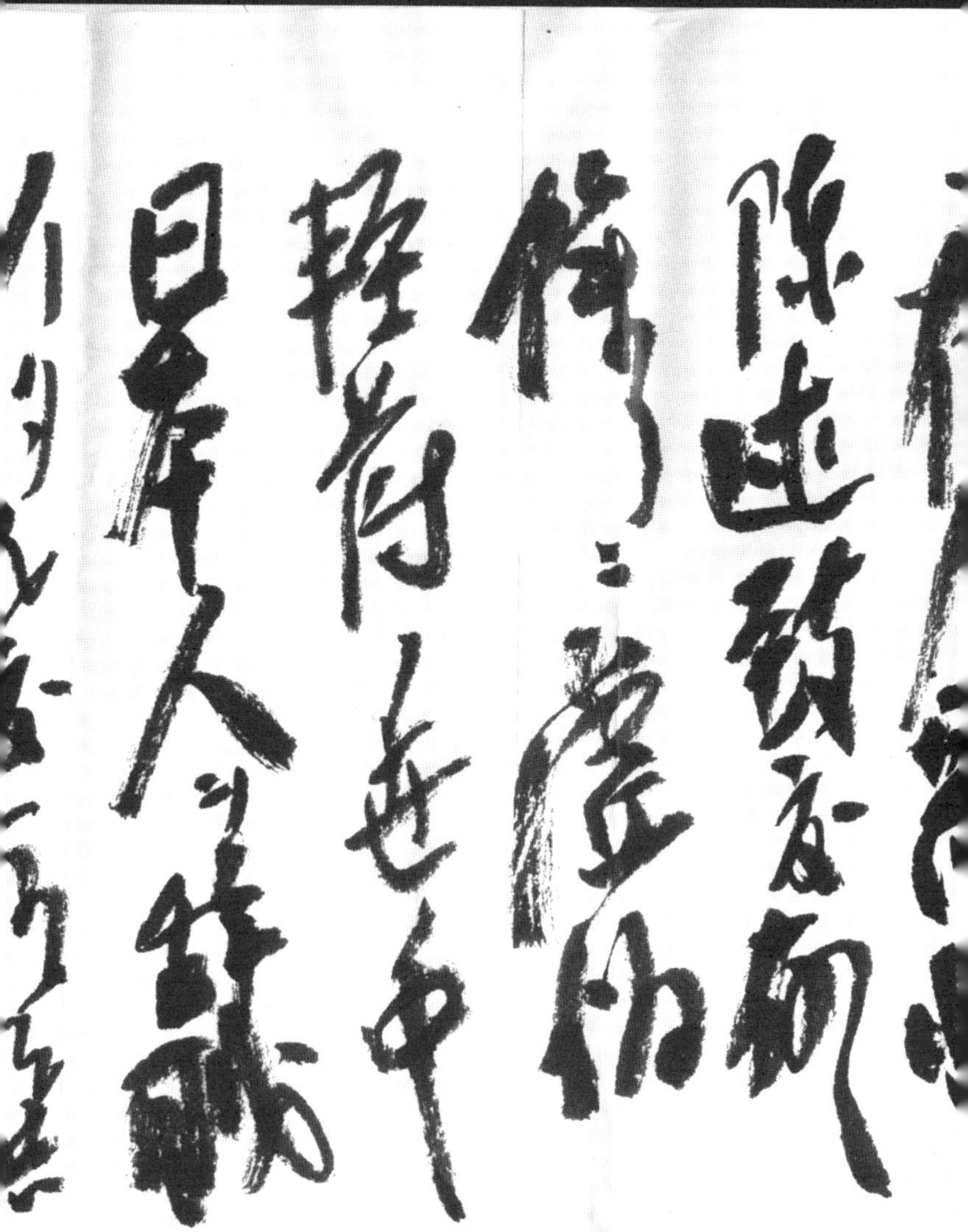

森次太郎宛　徳富蘇峰書簡　昭和 20 年 9 月 22 日付（提供＝森直樹氏）

昭和二十一（一九四六）年二月十二日

啓上　曾て貴台より安倍能成君の高風を推掲せられたることを想起し　今朝同氏の放送の大旨を伝聞し拊膝快哉を叫び候。老生は逐一とは申さぬか　大体に於て鄙見と一致したることを喜はざるを得す。よりて同氏にも此旨を書送り申置候。何は扨ておき貴台に右申上候。今日の世の中　一善言を聞き一善行を見ることを得るは全く生甲斐ありと存候　老生儀も執拗に病敵に襲撃せられ只今一寸交綏困臥最中なれども　余りに愉快に付御礼を兼右申上候

昭和廿一　紀元節の翌　艸々不乙

頑蘇頓首

森先生玉几下

旧朧以来人に接せす　才（わず）かにラジオによりて外界のことを知るのみ　新聞記者の残骸一笑に値せすや呵々

〈注〉封筒表「伊豫松山　森次太郎」。封筒裏「熱海市伊豆山押出　徳富猪一郎」。

次太郎への蘇峰書簡の中には、家人には見せない涙している蘇峰がいる様に感じた。

安倍能成の紀元節放送

安倍能成は森次太郎の松山中学での英語の教え子であった。能成は教育者・哲学者であり学習院院長をつとめ、また昭和二十三（一九四八）年には平和問題談話会の発起人となり、平和運動の発展に尽くした。能楽の保護育成者としても知られている。戦後、初の文部大臣になった安倍能成は、昭和二十一（一九四六）年二月十一日、紀元節に際してラジオ演説を行った。紀元節のラジオ放送はかつて蘇峰がしていたことがある。蘇峰は安倍の「紀元節に際して」の放送を聞き、その感想を安倍と次太郎に書き送った。安倍の書簡は戦後六カ月後の当時、「新聞記者の残骸　一笑に値せずや」と、自嘲ぎみになっていた蘇峰にとって、大きな慰めになったであろう。蘇峰は「今朝同氏の放送の大旨を伝聞し拊膝快哉を叫び候。老生は逐一とは申さぬか　大体に於て鄙見と一致したることを喜はざるを得す」と次太郎に気持を伝えている。ここに安倍能成からの返書があるので読んでみよう。

徳富蘇峰宛　安倍能成書簡　昭和二十一（一九四六）年二月二十一日

拝復　紀元節放送につきはからず御懇ろなる御手紙を頂き有難う御座いました　小生は既に二三度先生には御目にかかり御話も承りましたが御記憶はありませんか　近頃先生には御持病の上　眼病をさへ御併発御不自由を重ね給へる由　深く御同情申上ます　戦争犯罪者たること其自体決して恥にあら

ざるはいふまでもなく何卒御健康御快復の上　法廷に立ち堂々御所信を陳べらるゝの日を待望致します　別紙放送全部　御一覧に供します　前後しますが　過日は御使を賜はりし段　恐縮に存上ます　切に御加餐を祈ります

敬具

二月二十一日

安倍能成

蘇峰先生侍曹

〈注〉封筒表「熱海市伊豆山押出　徳富静子様親展　書留」。封筒裏「世田谷区代田一ノ六五一　寺島方　安倍能成」。

蘇峰の手紙に返事をした安倍能成に、歴史を見つめている深く優しい目を感じる。昭和二十一年、この時、安倍六十三歳、次太郎七十六歳、蘇峰八十三歳であった。書簡は「紀元節に際して」という藁半紙二枚に印刷された原稿と共に書留で送られている。原稿には一箇所「放送の際削除される」という箇所がある。その箇所には安倍自身による「　」が印されている。封筒の表は徳富静子宛であるが、手紙の本文は「蘇峰先生」宛である。安倍の慎重な性格を見る思いがする。

紀元節に際して　安倍文部大臣放送要旨

（昭和二十一年二月十一日）〔全文〕

今年の紀元節は日本有史以来最も悲しい紀元節であるが、同時に最も意味深い紀元節だともいへる。

我々は今日の佳節に日本の古い紀元をしのぶと共に、新たに御国を建て直す意気を以てこの紀元節を迎へたい。即ち動もすれば武力に偏倚したる旧態に死して真に道義国家文化国家として世界の平和と福祉とに貢献し普く世界の敬愛を受ける国民に生きる覚悟を新たにしたい。戦争中は世上一般に神がかり的な攘夷思想によつて世界に冠絶せる神国を誇称し、自己の力を計らず国際関係をふみ外して他国を軽視し嫉視する勢が盛んであつたが、終戦と共に急に日本国民たるの誇を喪失して、自分で日本と日本人と日本歴史とを否定し軽蔑するのが、世界の流行に遅れぬ進歩的態度だとする浮薄の風を見ると同時に、勢力に阿附して自己の安全と利福とを計らうとする事大主義の陋態依然たるもののあるは、実に嘆かはしいことである。今や民主主義が天地の公道に基づき人間の正しい要求に根ざすものとして、新日本建設の基調となり、一部国民の特権は廃滅せられ一般国民の権利は拡充強化されんとして居る。けれども民主主義の本質は、国民の自己と国家とに対する責任の自覚に根ざすが故に、日本国民が日本をよくもあしくもする力の増大すると共に、国民の国家に負ふ義務も亦これに伴ふことを考へ、自己の責任を忘れて徒らに他に強要するを以て即ち民主主義とし、相率ひて国家の秩序と公安とを乱るが如きは、断じてこれを警めねばならない。

無理に無理を重ねた戦争は、国土の荒廃、生活の疲弊、意気の銷沈を来し、加ふるに戦敗国に通有な食糧の欠乏とインフレーションとをよび、人々皆自己の今日に忙しくて他人と国家とを忘れ、道義地に墜つるの実状にあるは、一面深く同情に値するが、この窮境を打開するの道は、官民心を一つにし生れかはつてこの祖宗の国日本を新たに打建てる理想と希望とを百難の裏に堅持して失はざるにある。我国は今方に鎖国を強要された状況にあるが、国民の平和的文化的努力は、必や今日の八方塞りを脱却して、我国を世界と交はり世界に伸びるに至らしめることを信ずる。「近時往々にして日本歴史の虚偽虚構を軽易に断定する者があるが、歴史的真実は周到なる学問的研究の結果に待つべきであり、似而非合理主義の躁急な臆断に委せらるべきではない」。戦時中行はれた神話と歴史との混淆は排斥すべきであるが、神話も亦神話として国民生活にとつて甚深なる意義を有するものであり、その真義の討尋も亦学問的研究の領分である。建国の古い歴史が伝説の雲を頂いて居るのは独り我国ばかりではない。それは断じて我国の紀元の悠久にして皇室が国民生活の中心たりし事実を否定するものではない。敬んで終戦並びに新年の詔書を拝するに　天皇陛下の国民と共に新たな国家の建設を祈願し給ふ思召の御深切なる誠にひしひしと我々の胸を打つものがある。我々はこの大御心に副ひまつりて、返す返すもこの古き国日本に新たな息吹をふきこめる決心を誓ひたい。

安倍能成はこの紀元節の演説にさまざまな思いを込めて、推敲を重ねたことであろう。戦後初の紀元節についての演説はラジオを通して全国に伝えられた。削除された所は「近時往々にして日本歴史の虚偽虚構を軽易に断定する者があるが、歴史的真実は周到なる学問的研究の結果に待つべきであり、似而非合理主義の躁急な臆断に委せられるべきではない」という箇所である。安倍は松山中学を卒業後も、次太郎に明治文化史研究参考文献について相談し、『国民之友』を借りている。昭和十五（一九四〇）年九月十六日付の次太郎書簡は、安倍能成が一高校長になったことを欣快と喜び、「安倍君は松山の産んだ子規以後の人物と思ひます。某、同郷人の大臣になったのより、私は意義ありと存じて居ます。彼は実に堅実剛健の人物です」と大きな期待をかけている。教え子である安倍文部大臣を誇りに思っている次太郎は幸せそうである。

次回には漱石と次太郎、次太郎と蘇峰、蘇峰と漱石の、人間の環の面白さを見てみよう。

2　人の環の面白さ——夏目漱石、正岡子規

漱石と子規、松山での出会い

漱石は明治三十六（一九〇三）年一月にロンドンから帰国し、四月から第一高等学校講師に就任し、東京帝国大学文科大学講師を兼任していた。帝大学生に、森田草平（一八八一―一九四九　明治十四―昭和二十四　小説家）、野村伝四（一八八〇―一九四八　明治十三―昭和二十三　教育者）、中川芳太郎、鈴木三重吉（一八八二―一九三六　明治十五―昭和十一　小説家）、岩波茂雄（一八八一―一九四六　明治十四―昭和二十一　出版人）、安倍能成等がいた。安倍能成はじめ彼らは漱石の十弟子といわれる一人でもあった。安倍と岩波茂雄は学生の時から仲がよく、安倍能成は『岩波茂雄傳』（岩波書店、一九五七年）を十年がかりで書き出版した。岩波茂雄は東大で倫理学を学び、神田女学校の教師となる。大正二（一九一三）年神田で古本屋を開き、古本の正札販売で注目を集めた。大正三（一九一四）年出版にも手をひろげ、夏目漱石の『こゝろ』を処女出版した。

「漱石と十弟子」（津田青楓画）

一度松山で子規と共に漱石に会っていた次太郎は、明治三十八（一九〇五）年、米国のエール大学から帰国してからずっと漱石の趣味友達、気のはらない話相手となった。漱石の書画の道具や紙を揃え、一緒に書画を鑑賞していた、と同時に蘇峰の著書や講演にも意見を述べ、親しく尊敬していた様子である。

漱石は明治二十八（一八九五）年四月、東京高等師範学校を突如辞任し、愛媛県の松山中学校に英語教師として赴任した。漱石は二十八年から二十九（一八九六）年にかけて、わずか一年間だけ松山中学の教師であったが、月給は八十円の高給であった。次太郎が二十九年四月に松山中学の英語教師になった時は、ちょうど漱石が松山から熊本の第五高等学校に迎えられて行った直後で、まさにすれ違いであった。しかし漱石の一年間の松山中学教師時代、漱石の下宿（愚陀仏庵）で、次太郎は漱石に会うことが出来た。子規はその頃日清戦争の従軍記者であったが、病気のため帰郷し、漱石の下宿にころがり込んでいた。子規は明治二十八年八月下旬から十月十九日上京するまで約二カ月漱石の下宿に逗留していたことになる。ある日漱石が中学から帰って来ると、子規が一人で鰻丼を食べていたという。喀血がひどかったので、栄養補給していたのであろう。支払は漱石がした。遠慮のいらない、このような友情を漱石と子規の間にみることが出来たことは、心を打たれた。子規が漱石の下宿から帰京するとき、漱石は子規に小遣を渡している。

漱石は子規の滞在中、子規に俳句を褒められたことから俳句に熱中し、子規の連座に加わり子規から認められ「松風会」に入って俳句に精励した。次太郎も森河北（義兄）と共に「松風会」の会員であった。二十八年十月十七日、子規の帰京に先立ち「松風会」会員は送別会を開いている。漱石と次太郎の出合いは顔を見たていどのものであったかもしれないが、知遇を得るのは、日露戦争後の明治三十八（一九〇五）年頃と思われる。次太郎宛漱石書簡の最初は、明治三十九年七月十一日のものであるから、それ以前であったのであろう。子規と幼なじみであった次太郎のことを、漱石は憶えていて親しくなったのかもしれない。

次太郎と蘇峰の出会いは「明治二十七年晩秋の一夜、予蘇峰先生を始めて往訪す、先生当時広島（日清戦争中大本営地）より帰京せられたる所なり、談中几上の巻紙を取て『この間、新島先生の墓に参り斯ういふ詩ができました』と書て示されたるもの此の小箋也　昭和九年晩秋　森円月　識印」と次太郎は子孫が解かるように書き残している（森直樹氏所蔵）。同志社の後輩、次太郎は上京してすぐに、蘇峰に渡航の保証人を頼んだもようである。保証人徳富蘇峰で渡航免許を取ることができたが、父親に反対され、故郷松山に呼びもどされた。次太郎は正岡子規の当時の新派俳句に傾倒し、村のインテリと会を組織し、子規に見てもらったり、蘇峰著の『静思余録』(一八九三年)を教科書として講習会を開いたりした。故郷『愛媛新聞』の「正岡子規」第二部周辺の人々(37)「森円月」「森河北」(一九六六年八月二十一日付)に松山子規会会長越智二良が次のように書いている。

子規が漱石の愚陀仏庵に滞在中のある日、かねて子規と懇意のなかの森円月が画箋紙を持ちこんで揮毫を所望した。その前に一度たのんでおいたのに松風会員らが持って行ってしまったというので、こんどは即座に書くようにたのんだところ、子規はこころよく引きうけ、円月が紙を押えていると、かつ吟じかつ書くというふうに、詩句を口ずさみながら、ゆうゆうと筆をふるった。(中略)そこへ漱石が中学校から帰って来てしばらく見ていたが「こんな大書になると落款の印章がないとさびしいな」と独語しつつ二階に上がった。子規の遺墨に大幅のものは少なく円月(次太郎)所蔵の全紙はきわめて珍重なものとされている。その時子規は漱石が書いた半切を取り出し、いるなら持って行けといったが、またこのつぎにしようといって、もらわなかった。子規の非凡の才と大成を予見していた円月も、漱石が後年あのような文豪になろうとは思い及ばなかった。

という。後日「中学校英語教師の書など、だれだってもらう気になれんじゃないか」と円月・森次太郎は話していたという。

越智二良の記事によると、子規が六歳ごろ、藩の祐筆であったおじ佐伯半弥政房が余戸の妻の家に郷居していたので、手習に通うことができたという。小さいときから習字を習った子規は、俳句を発表するうえで筆跡の美しさは幸せであったといえよう。明治二十八（一八九五）年十月七日、子規は愚陀仏庵を出て村上霽月（一八六九―一九四六　明治二―昭和二十一　俳人・実業家）を訪問、その帰途森家（次太郎の生家）に立ち寄った。そこで柱かくしに「籾干すや鶏遊ぶ門のうち」の句を題し、さらにその裏に席上で得た即興の一詩「鶏犬狐村富　松菊三巡間　南窓倦書起　門外有青山」の五絶の二句を書いた（『愛媛新聞』同前）。この柱が森家に保存されていたと言う。森次太郎と次太郎の姉シカの婿・森河北に迎えられた子規は嬉しかったのであろう。子規と次太郎と次太郎の姉シカは三人幼なじみであった。後に次太郎は村上霽月の薦めで、霽月の姪シゲヨと結婚した。次太郎は蘇峰への書簡で、霽月をいつも褒めている。

11　昭和十二（一九三七）年八月十日

〔前略〕霽月君は四十年渝らざる拙生無二の親友に候
明治大帝に似たと申には畏れ多き事ながら種々尊重すべき美徳ある人物に候彼の地方に於る恰も群鶴中の孤鶴の如く卓然として風格高く郷党の推重する所に候　俳句に於て蕪村の天明調に開眼したるは子規居士よりも一歩先んじたる如く、居士よりは容将として終始尊重されたるらしく候〔後略〕

〈注〉封筒表「富士山麓山中湖畔旭日丘　双宜荘にて　徳富蘇峰先生侍者」。封筒裏「渋谷区穏田町　森次太郎」。

森次太郎は長男であるが、同志社を明治二十七（一八九四）年卒業したあと上京し、渡米したいと、渡航費用を心配せずに計画を進めていたので、どうしてだろうと思った。次太郎が自由に振る舞うことができたのは豪農の出で、資金の心配がないからと推察していたが、それは次のような文章で理解することができた。「円月が長く家を出ているので、森家は義兄の河北が守っていた」（『愛媛新聞』同前）。明治二十八年、次太郎二十五歳、子規二十八歳、漱石二十八歳、蘇峰三十二歳であった。子規と漱石は同じ年であったが、漱石の方が約八カ月年長であった。森次太郎の書簡を読んでいると、記憶力の大変よいことがわかってくる。日付が昭和であるが、次太郎と蘇峰の文通の内容は明治時代のものが多く生き生きとしている。

明治二十八年、松山の漱石の下宿で子規と共に漱石に会ってから約六年後の明治三十四（一九〇一）年初秋、次太郎はアメリカのエール大学に留学し、三十八（一九〇五）年に帰国した。

漱石から次太郎への最初の書簡は明治三十九（一九〇六）年七月十一日である。その書簡には「高著出版の件小生の出来る事なら本屋へ一、二軒は聞いて見てもよろしく候」とある。しかし森次太郎著『欧米書生旅行』は、漱石の世話で出版されたのではないようである。旅行記が出版されたのは、三十九年九月であるので、時間的に不可能で、自分で出版社を開拓したのであろう。

次太郎は明治三十八年一月に帰国して九月に結婚。一時、大阪時事新報記者となったが、すぐに退社

漱石山房

拝読 御手紙の横川和尚様え
出し分は二三日前二郎の方へ申上置
十年前之事故 唐人唐紙のよし
御手紙拝見 難有存候
日本人の写振の如き 早速御送付申
上 一 署名を書かせ候様に御願
奉存候 諸方面ニ而御教被下候
小鶴子 追而鉄道之節 御送り被下
右とりいそき 早々頓首 秋声

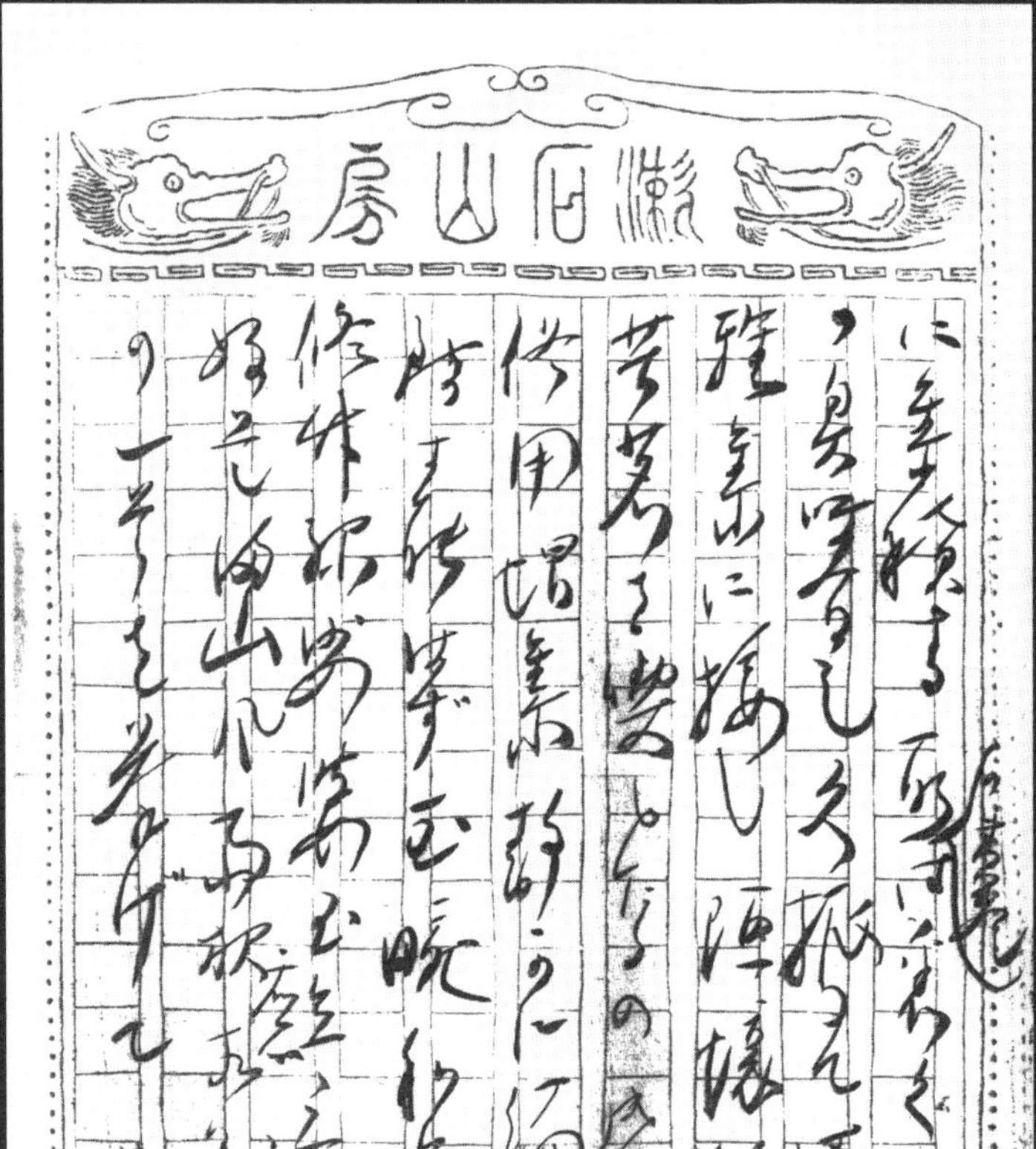

徳富蘇峰宛　夏目漱石書簡　明治 42 年 2 月 9 日付（提供＝徳富蘇峰記念館）

し、新婚夫妻は居を東京に移した。二、三の就職をしたが「根が老獪な性格で長続きせず、早くから青山に二つほど借家を建て、朝顔や菊作りに熱中するという自適の生活をしていた」（森直太郎「恩恵」『明教』第一四号、愛媛県立松山東高等学校同総会、一九八四年）という。

明治三十九年九月、博文館から『欧米書生旅行』が出版された。次太郎の「小序」には「旅行は予の唯一の道楽で、時と金があれば必ず名勝旧跡の見物に出掛けるのが常である」、「この小冊子は予が留学中、学業中の余暇に名勝旧跡に遊びし際に見たままを書散したる紀行を集めたものである」、「予は今一層面白き紀行の出来る面白き再遊の好機会あるを望むの外ない。明治三十九年九月　小石川音羽僑居にて　松嶺生」とある。松嶺と円月は次太郎の号である。『欧米書生旅行』は発行者大橋新太郎、発行元博文館から明治三十九年九月、三十五銭で売り出された。『欧米書生旅行』は『明治欧米見聞録集成』のなかの一冊で、明治中期以降の第四期・八冊に収録された文献である。発行者大橋新太郎は、実業家で蘇峰と同年齢。明治二十（一八八七）年博文館を設立し雑誌『太陽』を創刊した大橋佐平の子である。大橋新太郎はシリーズものを、「明治文明開化前時に記されたその新鮮な異文化への驚き、尊敬、そして自国文化への欠点・誇りを知ることも又現在必要なのではないか」と刊行の主旨を述べている。大橋乙羽（一八六九―一九〇一　明治二―三十四　小説家・出版人）、渋沢栄一（一八四〇―一九三一　天保十一―昭和六　実業家）、長谷場純孝（一八五四―一九一四　安政元―大正三　政治家）、戸川秋骨（一八七〇―一九三九　明治三―昭和十四　評論家・英文学者）などの外遊記なども収まっている。このシリーズに書いている人々の半数以上からの蘇峰宛書簡が徳富蘇峰記念館に所蔵されている。次太郎の書生旅行記の出版に協力しようと申し出た漱石は、その価値を認め、親切であったといえよう。この書簡には、先に紹介したように新婚の次太郎を冷やかしている文面がある。「妻君の御馳走が出来損つて御病気は風流に候　自分で粥を煮て食ふ杯は猶々風流に候　下女を使はぬも風流に候」。このような言葉による冷やかしと温かさが漱石の魅力の一つであろう。

明治三十九（一九〇六）年、次太郎は結婚一年、東京に居を移し、旅行記を出版し、東洋協会の雑誌編集に従事し、生活も充実していた時であった。東洋協会は蘇峰が桂太郎（一八四七―一九一三　弘化四―大正二　政治家・陸軍軍人）と共に民族発展、国運膨張の拠点にしようという抱負のもとに力を入れていたもので、三十万円の資金と学校及び雑誌も有していたという（和田守「蘇峰年譜」）。『明治新聞雑誌文庫目録』によると東洋協会が月刊『東洋時報』を出している。この雑誌の編集をしていた一人が次太郎であった。その後、後藤新平（一八五七―一九二九　安政四―昭和四　政治家）、水野錬太郎（一八六八―一九四九　明治元―昭和二十四　政治家）が東洋協会の会長に就任している。

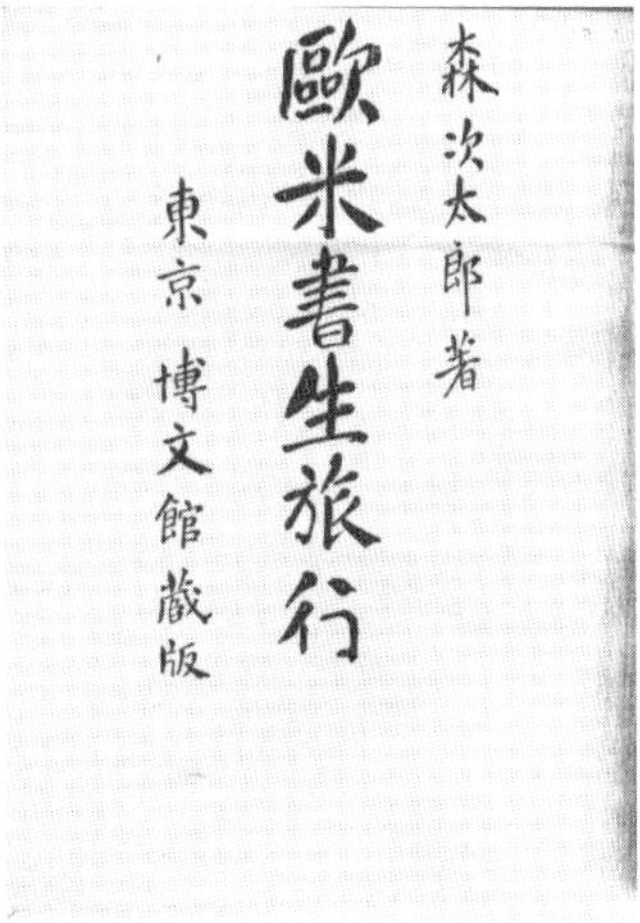

森次太郎『欧米書生旅行』扉
（1906年、博文館）

話はもどるが、漱石は明治二十九（一八九六）年四月熊本の第五高等学校講師に就任、六月には中根鏡と結婚した。明治三十三（一九〇〇）年五月、英語研究のため、二年間の英国留学を命じられ、九月ロンドンに向かった。帰国までの約一年半下宿にこもり、「文学論」の作成に没頭した。明治三十六（一九〇三）年一月帰国。四月第一高等学校講師、東京帝国大学文科大学講師を兼任。七月神経衰弱悪化。三十七（一九〇四）年高浜虚子らの文章会「山会」のため「吾輩は猫である」第一回を創作、虚子の朗読で好評を博した。明治三十九（一九〇六）年四月「坊っちゃん」を『ホトトギス』に発表した。漱石の家で面会日を木曜日とする「木曜会」を始める（東京都近代文学博物館作成『漱石火山脈展』、漱石の略伝より）。漱石と次太郎の外遊を比較してみると、次太郎は三十四年「ほんまもんの英語」を学ぶためにアメリカに私費留学をし、エール大学に学び、三十八年一月帰国した。漱石は政府の留学生であり一年間の学費千八百円を支給された。漱石と次太郎は松山でわかれてから、約十年後に東京で再会したことになる。

漱石と次太郎の共通の思い出は、子規の死であったであろう。年譜（『正岡子規集』筑摩書房）によると、漱石の留守に、明治三十五年九月十九日「正岡子規は漱石を待ちかねて死んだ」とある。子規は明治三十四年十一月六日夜、ロンドンの漱石に手紙を書いた。「僕ハトテモ君ニ再会スルコトハ出来ヌト思フ。……実ハ僕ハ生キテイルノガクルシイノダ」

それから約一年後、明治三十五年九月十八日朝、

糸瓜咲て痰のつまりし仏かな
をとゝひのへちまの水も取らざりき
痰一斗糸瓜の水も間にあはず

の三句をしたため、十九日午前一時に死んだ。

漱石火山脈といわれる小宮豊隆（一八八四―一九六六　明治十七―昭和四十一　評論家・ドイツ文学者）、鈴木三重吉、森田草平、野上豊一郎（一八八三―一九五〇　明治十六―昭和二十五　英文学者・能楽研究家）、安倍能成、阿部次郎（一八八三―一九五九　明治十六―昭和三十四　哲学者・美学者）、和辻哲郎（一八八九―一九六〇　明治二十二―昭和三十五　倫理学者・文化史家）、岩波茂雄、内田百閒（一八八九―一九七一　明治二十二―昭和四十六　小説家）、赤木桁平、芥川龍之介（一八九二―一九二七　明治二十五―昭和二　小説家）、久米正雄（一八九一―一九五二　明治二十四―昭和二十七　小説家・俳人）、松岡譲（一八九一―一九六九　明治二十四―昭和四十四　小説家）などの一高生徒が主な木曜会、趣味の書画を批評しあう仲間等、漱石は若者が好きであった。次太郎への漱石の書簡はユーモアがあり、言いたいことを言い、誠意に感激し、冗談をいいあい、その面白さに暖かい心地になり、漱石の広い懐の中に子犬が尾を振りながら入っていくような幸せを感じる。手紙の内容は人によって変わる。森次太郎と、大阪の若い禅坊宛の漱石書簡には、同じ心が生きている様子がわかる。漱石が趣味の書や画を描き、出来映えを聞いたり、よくできたものを、自分のために取って置いたり、遊びがある。病院にまで漱石の好きな蔵沢の竹の墨画を届けさせてくれた次太郎に感謝し、漢詩を一時間で作ってしまったと、次太郎の親切が嬉しかった漱石は漢詩で心を伝えている。

漱石は人に手紙を書くことと、人から手紙をもらうことが大好きであったといわれる。『漱石全集』の第一四・第一五巻「書簡集」には、小宮豊隆宛の百二十一通、鈴木三重吉宛七十三通、高浜虚子宛百九通、津田青楓宛四十八通、寺田寅彦宛五十二通、正岡子規宛五十六通、夏目鏡宛三十五通、野上豊一郎（臼川）宛七十一通、野間真綱（奇瓢）宛七十六通、野村伝四宛六十三通、芥川龍之介宛五通等の千二百通余の書簡が収録されている。通数で手紙の内容は判断できないが、誰もあまり知らない森次太郎宛の二十二通の書簡からは、ほっとした漱石の姿が伝わってくる。

大正三（一九一四）年から五（一九一六）年にかけて神戸の詳福寺の若い禅坊・鬼村元成と富沢敬道と文通をしていた。大正三年六月鬼村は初めて漱石に手紙を出した。漱石は好感を持って「私は時々あなたの手紙を下さるのを読みたいと思ひます」。「薮の中で猫をよんだといふことは可笑しいです」と、思わずほほえんでしまうような返事を書いた。次の年鬼村の先輩格である富沢からも手紙が来た。漱石は「あなたが立派な師家になられた時あなたの提唱を聴く迄生きていたいと願っています。其時もし死んでいたらどうぞ私の墓の前で御経でも上げて下さい。又間に合ったら葬式の時来て引導を渡して下さい（中略）鬼村さんはあなたの事をいつでも富沢様と書いて来ます。多分あなたの方が先輩なのでせう感心のことです」自然に書かれた手紙は淡々と続く。二人の禅坊は上京した時、漱石の家に泊まった。禅坊との交流は漱石の求めていた臭味のない、温かい禅の姿であったのだろう。夏目鏡子の『漱石の思い出』に二人の禅坊との「無邪気で真剣でいい気持」の交際が描かれている。愛敬があり素朴な若い雲水を、漱石と鏡子夫人が同じ気持で受入れ、彼らの簡素な生活態度に感銘していたことがわかる。鬼村は漱石の危篤を知った時、ぽろぽろと大粒の涙を流しながら、神戸の町をところかまわず歩いたという。

漱石の晩年ごろには芥川龍之介、久米正雄との文学をめぐる長文の書簡がある。

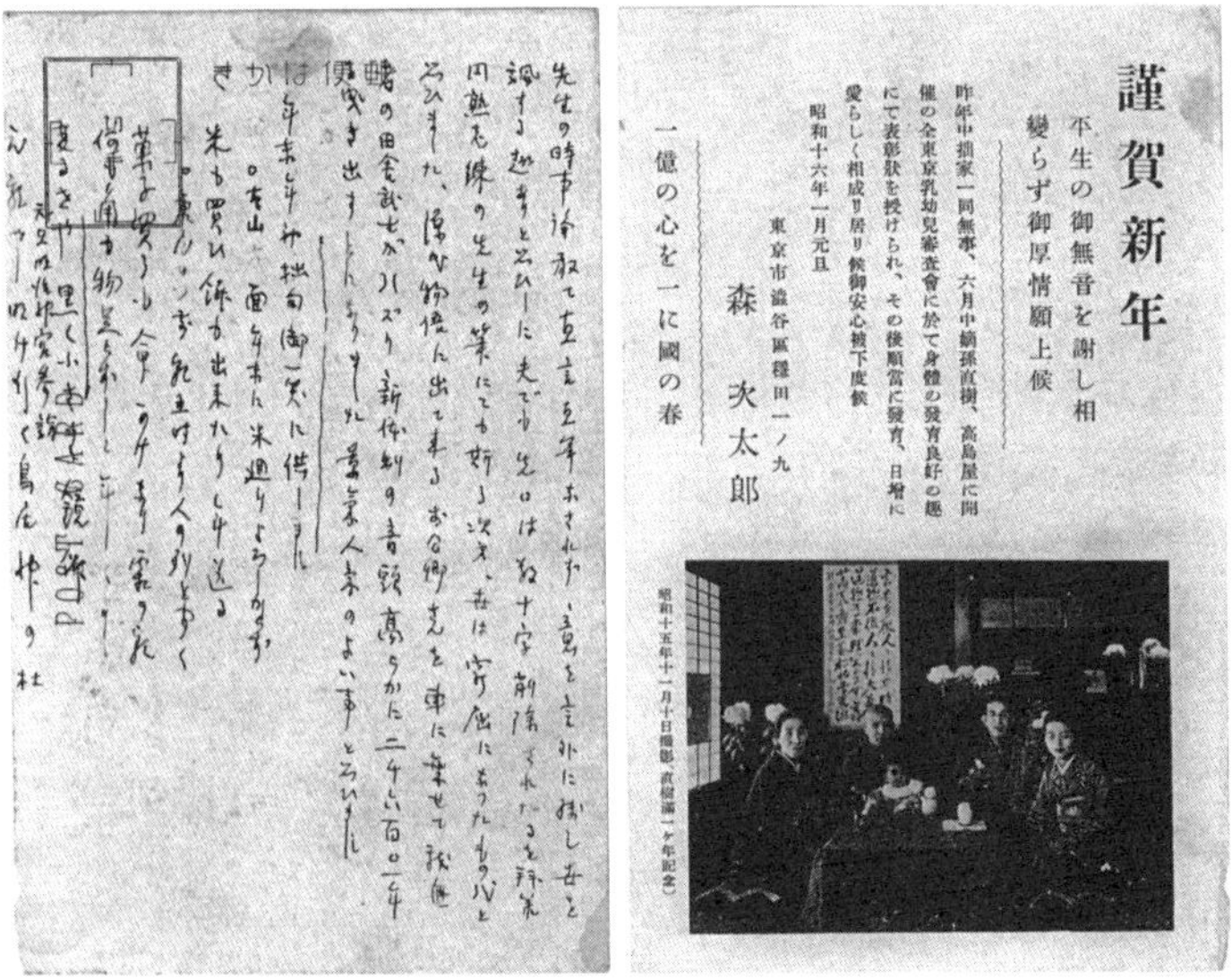

謹賀新年

不生の御無音を謝し相變らず御厚情願上候

昨年中拙家一同無事、六月中嫡孫直樹、高島屋に開催の全東京乳幼兒審査會に於て身體の發育良好の趣にて表彰狀を授けられ、その後順當に發育、日增に愛らしく相成り居り候御安心被下度候

昭和十六年一月元旦

東京市澁谷區穩田一ノ九

森　次太郎

一億の心を一に國の春

昭和十五年十一月十日撮影　直樹滿一ヶ年記念

昭和十六年元旦付　森次太郎の徳富蘇峰宛書簡（カード）
（提供＝徳富蘇峰記念館）

「君方は新時代の作家になる積でせう。僕も其積で貴方の将来をみています。どうぞ偉くなつて下さい。然し無暗にあせつては不可ません。たゞ牛のやうに図々しく進んで行くのが大事です。文壇にもつと心持の好い愉快な空気を輸入したいと思ひます」（大正五年八月二十一日）。まるで遺言のような文章である。手紙の最後に、「私はこんな長い手紙をたゞ書くのです。永い日が何時迄もつゞいて何うしても日が暮れないといふ證拠に書くのです」。漱石は最後の夏を蝉の声に埋まってすごした。命をいとおしんでいる文章である。

その様な中で次太郎、霽月、漱石の「明月上人の書」についてのやりとりは、若い禅坊との交際と同じように、ほっとして楽しいものであったようだ。「霽月から明月〔松山市円光寺の和尚、良寛、寂厳と並んで三筆の一人〕の二幅を分捕つたさうぢやありませんか　今度御見せなさい　取りはしませんから」（大正三年七月二十八日）。暖かい命令調の言葉に、ユーモアと親しみが感じられる。大正五（一九一六）年十月十八日の手紙は、また明月の書の話題である。明月上人の大字二幅を送ってくれた次太郎の親切に感謝し、「あの字はいま一息といふ所で止まっています」「然し私はあれを見て軽蔑するのではありません、嗚呼惜いと思ふのです。今一息だがなと云ふのです。あの字は小供じみたうちに洒落気があります」「良寛はあれに比べると数等旨い、旨いといふより高いのでせうか」「是丈の気焔をもち応へていると腹の毒ですから一寸排泄致しました。臭い事です　以上」。

漱石の気炎を聞く相手であった次太郎の姿が見えてくる。漱石が絵や書を書いて批評を求めていた津田青楓（一八八〇―一九七八　明治十三―昭和五十三　画家）とはまた一味違うのである。創作する者同士の不安や褒められる喜びなどと関係なく、心がなごむ「臭味がない」つきあいなのである。『漱石全集』収録の次太郎宛漱石書簡二十二通の中で、ただ一通漱石が蘇峰を批判しているような書簡を紹介しよう。この書簡は明治天皇の崩御後、その感想を次太郎が漱石に送り、その返書であろうと思われる。

漱石と蘇峰は明治天皇を尊敬し、かつ好きであった。漱石は『こゝろ』でも『三四郎』でもはっきりとそれを示している。『こゝろ』では「最も強く明治の影響を受けた私どもが、其後に生き残つているのは必竟時勢遅れだといふ感じが烈しく私の胸を打ちました」とある。蘇峰は生前「明治天皇の御代に生まれて、私はこれ以上の幸せなことはございません」と何度も語っていた。漱石と蘇峰は同じ明治の青年であったのである。

森次太郎宛　夏目漱石書簡　大正元（一九一二）年八月八日

暑中御変もなく結構に存候　小生どうにかかうにか生き居候　御安心可被下候　明治のなくなつたのは御同様何だか心細く候

朝日の議論記事三山在世の頃よりは劣り行くとの御感左もあるべきかなれど小生は不注意故夫程も眼につかず候　三山のいる頃から云ひたき事は数々候ひしのみ　国民は此度の事件にて最もオベッカを使ふ新聞に候　オベッカを上手の編輯といへば　彼の右に出るもの無之候　いづれにしても諸新聞の天皇及び宮庭に対する言葉使ひ極度に仰山過ぎて見ともなく又読みづらく候　先は御挨拶迄

艸々

八月八日　　金之助

円月様

〈注〉封筒表「府下青山原宿　森次太郎様」。封筒裏「牛込区早稲田南町七番地　夏目金之助」。

明治天皇の崩御にともなう明治時代の終わりを心細がりながらも、その時の新聞報道の言葉使いについての漱石の意見である。「三山」とは池辺三山（一八六四—一九一二　元治元—明治四十五　ジャーナリスト）、「国民」とは『国民新聞』、「朝日」とは『朝日新聞』、「彼」とは『国民新聞』の主筆蘇峰のことである。

明治天皇が七月三十日に亡くなられた日、蘇峰は「奉悼の辞」を『国民新聞』に書いた（『蘇峰文選』に収録）。漱石は八月一日「明治天皇奉悼之辞」を『法学協会雑誌』に書いた（『漱石全集』第一一巻所収）。

蘇峰の奉悼の辞は次のように始まっている。

六千余万臣民の熱誠を凝らしたる祈祷も、今は其の効なく、人事悉く盡し来りて、遂ひに天命の如何ともす可らざるに際す。嗚呼哀哉、嗚呼痛哉。〔後略〕

段落ごとに「嗚呼哀哉、嗚呼痛哉」が五回繰り返されている（全文約千百字）。漱石の「明治天皇奉悼の辞」は次のように始まっている。

過去四十五年間に発展せる最も光輝ある我が帝国の歴史と終始して忘るべからざる　大行天皇去月三十日を以て崩ぜらる〔後略〕（全文約二三〇字）

漱石は小宮豊隆に「西洋の言葉には翻訳のできないやうな文字は、ひとつも使はなかった。ただ卒直に誠実に、奉悼の意を表現した」と言ったという。

漱石が『国民新聞』の文章を仰山であると感じたのは、当時の『国民新聞』が連日「陛下御重患の公示」「御容態漸次順調」「御病状再び増進」（三篇とも東京だより）などで占められていたからであろうか。

それにしても『国民新聞』の報道を「くどい」とか、「仰々しい」とか評するのであればまだしも、「オベッカ」とは、蘇峰の真意を少しも理解していない者の言葉である。漱石は蘇峰が誰にオベッカをついているというのか。蘇峰の明治天皇への尊敬と愛情が、漱石によって「オベッカ」ととられていたことは、悲しくなる。この書簡は蘇峰をよく知っている森次太郎宛にであるから書いたのであろうか、当時の蘇峰に対する読者の見方の一例として貴重な書簡であると考えよう。

小宮豊隆は「漱石は如何なる場合でも自分の心にもない事を書かなかった」(『書簡集』解説)といっている。この一行が、漱石の書簡の研究者である小宮の言葉であるだけに、心が痛む。

次にもう一通、次太郎が蘇峰に、漱石の葬式の引導を渡した釈宗演(一八五八―一九一九 安政六―大正八 禅僧)の偈(げ)の全文を教えて欲しいとの手紙を紹介しよう。

12 昭和二十(一九四五)年十二月五日

蘇峰先生玉案下　先日差出しました拙翰に一つ書漏したことお伺ひ申上ます

往年、漱石さんの葬儀に宗演禅師の偈(げ)、是は私の生涯中数多の葬式に参列しましたが、最も私の敬服したるものであります、当日青柳有美(一八七三―一九四五 明治六―昭和二十 同志社卒 明治女学校で英文学を教える)が来て居たので、青柳は漱石さんの在世中、格別顔見知の間であったとは思はなんだので、私は彼に「君は漱石さんと相識であつたのか」と聞くと、彼の答は　イヤ漱石さんは知らぬ中だが、今日は宗演師が因導(ママ)を渡すと聞き、何ういふ因導(ママ)の渡し振りか、それを聞きに来たのだとでありました、式終りて外に出た時、又た青柳に会ひましたので、私は「成程君が態々因導（ママ）を聞きに来たほどある、耶蘇教の牧師達にアレ程の芸の出来る者は無いだらう」と申ますと彼も首肯しました。偈は、

曽斥翰林学士名　布衣拓落楽禅情
即今乗輿遽然去　剰得寒燈夜雨声
奈何是漱石漱石　〇〇〇〇〇〇〇
刧火洞然毫未滅　青山依旧白雲中

大体右の句であつたと記憶しますが、第六句〇〇〇〇〇〇〇の七字が分らなんだのです、漱石さんの親しき門下生二三子に聞ても、松岡譲君〔漱石の長女筆子の夫〕に聞ても要領を得ず、右の偈は夏目家にも伝つて居らぬと松岡の話でした、早く聞て置けばよかつたに二三十年も経て、禅師も遷化して後のこと、誰に何処に聞たら分るかと案じて居ます、先生は右の偈を御記憶でせうか、先生の御蔵書中に禅師の遺稿があつて、その中に掲載されて居るでせうか、若し分り易いものなら御教示を願たいと存じます。〔後略〕

〈注〉封筒表「熱海市伊豆山押出　徳富蘇峰先生執事」。封筒裏「伊豫松山市外余戸　森次太郎」。

次太郎はどうしても漱石のために心を込めて作文した宗演の偈を正しく知って置きたかったのであろう。

故井上禅定和尚（元東慶寺住職・浄智寺住職）にお尋ねしたところ資料を送って下さったので、釈宗演和尚の偈をわかるように何度も読み返した。漱石の葬儀の約三十年後に質問された蘇峰も困ったであろう。宗演和尚は大正八（一九一九）年に亡くなったので、次太郎は蘇峰に聞くことが最後の機会であるという思いであったのであろう。

釈宗演の「秉炬法語（ひんこほうご）」は、

曽斥翰林学士名（曽翰林学士の名を斥（しりぞけ））
布衣拓落楽禅情（布衣拓落、禅情を楽しむ）
即今乗興遽然去（即今乗興遂然として去る）
余得寒灯夜雨声（余し得たり寒灯夜雨の声）
如何是漱石居士。帰家穏坐処。劫火洞然毫末尽。
青山依旧白雲中。喝（かつ）。

次太郎が憶えていなかった箇所は「帰家穏坐処」であった。それにしても、次太郎の記憶力のよいのに驚いた。これは単に記憶力の問題ではなく、漢詩文の素養のある次太郎が宗演の偈を心で聞き心に刻み込んでいたからこそ、憶えていたのであろう。当日青山斎場に於ける漱石の葬儀に出席した和辻哲郎へは、「あの時の宗演老師の偈はすばらしかった。今でも耳に残っている」と井上禅定和尚に直接語られたそうである。宗演老師の偈は、「いかなるか、これ漱石居士、帰家穏座の処」と問いかけた形で、次に「劫火洞然毫末尽」の禅語の引導語を唱えられて、一喝を吐かれたのであろうという。釈宗演著の『楞伽漫録』（全五巻、発行東慶寺、一九二〇年）巻五には偈の三句めの転句に「即今興尽」とある。『東京朝日新聞』（大正五年十二月十三日）には「乗興」とあり、赤木桁平（池崎忠孝）著『夏目漱石』にも「乗興」とある。次太郎の蘇峰宛書簡にも「乗興」と入っている。三句めの転句「即今乗興遽然去」のなかの「乗興」については、井上禅定和尚は次のように解釈されている。「釈宗演はおそらく最初『乗興』と作って新聞社に示したのであろう。後にこれを改めて『興尽』としたと思われる」。

井上禅定和尚は、井口鉄介氏宛の書簡（昭和五十四年四月三日付）で、

「興尽」が「乗興」より平仄の上からは好い。意味も逆になる、「現世に興尽きてあの世へ去つた」「現世よりさらに興深きあの世へ行つた」と。「帰家穏座処」即ち「あの世」というのは、「もとの仏心の故里の自分の家に帰つてやれやれ」と、あの世の漱石が娑婆での五十年の旅を思い出して回顧している姿を思いやっての釈宗演老師の引導の語なのです。そうして諦観しての語として「青山ふるきに依つて白雲の中」という答話がおかれているのでしょう。現世も来世も又前世も諦観すれば「白雲の中の青山」。こういう詩想は漱石も常にもつていたのでしょう。

宗演の弟子釈敬俊によって編集された『楞伽窟年次傳』（一九四二年）によると、

大正五（一九一六）年十二月十二日漱石夏目金之助の逝去に依り、請はれて東京に於ける津送式に導師たり。津送の偈に曰く

曽斥翰林学士名　布衣拓落楽禅情
即今興尽遽然去　余得寒燈夜雨声

とある。

宗演と漱石の関係は、宗演が蘇峰を朋友と慕っていた様子が書簡にみえる。宗演は慶応義塾に学び、そのあとセイロンに渡り修行し、帰国後円覚寺の住職になった。宗演と蘇峰が心からの友であったことが漢詩のなかに美しく残されていることは、本書第Ⅱ章で触れた。宗演と漱石の関係は後述するが、出会いは明治二十七（一八九四）年十二月末、二十七歳の漱石が菅虎雄（一八六四―一九四三　元治元―昭和十八　独語学者）の紹介で鎌倉円覚寺の塔頭「帰源院」に入り、翌年一月八日まで宗演や宗演の法嗣宗活のもとで参禅した時である。

漱石の妻鏡子さんは、葬儀の様子を次のように話している。

葬儀は宗演さんのお導師で始まりました。宗演さんの喝という雷のような声にびっくりしました。

このときお読みになった自筆の秉炬香語（へいきょこうご）が、ずっとその後宅の霊前にのせてあったのですが、いつの間にやら盗み出され見当たらないと思っているうちに津田青楓さんが丹波のあるお寺で自慢に所蔵してるのを見たとおっしゃったことがあります。

（夏目鏡子述『漱石の思い出』）

漱石の葬式の偈を次太郎が全文を知りたいと願っていたため知ることができた。漱石の葬式での宗演の偈に感動した次太郎は「偈」を完全な形で残そうとした。ここに次太郎の次太郎らしい形での漱石への親愛の情を感じることができる。

3　明治への思い

明治天皇崩御と蘇峰、漱石、西村天囚の「哀悼之辞」

漱石の森次太郎宛の書簡（明治四十五／大正元〔一九一二〕年八月八日付）を前回ご紹介したが、もう少し書き足したいと思う。

明治四十五年七月三十日、明治天皇（一八五二―一九一二　嘉永五―明治四十五）の崩御された日、『国民新聞』の主筆、徳富蘇峰は『国民新聞』に「奉悼之辞」を書いた。それを読んだ漱石は、八月八日付の次太郎宛書簡（返書）で、「オベツカを上手の編輯といへば　彼の右に出るもの無之候　いづれにしても諸新聞の天皇及び宮庭に対する言葉使ひ極度に仰山過ぎて見ともなく又読みづらく候」と書いている。明治天皇への蘇峰の哀悼の辞が漱石に理解されず、蘇峰を「オベッカ」使いと言わしめたのは残念なことである。漱石は東京帝国大学法学部の研究機関誌『法学協会雑誌』の嘱を受け、「明治天皇奉悼之辞」を寄稿した。漱石は「自分は響きだけがあつて意味のない、従つて西洋の言葉には翻訳のできないやうな文字は、ひとつも使はなかつた。ただ卒直に誠実に、奉悼の意を表現した」と編集委員の山田三良（一八六九―一九六五　明治二―昭和四十　法律学者　奈良県）に言ったという（『漱石全集』第一五巻）。明治天皇の崩御を悲しむ蘇峰を、「オベッカ」使いと森次太郎宛に漱石が書いた要因は何であろう。

明治から大正への過渡期、蘇峰四十九歳、漱石四十五歳、次太郎四十二歳であった。

徳富蘇峰の「奉悼之辞」全文

（『国民新聞』明治四十五年七月三十一日）

六千餘萬臣民の熱誠を凝らしたる祈禱も、今は其の効なく、人事悉く盡し来りて、遂ひに天命の如何ともす可らざるに際す。嗚呼哀哉、嗚呼痛哉。

我が臣民の君とし、親とし、師とし、力とし、仰ぎ奉り、敬し奉り、且つ恐れながら親しみ奉りたる　天皇陛下は。　皇后陛下、皇太子殿下、其他御手許に近く奉仕する寵栄を有する者の御看護と。我が帝國の曾て有したる名醫の努力とに拘らす、遂ひに崩御ましまし給へり。吾人此に於て泣かんと欲して、泣く能はず。哭せんと欲して、哭する能はず。不幸なる日本帝國よ。汝は何故に古今不出世の、我か盛徳大業ある　天皇陛下を喪ひ参らせたるぞ。嗚呼哀哉、嗚呼痛哉。

天皇陛下の御治世か、日本帝國の歴史中に於て、最も特色あり、且つ最も赫灼たる部分たるは、言ふ迄もなし。維新中興の大政か、建武中興に則らずして、直ちに神武の創業に則らせ給ひ。内は封建の制を廃し、四民の階級を夷げ。茲に國家的一致と、國民的統一の実を挙げ給ひ。外は列國と対

國民新聞

第五版

天皇陛下崩御

明治天皇崩御を伝える1912年7月31日付『国民新聞』1面
下部に蘇峰による「奉悼之辞」が書かれている。

峙し、皇威を四境に示し、皇化を八紘に布き、茲に東洋大帝國の位置を占させ給ふ。若夫れ一方に於ては、國民皆兵の主義を定め、他方に於ては、國民教育の制度を刱め。小にしては地方自治、大にしては憲法政治、一として祖宗の遺業を恢廓にし、百世子孫継ぐ可きの統を垂れ給はざるなし。試みに明治の御代を以て、延喜の御代に比較し。試みに明治の文物憲章を以て、大化大寶の文物憲章と對照す。吾人は只た自から　明治聖代の民たりしを以て、至上の幸福と信せすんはあらず。嗚呼哀哉、嗚呼痛哉。

若夫れ　陛下の御乾徳に至りては、直に　神武天皇を聯想し奉る可く。而して其の御身を以て、國務に当らせ給ひたる、御励精の御行状に就ては、曾て玉體を以って、國難に代らんと祈願し給ひたる　亀山天皇の御事さへ思ひ出され、只た感激の情、胸を填めて、言ふ所を知らず。惟ふに今回の御大故も、畢竟此れか素因をなしたるかと思へは、我等は如何にして、此の御厚恩に酬い奉る可き乎。嗚呼哀哉、嗚呼痛哉。

蓋し　陛下の御治世か、直ちに武を神武創業に接するのみならず、　陛下か亦た皇祖の替人にて在すことは、四十餘年の御代之を證し、六千餘萬の臣民之を證し、世界列國之を證す。而して　陛下か假令崩御ましますも、其の百世磨滅す可らざる御盛徳と、其の千古威霊の赫々たる御雄魂とは。苟も我か　萬世一系の皇統の存せん限り、我が日本帝國の存せん限り、我が大和民族の存せん限り、儼乎として其れ在さむ。乃ち　天皇陛下崩御ましますも、其の　大御心は、日本帝國と與に、不朽なる也。嗚呼哀哉、嗚呼痛哉。

草莽の微臣、慟天哭地、自から裁する所以を解せず。満腔の熱誠を捧げて、敢て皇天后土に籲告す。
希くは照鑒あれ。嗚呼哀哉、嗚呼痛哉。

『国民新聞』一面に、横書きに「天皇陛下崩御」とあり、その下に礼服の明治天皇の写真、その下に蘇峰の「奉悼之辞」がきれいに一段に並べられている。内容の重厚さと共に、すがすがしい紙面となっている。

明治天皇大喪にあたり喪章をつけた漱石
（1912 年 9 月。「漱石火山脈展」図録より）

夏目漱石の「明治天皇奉悼之辭」全文

過去四十五年間に発展せる最も光輝ある我が帝国の歴史と終始して忘るべからざる大行天皇去月三十日を以て崩ぜらる　天皇御在位の頃学問を重んじ給ひ明治三十二年以降我が帝国大学の卒業式毎に、行幸の事あり日露戦役の折は特に時の文部大臣を召して軍國多事の際と雖も教育の事は忽にすべからず其局に當る者克く励精せよとの勅諚を賜はる　御重患後臣民の祈願其効なく遂に崩御の告示に會ふ我等臣民の一部分として籍を学界に置くもの顧みて　天皇の徳を懐ひ　天皇の恩を憶ひ謹んで哀衷を巻首に展ぶ

明治天皇が学問を重んじ、軍国多事の際といえども、教育を大切に思って下さったこと、天皇の恩を思い哀悼を巻頭に展ぶとある。無駄のない、簡潔な漱石らしい哀悼の辞である。

西村天囚の「哀悼」「明治天皇誄辞」全文

維明治四十五年七月三十日。明治天皇崩于東京宮城之便殿。施殯于正殿。粤大正元年九月十三日。循禮遷座於伏見桃山陵。鼎成不帰。已陳象物。愁日窈冥。惨雲陰鬱。同軌奔輓龍輴。羣黎戀瞻鳳紼。微臣等分宜騰茂。業在操觚。謹製哀誄。恭述鴻謨。其辭曰。乾靈授國。照臨四方。萬世一系。皇統悠長。朝綱解紐。羣陰剥陽。外患亦迫。乃唱尊攘。於鑠天皇。惟神惟聖。纘承丕基。赫應景命。龍興雲従。光復大柄。五誓昭昭。誕敷王政。禮楽兵刑。隨宜釐正。中興以後。庶績維新。教化覃敷。培材敍倫。外則開國。修交善鄰。内制大憲。上下一心。既庶且富。文質彬彬。海外用兵。仗義赫怒。師貞武揚。廓開壌土。峻徳明明。光被寰宇。國運逾昌。中外多祜。堯日舜風。烏足比數。皇謨宏遠。深戒驕盈。無荒無怠。法祖勵精。天行乾健。聖学深閎。最富宸藻。託物抒情。篇篇訓誥。大雅正聲。以君兼師。愛民如子。民浴深仁。如依怙恃。方祈寿康。永錫繁祉。遽掩瓊暉。奄捐玉几。烏兮兮空抱弓。孺慕兮如喪妣。嗚呼哀哉。龜謀獻吉。節近中秋。霊輀言駕。日暮展輀。哀仗遲遲以列。縞旛悄悄其愁。動笛聲之蕭瑟。望輦路於緬悠。嗚呼哀哉。鬱鬱桃山。寿宮寥邃。雲幄深封。玄扉静閟。仰神霊於高天。安冠剣於大隧。攀龍髯而難追。慕天顔之永秘。嗚呼哀哉。神器有託。王臣匪躬。思恢宏式彈慮。期報效而盡忠。巍巍盛哉聖徳。蕩蕩大矣神功。垂貽謀日星如掲。傳餘烈天地無窮。嗚呼哀哉。

（『明治文学全集六二　明治漢詩文集』に収録）

西村天囚（一八六五―一九二四　慶応元―大正十三　鹿児島県種子島）の書いた「哀悼」は、同じ朝日の内藤湖南（一八六六―一九三四　慶応二―昭和九　東洋学者　秋田県）をして「一代の名文」と感嘆させたという。天囚も蘇峰ほどではないが、「嗚呼哀哉」を四回、文章の段落に書いている。西村天囚は朝日のコラム「天声人語」の名付け親である。南日本新聞のウェブサイトに掲載されている記事から、その時の記者室にタイムスリップしてみよう。

一九一二（明治四十五）年七月二十八日、明治天皇が重体になられた。新聞社では万一の場合、事前に予定稿を用意するのが通例だが、天囚は「おそれ多いことゆえ事前の起草はできない。万一の場合、こん身の力をこめて書く」と予定稿を断った。天囚は同三十日午前零時四三分、崩御の電話で出社、急いで「哀悼」の原稿を仕上げ、東京朝日へ電話で送った。これは難語が多い記事で、東京で電話で受信した入社間もない緒方竹虎（一八八八―一九五六　明治二十一―昭和三十一　元自由党総裁）は大変苦労したらしい。

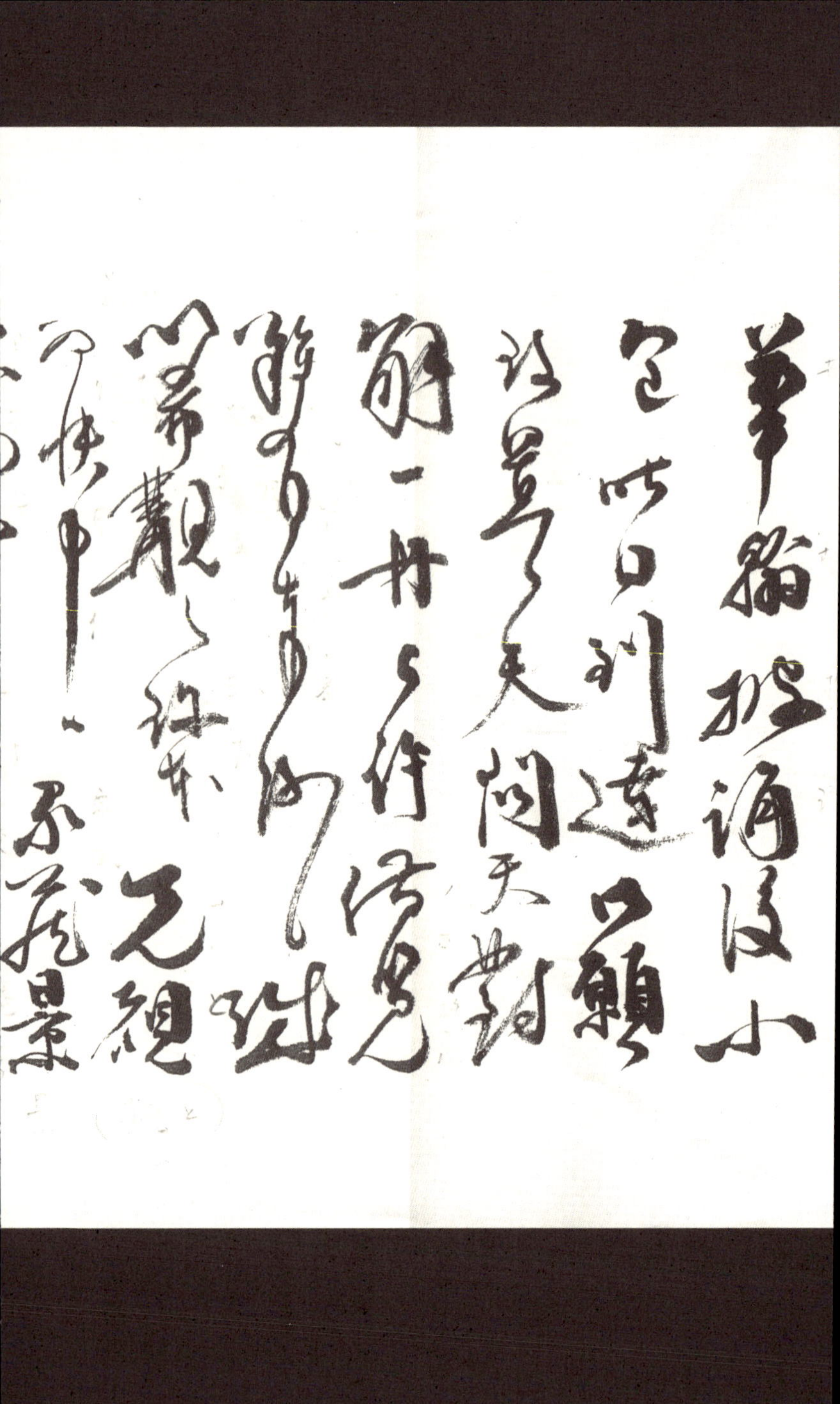

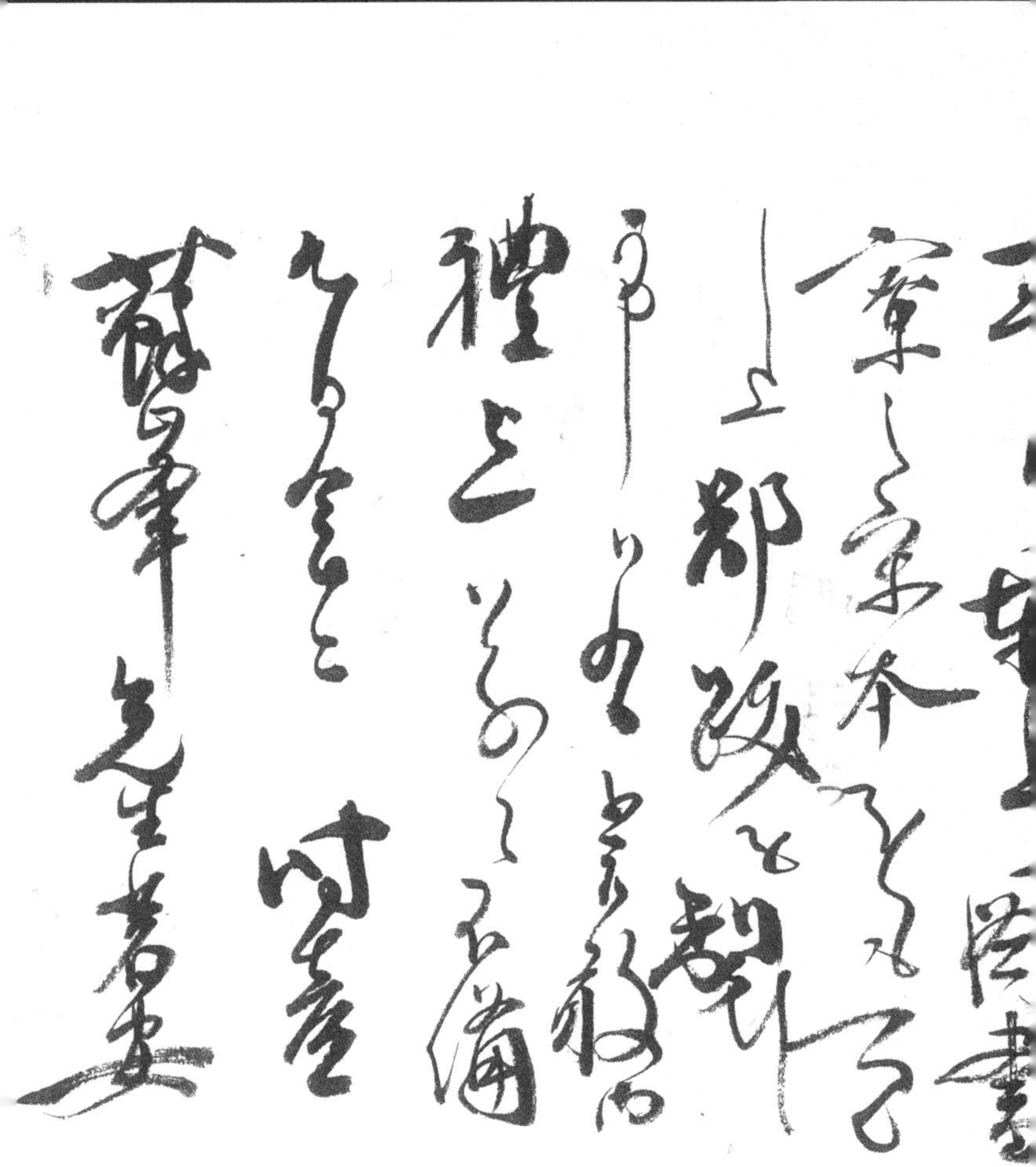

徳富蘇峰宛　西村天囚書簡　大正９年９月22日付（提供＝徳富蘇峰記念館）

明治四十五（一九一二）年の漱石と蘇峰の背景を年譜からみてみよう。

漱石は著書『こゝろ』の中で明治天皇の崩御をこう書いている。「夏の暑い盛りに明治天皇が崩御になりました。其時私は明治の精神が天皇に始まつて天皇に終わつたような気がしました。最も強く明治の影響を受けた私どもが、其後に生き残つているのは、必竟時勢遅れだといふ感じが烈しく私の胸を打ちました」と。

夏目漱石「年譜」（『明治文学全集五五　夏目漱石集』筑摩書房）によると、明治天皇崩御の年の二月二十八日、池辺三山（一八六四—一九一二　元治元—明治四十五　ジャーナリスト　熊本県）が四十八歳で急死している。漱石は三山に深い思いがあった。漱石が明治四十（一九〇七）年二月、「文学三昧に暮らしたい気持」が強かった時、東京朝日新聞社招聘の話がはじまり、鳥居素川（一八六七—一九二八　慶応三—昭和三　ジャーナリスト　熊本県）、渋川玄耳（一八七二—一九二六　明治五—大正十五　ジャーナリスト　佐賀県）、坂元雷鳥（一八七九—一九三八　明治十二—昭和十三　国文学者　福岡県）などの働きもあったが、漱石は最後に東京朝日新聞社主筆である池辺三山の訪問を受け、三山の意気に感じてついに東京朝日新聞社に入社を決意したという。三山四十三歳、漱石四十歳の時であった。その三山が漱石の入社五年後に亡くなったのである。当時池辺三山、陸羯南（一八五七—一九〇七　安政四—明治四十）、徳富蘇峰は明治の三大記者といわれていた。三山の死から五か月後に明治天皇が崩御された。漱石の家庭内では、十一月、五女雛子が二歳で急死した。愛らしい盛りの末っ子の雛子の死は、漱石にとって耐え難く、四十五歳の漱石はいつも胃の工合がわるく、心は暗かったのであろう。

インターネットで「漱石、オベッカ」をキーワードに検索したところ、「漱石の政治意識」と題する国際基督教大学（ICU）の一九八九（平成二）年の入試問題に突き当たった。漱石の弟子小宮豊隆によると「漱石は明治天皇を敬愛した。それは彼が明治天皇の時下、明治と共に成長したからであった。漱石は明治天皇の病気に心を痛め、その崩御の知らせを心細く感じた」。また「漱石は、自分がそうも感じないのに大袈裟にそれを感じたかのごとくに装い、オベッカを使う新聞の極度に仰山過ぎる言葉使いを虚偽として非難し、彼は率直に誠実に奉悼の意を表現した」という。漱石が明治天皇を敬愛していたことは、国民が敬愛していたことと同じである。

私は漱石と蘇峰との接点は明治の代に生き、明治天皇のもとで日本が文明国になることに誇りを保ち、国のために何ができるかという気持を持っていたことであると思っていた。明治天皇の崩御で漱石と次太郎の感じた心細さは、ほとんどの日本人が感じていたことのように思う。国民に敬愛されていた明治天皇の死にたいし、「オベッカを使う新聞の極度に仰山過ぎる言葉使いを虚偽として非難した」というのは、たとえ私信であったにせよ、その心持は明治天皇に失礼であるように思われる。漱石と次太郎は「オベッカ」使いの最たる者として『国民新聞』の蘇峰について話していたのであろうか。漱石が「哀悼の辞」についてその内容より、何故言葉使いを気にしたのか。

夏目漱石は明治三十三（一九〇〇）年九月八日、英語研究のためイギリスに国費留学し、森次太郎は三十四年アメリカのエール大学に英語を学ぶために私費留学した。二人には言葉に対しての厳しい基準、こだわりがあったのかもしれないが、明治天皇への奉悼の辞に対してはもっとおおらかに自然に悲しんでよいのではなかろうか。蘇峰は蘇峰流の文章で「奉悼之辞」を書いたのである。漱石は次太郎に「明治のなくなつたのは御同様何だか心細く候　朝日の議論記事三山在世の頃よりは劣り行くとの御感左もあるべきかなれど小生は不注意故夫程も眼につかず候」と議論記事に三山の死後も自信のある態度を示している。三山が生きていた頃から「云ひたき事は数々候ひしのみ」と三山の死によって、議論記事の質が低下したのではないかという次太郎の感想を否定している。漱石と小宮と同じように、漱石と話しあっていた次太郎の姿は、たいしたものであるように感じられる。

明治天皇の崩御から七七年後、ＩＣＵの入試問題で出題された三二問の中の一問をあげてみよう。

「奉悼之辞」の中に漱石の感情が現れている。漱石の考えと異なるものはどれか。

ａ　世間の皮相に騒ぎ立てる仰山な言葉使いへの反発
ｂ　時代精神を象徴する人とともに生きているという感情
ｃ　同じ釜の飯を食った仲間や戦友のように、歴史的体験を共有したいという感情
ｄ　明治国家の支配体制の歪みをあまり指摘しないで、それを肯定的にとらえる感情
ｅ　殉死したい感情

蘇峰と漱石とがそりが合わないことは、感じていたが、それは漱石の一方的なものであったように感じられる。しかし両者が明治天皇を親愛していたことは明らかである。

次に当時四十九歳の蘇峰の背景を見てみよう。蘇峰は明治四十三（一九一〇）年十月から京城日報監督に就任し、月に一、二回監督として出張していた。明治四十五（一九一二）年七月三十日、明治天皇崩御により大正と改元された。蘇峰は八月十五日『先帝聖徳一班』を国民新聞社より出版し、全国の小学校に頒布した。八月二十四日、桂内閣の推薦により貴族院議員に勅任された。

夏目漱石からの一通の手紙

明治天皇崩御より二年五か月以前に、漱石は虚子の手をへて蘇峰から復刻版の横川和尚撰『百人一首』を受け取り、すぐに礼状を出した。蘇峰は漱石と「膝を突き合わせて話したことがなかった」と残念がっていたほど、漱石に興味を持っていた。二月の寒いさなか漱石は丁寧な礼状を書いた。その書簡を紹介しよう。

徳富蘇峰宛　夏目漱石書簡　明治四十二（一九〇九）年二月九日

拝啓　御刊行の横川和尚撰五山百人一首　二百部のうち第百五十号先日高浜虚子の手より正に落掌

難有御礼申上候　日常御多忙の折　這般の風流に閑日月を弄せられ候御余裕　羨敷限に候　正是雪村老僕の钁湯炉炭起清風の一句に相当するものと存候　頃日机辺に集積する所の書巻は悉く生存競争の臭味有之　久振にて此好事の雅集に接し　陋懐頓に一碗の苦茗を喫したるの感有之　たゞ俗用蝟集静かに緬邈の趣を致す能はず　玉畹和尚の軒前修竹緑裟婆　玉立三竿不用多　好是満山風雨夜　虚心相対亦他無の一首を挙げて感謝の辞に代へ申候

草々頓首

二月九日

夏目金之助

蘇峯先生侍史

〈注〉封筒表「京橋区日吉町四　国民新聞　徳富猪一郎様」。封筒裏「牛込早稲田南町七　夏目金之助」。墨書。

（読み下し）

ご刊行の横川和尚が撰した五山の僧による『百人一首』二百部のうち（実際には三百部刊行）第百五十号を高浜虚子から受け取り　ありがたくお礼申し上げる　日常お忙しいなか　このような風流な仕事に月日をお使いのご余裕　羨ましい。正にこれ雪村老僕の「钁湯炉炭起清風」の一句に相当するものと思う　日頃私の机の周りに集積する書物は　ことごとく生存競争の臭いがするが　久し振りにこのような雅集に接し　荒地で一碗の香り高いお茶を飲んだような心地がする　私は俗用に追われ　静かにはるか未来を思いやることさえできない　玉畹和尚の「軒前修竹緑裟婆　玉立三竿不用多　好是満山風雨夜　虚心相対亦他無」の一首を挙げて　復刻本を実行なさった貴方への感謝の辞にかえます。

「横川和尚撰五山百人一首」とは京都五山の僧横川景三（一四二九―一四九三　永享元―明応二）が、五山のすぐれた百人の僧の詩を選んで手写し、『百人一首』としたもので、これを所蔵していた徳富蘇峰は、明治四十二年一月、写真石版にして三百部を公刊した。雪村老僕は雪村友梅（一二九〇―一三四六　正応三―正平元　禅僧）のことで、引用された詩句は、復刻本『百人一首』に付せられた森大狂による「小伝」にみえる。玉畹和尚について引用された詩も「小伝」にみえる。漱石は蘇峰の復刊した仕事をほんものを愛する地味な仕事であり、隠れた好事と感謝している。蘇峰の書籍蒐集は内藤湖南の影響を受け、明治三十六、七（一九〇三、四）年頃から熱が入って来た。『百人一首』は「成簣堂文庫」の珍本を原本のまま写真石版に付した最初のものであったので、漱石からの礼状は、蘇峰にとって大きな励みとなったことは確かである。

明治四十一（一九〇八）年十月に『国民新聞』紙上に「国民文学欄」が設けられ、高浜虚子がこれを主幹した。明治四十二年十一月『朝日新聞』は『国民新聞』に一年遅れて「朝日文芸欄」を設けるに至った。その主幹は漱石であった。虚子と漱石は子規と共に俳句仲間（子規は明治三十五年没）であり、虚子の主宰する『ホトトギス』には、漱石の『吾輩は猫である』（一九〇五年）、『坊ちゃん』（一九〇六年）が発表された。明治四十（一九〇七）年三月、池辺三山の人柄に感銘して朝日新聞社に入社を決めたといわれる人気作家漱石に、蘇峰が興味を持ち、虚子を通して『百人一首』を進呈したことは、ごく自然のなりゆきであろう。漢詩の好きな漱石は、『百人一首』をすぐに読み、礼状を書いたことが書簡の日付から察せられる。明治四十二年の二月といえば、漱石が『永日小品』を書いていた時である。その中の「火鉢」には、仕事が山ほどあるが、かじかんで仕事をする気になれない。寒くておっくうで、火鉢から手がはなせない。また胃が痛いとある。寒さに弱い漱石がすぐに礼状を書いたことは、漱石の誠意を伝えるものである。

ただ一通しかない漱石の書簡を時間をかけて読んだ後、私は当惑してしまった。それは、雪村や玉畹和尚の生涯を表わすために漢詩を引用して褒めていることと、同じく蘇峰を褒めていることが、いかにも「白髪三千丈」的で、誇張しすぎているように思えたからである。しかし、雪村和尚、玉畹和尚を褒めている文章が、『百人一首』に付いている森大狂の解説「小伝」にみえるもので、それを漱石が引用したことがわかり、ほっとした。蘇峰を褒めていることが、大げさで、漱石らしくなかったのは、解説「小伝」を使っていたことが解ったからである。生存競争に関係ない雅集に感心した正直な漱石の感想であったように感じられてきた。配置よく書かれた漱石の礼状の筆跡は、漱石が気持よく書きあげたことの証である。漱石の書簡は「横川和尚『百人一首』諸士礼状」の巻物に、西園寺公望（一八四九—一九四〇　嘉永二—昭和十五　政治家）、石黒忠悳（一八四五—一九四一　弘化二—昭和十六　軍医）、末松謙澄（一八五五—一九二〇　安政二—大正九　政治家・法学者）、森槐南（一八六三—一九一一　文久三—明治四十四　古注学者・漢詩人）、大槻如電（一八四五—一九三一　弘化二—昭和六　学者）、幸田露伴（一八六七—一九四七　慶応三—昭和二十二　小説家）、森鷗外（一八六二—一九二二　文久二—大正十一　軍医・小説家）等二二名の礼状と共に収められている。蘇峰の漢詩の友人の一端を見ることが出来る。

滝田樗陰と森次太郎

次に、夏目漱石の未亡人の思い出に登場する森次太郎を見てみよう。「当時は滝田さんが一人で書かして一人で占領するというので、もっぱら非難もあったのですがしかし今から考えてみれば、もし滝田さんのような有志家がなければ、たとえどうゆう動機が滝田さんの頭の中に働いていたにせよ、とにかくあれだけたくさんのものを遺すことはとてもできなかったことで、この点は幾重にも滝田さんに感謝していいことだろうと存じます。（中略）滝田さんの前には森次太郎さんがあって、この方は滝田さんほどずうずうしくはなかったようですが、だいぶ早くからめをつけて、何かとお書かせになったようでした」（夏目鏡子述『漱石の思い出』）。漱石が画や書を描く楽しみを知るきっかけを作り、画材を揃え、いつでも書けるように準備して勧めたのが滝田樗陰（一八八二―一九二五　明治十五―大正十四　中央公論社の名編集長といわれていた。漱石、蘇峰とにかわいがられた）であったと言われている。実際には滝田の前に次太郎がいたことを、鏡子夫人が認めていたことは次太郎にとって幸いであったといえよう。

正岡子規が明治二十八（一八九五）年の秋、日清戦争に無理を承知で従軍し、血を吐くような状態で松山の漱石の下宿（愚陀仏庵）にころがり込んできた。漱石が二階、子規は一階に住み、二か月滞在した。子規は松山の松風会の人々と俳句を作り、句作の深さを示し、喀血のあと、鰻を注文して食べていたなど、どれをとってみてもユニークであり、愛すべき男である。子規が俳句、俳画を書くのを見ていた漱石は、自分もいつかは絵を描きたいという気持を持っていたであろう。子規が次太郎のために木曽旅行当時の岐蘇雑詠一首を全紙に大書した。そこへ漱石が松山中学から帰って来て、しばらく見ていたが「こんな大書になると落款の印章がないとさびしいな」と独言しながら二階に上っていったという。子規の遺品に大幅のものは少なく次太郎所蔵のこの全紙は極めて珍重なものとされているといわれる。

エール大学帰国後の次太郎は、「原敬（一八五六―一九二一　安政三―大正十　政治家・平民宰相　東京駅で暗殺された　岩手県）はじめ、政界、財界、学界各方面に多数の知己を得て交友が広く、夏目漱石、徳富蘇峰、画家の結城素明（一八七五―一九五七　明治八―昭和三十二　日本画家）、松岡映丘（一八八一―一九三八　明治十四―昭和十三　日本画家）らとは特に親密であったといわれている。したがって次太郎の家は諸名士の墨跡を多く所蔵していた」（越智二良・松山子規会会長）という。

蘇峰は「滝田君に就いて」（『滝田樗陰追悼号』）に次のように書いている。

滝田君が人に物を書かせる事の巧妙であったことは、君を知る者の通論であろう。私なども君には種々書かせられた。其内には平福百穂画伯などの帖もあつて、それに悪筆を振ふの仏頭着糞の恐れありと辞退したがそれも聞き容れず、其侭塗抹した事がある。此巧妙の手段は凡ゆる方面に行き、職務としては『中央公論』のために働き、余業としては君の書画収蔵を富暁ならしめた。

蘇峰が平福百穂（一八七七―一九三三　明治十―昭和八　日本画家）とともに滝田を病院に見舞ったのは、大正十四（一九二五）年七月、滝田の死の約三か月前のことであった。蘇峰はその時滝田の求めに応じて題字とか画賛とかを汗をかきながら書いたという。その暑さの中から「君が治ったらわたしは裸踊りを踊りますよ」という冗談が飛び出したのであろう。樗陰は同郷の百穂の画を好んでいたという。樗陰の亡くなった部屋には、百穂の絵ばかり一面に掛け散らしてあったと村松梢風（一八八九―一九六一　明治二十二―昭和三十六　小説家）が書いている（「最後の十日間」）。

滝田樗陰は徳富蘇峰と吉野作造（一八七八―一九三三　明治十一―昭和八　政治学者）、夏目漱石の口述筆記は必ず自分がうけもっていたという。樗陰の娘菊江さんは、「父樗陰をめぐる作家たち」の中で、「徳富蘇峰先生との御交際もよく食事の話題に上ったものだ。先生も漱石先生もどっこいどっこいのなかなか気むずかし屋で」「先ず二ダース位もあろうかと思はれる程の鉛筆を削り揃へ、朝八時と云はれれば三十分前には御宅まで行つて父が門を開けると途端にポンと時計が打つ程正確に細心の注意を払って訪問していた」という。次太郎と樗陰はやり方は違うが、文学者に書や画を書くことを勧め、才能を発揮する喜びを味わわせる魅力があったのであろう。

大正十五（一九二六）年三月、滝田樗陰の愛蔵品が東京美術倶楽部で競売された。樗陰の死後五か月後のことである。中央公論社社長・麻田駒之助（一八六九―一九四八　明治二―昭和二十三　出版経営者）から送られて来た「滝田樗陰氏愛蔵品入札高値表」にはいろいろあるが、漱石のもの二一点、百穂のもの五八点、蘇峰のもの二点があった。当日漱石、百穂、蘇峰のものが売れたら、今日の価格では大変なものになったであろう。売れた額はそのまま滝田樗陰の生きたエネルギーの一端を示していたといえよう。森次太郎は鏡子夫人が語っていたように、樗陰ほど大胆ではなかったが、漱石はじめ有名人の書画を蒐集していた。

松岡譲が『漱石先生』（一九三四年）を出した時、蘇峰は「日日だより」で次のように書評した。

文人として夏目漱石君は、尤も幸福の一人であらう。生前既に文名嘖々として、天下に認められ、死後尚ほ其の愛読者を絶たず。而して更らに君の記念に就て、屡ば同人間の話題となつている。（中略）記者は夏目君とは時代を同うして、遂ひに膝を交へて語るの機会を得なかつた。然も其の風丰(ふうぼう)には屡ば接し、且つ文書を交換したることも一再はあるやに記憶する。而して夏目君を要して、屡ば其の筆硯を労せしめたる滝田樗陰君は、亦た記者をも――仮令夏目君程では無つたにせよ――労した。而して君からして夏目君の消息をも、伝聞する所があつた。

漱石は自著を蘇峰に送ったことがあったであろうか。お茶の水図書館内にある「成簣堂文庫」の小高英夫司書にお尋ねしたところ、蘇峰の蔵書にいまのところ漱石の著書はみつかっていないという。漱石は友達でありたいと思う人には、よく著書を送っていることを、『漱石書簡集』で見てきたので、蘇峰の蔵書に漱石の謹呈本がないことを残念に思う。なお『漱石全集』の「和漢書目録」には、『百人一首』をはじめ、大正三（一九一四）年に限定出版した『月江和尚録』『白隠和尚遺墨集』、蘇峰の随筆で平福百穂と合作の『山水随縁記』、四冊の民友社出版の本が記録されている。

明治三十八（一九〇五）年一月に帰国した次太郎は、郷里に帰り少し休養し、上京して八月東洋協会に勤めた。その前に大阪新報社に就職した。森直樹氏提供の次太郎直筆の手紙の筆写によると、「明治三十七年秋、予の米国エール大学を辞して帰国する前、中川末吉氏（一八七四―一九五九　明治七―昭和三十四　実業家　エール大学卒　滋賀県）渡米あり　予は下宿その他少々の世話を為したり。中川君之を徳とし、予の帰国後の事を問ひ、此の人に合つて見ませんか、親切なる人云々とて、井上（公二）君に紹介してくれたる也。予は欧州を一見、再び米国に帰り、聖ルイの博覧会など見て三十八年一月帰国、三月まで国元に居り、上京して井上君より原敬氏に紹介され、大阪新報社に入社することとなり、同年五月中旬の事なり」とある。短期間大阪新報にいたのち、支那に特派員として行きたいと願ったが、「北京通に聞合せ候処　新聞通信員として当地に滞在するには極く少くとも毎月百五拾円の生活費を要するとの事、内職の口は時に或はなきにしも非ざるも決して当にはならずとの事に有之候間、或は折角の御希望遂行に御困難」であるという阿部守太郎（一八七二―一九一三　明治五―大正二　外交官）からの知らせであった（八月二十五日）。次太郎は大阪新報をやめ、居を東京に移した。

『漱石全集』第一四・一五巻「書簡集」によると、次太郎が漱石から書簡を東京で受けとった最初の日付は、明治三十九（一九〇六）年七月十一日であるので、次太郎は原敬とはごく短い間のかかわりだったようだ。次太郎三十六歳、原敬五十歳の時であった。中国派遣についての次太郎の意見を聞いてみよう。「当時予は支那に行ってみたき意勃然たるものあり大阪新報の通信員として行くこと出来まじくやと焦慮阿部君に聞合したるなり。当時大阪新報はまだ専任の通信員を派遣し得ず。報知新聞社と共同にて通信員を送り居りしとか、予この意を山田副社長に披瀝す、山田さんは原社長に予の願意を通じたるに原さんの言として『森は西洋を見て来て居るので、西洋は大概でよいが、支那は能く研究せねばならん、行々は本人の望みとあらば勿論支那に派遣すべきも、入社後まだ日浅く左様の事は早い』云々みな親切にしてくれるが予は到頭退社したり。阿部君は予の英国に行きしとき、林董（一八五〇―一九一三嘉永三―大正二　外交官）公使の下に一等書記官たり、英国にて初めて面識をなし方、後ち兇刃に斃る惜しむべき人なり」。

次太郎は当面『東洋協会雑誌』の編集をしていた。漱石からの手紙二二通の内、九通の書簡の住所が東洋協会宛であることからみると、書簡のスタンプ、明治四十（一九〇七）年十月十日から大正五年十月十八日の間の九通で、他は青山原宿の自宅宛である。東洋協会に次太郎は約九年勤めていたことになる。他の史料に東洋協会に二、三年勤めたとあるが、九年余勤めたことがスタンプから窺える。この九年余が漱石の死の前の貴重な十年間であり、森次太郎と漱石の友情が篤いときであったように思われる。

次回は戦後の蘇峰の淋しさ、妻を送る老いた蘇峰、読書をし、本を書き続ける蘇峰の心境を見てみよう。森次太郎がなぜ漱石と蘇峰に深く係わった男であったのか、その謎も考えてみよう。

4　戦後の蘇峰と森次太郎

夏目漱石から森次太郎への書簡は、『漱石全集』第一四・一五巻（岩波書店、一九六七年）に二十二通ある。漱石の書簡はユーモアがあり、冗談があり愉快な話に思わず頬を緩めてしまう。漱石と森次太郎との交遊をもっと知りたいと思った。また、次太郎から徳富蘇峰への七十六通の書簡を読んでいると、漱石や正岡子規、高浜虚子の話が友情を持って文章の中に出てくるのが楽しい。

蘇峰が森次太郎に心情をうち明けた十二通の書簡がある。蘇峰から森次太郎に送られた書簡はすべて戦争以後のもので、森次太郎の孫、森直樹氏が複写して下さったものである。漱石は大正五（一九一六）年十二月九日、森次太郎は昭和三十（一九五五）年六月二十九日、蘇峰は昭和三十二（一九五七）年十一月二日に亡くなった。蘇峰と漱石の生涯を見ると、没年に四十二年の差があることに、思いを深くした。

森次太郎についての研究を読んでみたいと思っていたところ『夏目漱石と森円月――漱石漢詩研究余話』という斉藤順二氏の論文に出会うことができた（森直樹氏提供）。斉藤順二氏の論文は昭和五十九（一九八四）年に群馬女子短期大学国文学談話会で口述発表した草稿に加筆補正したもので、今から三五年ほど前の論文である。漱石の楽しい話し相手の次太郎がなぜ『漱石全集』の「書簡集」の「注解」に、

最晩年の森次太郎（石井柏亭・画）

生年月日もなく、次太郎の「号は円月」とあるだけであったのか。斉藤順二氏も同じ思いであったと言う。漱石、次太郎、蘇峰の「環」を、三人の書簡の本音の言葉で見てみよう。

夏目漱石から森次太郎への書簡

森次太郎は明治三（一八七〇）年愛媛県松山に生まれ、昭和三十（一九五五）年同じく故郷愛媛県松山に亡くなった。次太郎が同志社の一年生であったとき、新島襄先生が亡くなった。同志社を卒業した後、郷里に一度は帰り、のち松山中学で二年間、兵庫県柏原中学で一年間英語の教師をし、明治三十四（一九〇一）年アメリカのエール大学に留学した。エール大学で「ほんまもんの英語」を学びM・Aを得て帰国した。三十八（一九〇五）年、村上霽月のすすめで姪の美しく若い松山の女性と結婚した。その後、居を東京に移した。

漱石からの書簡は明治三十九（一九〇六）年七月「高著出版の件小生の出来る事なら本屋へ一、二軒は聞いて見てもよろしく候　妻君の御馳走が出来損って御病気は風流に候　自分で粥を煮て食ふ杯は猶々風流に候」とある。次太郎の著書『欧米書生旅行』は九月、博文館から出版された。

漱石は明治二十八（一八九五）年の四月七日、松山中学に勤めた。八月下旬日清戦争従軍中の記者子規が吐血して帰郷、十月十九日に上京するまで漱石の下宿「愚陀仏庵」に二カ月同居した。

上京した次太郎は漱石と師弟関係というわけでなく、漱石の書画の道具や軸を収める箱の注文などをする役も引き受け、漱石が頼んだ時には漱石の好きな明月の書の軸を届け、その解釈や批評を聞き、楽しい時をすごしていたが、漱石は胃腸の病気と絶えず鬱々と付き合う状態であった。

漱石は次太郎に頼まれていた扇に何か書こうと思いついた。

その時のことは明治四十三（一九一〇）年七月三十一日の日記（『漱石全集』第一三巻、一九六七年）に次のようにある。

一昨日森円月の置いていつた扇に何か書いてくれと頼まれているので詩でも書かうと思つて、考へた。沈吟して五言一首を得た。

来宿山中寺　更加老衲衣　寂然禅夢底　窓外白雲帰

十年来詩を作つた事は殆んどない。自分でも奇な感じがした。扇へ書いた。

とある。

日記に書いた漱石の文章から、十年振りに詩を沈吟し、気にいっているらしい漱石のうれしそうな姿が伝わってくる。漱石から次太郎への手紙を見てみよう。この手紙は明治四十三年次太郎宛漱石の三通である。

森次太郎宛　夏目漱石書簡　明治四十三（一九一〇）年八月二日

拝啓　先日は御見舞難有候　あの朝久し振で詩を考へ候　それはあなたの扇子へ何か書いて見たくなつたからに候　一時間ばかりして詩は出来候

来宿山中寺
更加老衲衣
寂然禅夢底
窓外白雲帰

といふのです、夫(それ)から墨を磨つてあの扇へ書きました処飛んだ字が出来上りました、扇は持つて帰りましたがあれは私が頂戴して置きます

草々

夏目金之助

八月二日

森次太郎様

〈注〉封筒表「青山原宿二〇九　森次太郎様」。封筒裏「牛込早稲田南町七　夏目金之助」。

漱石が次太郎に贈る漢詩を作って扇に書こうという気になり、長いこと書かなかった漢詩を作ってみ

る気持になったのである。一時間で詩が出来たと、創作意欲が湧いてきたことは漱石自身も驚き、次太郎の存在が詩を作る喜びを与えてくれたと感じたのであろう。

漱石は森次太郎への漢詩を書いた後、八月十九日、病気療養先の修善寺で大量吐血し人事不省に陥った。その後、快方に向かい十月には東京へ戻り、長与胃腸病院で入院生活を送っていた。

森次太郎宛　夏目漱石書簡　明治四十三年十一月五日

〔前略〕さてかねて御話しの蔵沢の竹一幅わざ〳〵小使に持たせ、御届被見大驚喜の体　仮眼も急に醒め拍手踴躍致居候　いづれ御目にかかり篤く御礼可申上候へども不取敢御受取旁一礼如此に候

忽々

十一月五日　金之助

円月様硯北

〈注〉封筒表「京橋区新肴町二　大和館　森次太郎様」。封筒裏「内幸町　胃腸病院　夏目金之助」。

森次太郎は漱石の気を紛らすようにと、吉田蔵沢の竹一幅を使者に胃腸病院に届けさせ、漱石に喜んでもらっていた。「仮眠も急に醒め拍手踴躍致居候」で喜びを表現した漱石の姿が可愛らしい。

森次太郎宛　夏目漱石書簡　明治四十三年十一月十二日

拝啓、先日御寄贈の竹　病院の壁間に懸け毎日眺め暮らし候　今朝不図一句浮び候まゝ記念の為め短冊に認め進呈致し候　病院に在つて自家になき小生の句としては甚だ嘘の様なれど先づ家に帰りたる時の光景と御思ひ可被下候　先は右迄餘は拝眉　草々

十一月十二日　金之助

森様

〈注〉封筒表「麹町区　東洋協会内　森次太郎」。封筒裏「麹町区内幸町　胃腸病院　夏目金之助」。

次太郎が蔵沢の竹一幅を胃腸病院に届けさせ、壁に七日にわたって懸け漱石は喜びながら眺め暮らしていたという。このように病院の部屋に暖かいコーナーを作り短冊を進呈してくれる漱石に次太郎は喜んでいた。漱石が十年ぶりに漢詩を作り、しかも苦しまず一時間ほどで気持よく漢詩ができたのは、病人しかわからない喜びであったろう。斉藤順二氏は漱石の漢詩研究をしているので、漱石の創漢は「明治三十三年から四十三年にかけての十年間の空白があり、漱石に作詩を復活するきっかけを与えた人物としてここで森円月の存在がクローズアップされてくる」と言っている。漱石、子規の友人ということから、次太郎の存在の重さを知った私にとってもうれしいことである。

漱石が第五高等学校教授として松山から熊本に赴任した時は、ちょうど森円月が英語の教師として松

山中学に就職した時であった。国民的愛読書である『坊ちゃん』は、明治三十九（一九〇六）年四月に『ホトトギス』に掲載された。「坊ちゃん」に関しては、次太郎は蘇峰宛の書簡（昭和二十年四月十四日付）では次のように書いている。

13　昭和二十（一九四五）年四月十四日

〔前略〕昔、中学教師中の異彩であつた坊ちゃん、小説の山嵐君も亡く、大分故人になって居ますが、それでも霽月、極堂等の老友を始め、私が中学のデモ先生当時の美少年で、今は還暦年齢になって居る中老の友人は沢山あるので、帰住を楽しく思うて居ます。晴れた日は鍬を手に、雨の日は読書に、帰去来の賦や楽志論を身自ら味はうことが出来ると楽しんで居ます。〔後略〕

〈注〉封筒表「熱海市伊豆山　徳富蘇峰先生執事」。封筒裏「東京渋谷区稲田町一ノ九　森次太郎」。

森次太郎が松山中学の教師時代「デモ先生」といわれていたと、蘇峰への書簡に四、五回書いているが、「デモ先生」と愛称されたのは、どのような意味なのかわかりにくい。「坊ちゃん」のモデルについて本井康博氏は次のように書いている。

「坊ちゃんは漱石本人」との一般の受け止め方に対しては、弘中又一（一八七二―一九三八　明治六―昭和十三）はこう言う。主人公坊ちゃんにしても漱石のこともあり僕のこともある。僕と漱石との間

[illegible]
め[illegible]
[illegible]
に[illegible]
よし[illegible]
[illegible]
ご[illegible]

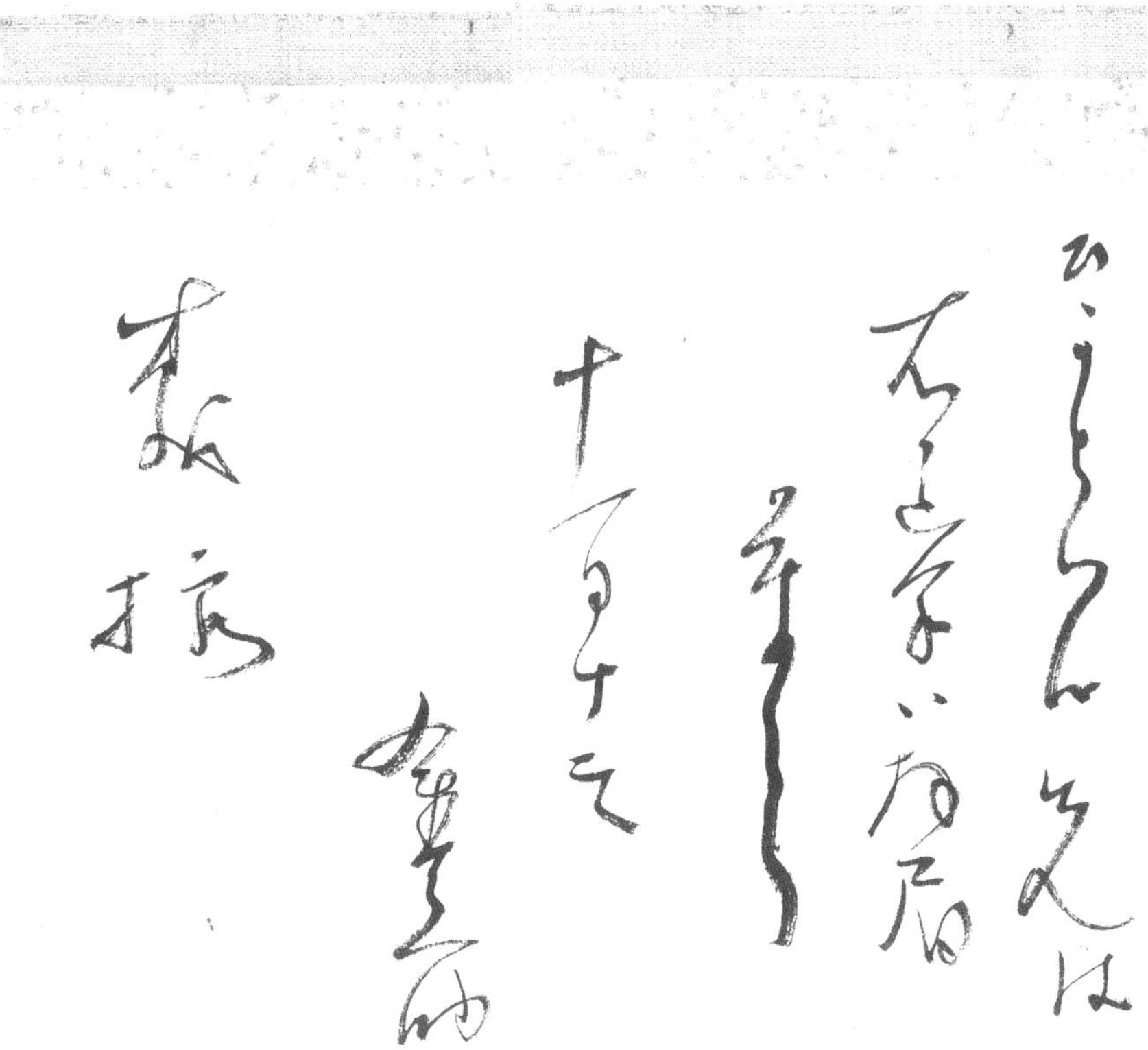

漱石が次太郎の見舞いの優しさに短冊を書いて与えた　明治 43 年 11 月 12 日付（提供＝徳富蘇峰記念館）

には毎日の出来事やら失策やらを互いに語り合ふて笑ひ興ずることも多かったので、自然二つが一所となって一人の坊ちゃんを作り上げたのであったろう。

とても分りやすい弘中の説である。漱石は離任のさい弘中に「一切空かげろうとでもなり給え」の句を贈ったという。次太郎は漱石が熊本に赴任した直後に英語の教師として入職した。

斉藤氏も論文で「松山中学の一年遅れの後任で赴任したのはあの森円月であった」と書いている。「漱石と円月は奇しき因縁の糸によって結ばれ、共通の話題を通してその脳裏に去来する子規の俤（面影）を追っていた。俳人としての円月にさしたる業績はなくても『座談の名人』であり、『希代の収集家』だった功績は多と言わねばなるまい。こうして漱石と円月のかかわりを考えたことは結局、漱石と子規の関係の深さを再認識することに結びついたのである」と結んでいる。

正岡子規が明治二十八（一八九五）年、日清戦争で吐血し、各種の病院で療養し最後の帰省をしたとき、漱石の下宿していた愚陀仏庵に同居し、散歩吟行をたびたび行っていた。子規は明治二十八年十月七日、村上霽月を訪ねた。村上霽月は若い時から子規とは親しかった。子規は「鳩麦や昔通ひし叔父が家」と詠んだ。子規の叔父さんというと佐伯さんであった。子供のころ子規がよく遊んだという。森次太郎の姉（森直太郎の母）は子規と同じ年で、子規が叔父の家（佐伯政房）に習字を習いに遊びに来た時は、次太郎やその姉ともよく遊んでいたという。

斉藤氏は論文のなかに、「明治二十八年の子規の来宅を機に村上霽月、森河北（河北は円月の義兄）らと蛙友会を興し句作にはげんだ」とある。森次太郎も霽月を敬い蕪村を学んでいたという。

蘇峰は昭和十（一九三五）年十二月十日の『日日だより』、「島田青峰（一八八二―一九四四　明治十五―昭和十九）君の『子規紅葉緑雨』に就いて　蘇峰生」の中で、

本書中に於て子規に関する記事は何れも面白いが、特に「子規及び其周囲」の一章は、我等に子規に関する新知識を寄与したるものが、少くなかつた。子規は実に才人であつたが、才人に共通する薄志弱行症から免疫せられていた。彼には才の美と共に強き意志と、大いなる野心と、精進禁ぜざる向上心とがあつた。夭若し健康を彼に与えたらんには、彼の造詣と彼の製作とは、更らに大なるものがあつたであろう。

と子規の人柄と才能を惜しんでいる。「尾崎紅葉も亦た早折の才人であつた。彼は子規とは其趣を殊にしたが、彼も亦た尋常一様の才人ではなかつた。彼も亦『お山の大将』の一人であつた。但だ彼は既に達す可き所に達していたではない乎とも思う。俳句に至りては、固より子規と同席す可き資格は無つた」。蘇峰が文学に秀でる人物を認める洞察に、驚くばかりである。正岡子規は蘇峰の先輩、陸羯南と親しく、また蘇峰は子規の叔父外交官加藤拓川（一八五九―一九二三　安政六―大正十二）と交り、「子規と一語をも、一点頭を下げ合うことがなかつた事を、蘇峰自身今更の如く遺憾とする」と語っている。

次太郎は昭和十年十二月九日の書簡（一八六頁参照）で、「一昨晩青山会館に於る御講演を拝聴に参り、先生の益御雄健の状を拝し喜ばしく存候」とすぐに手紙を出している。「今夕の新聞紙上にて子規居士に関する記事拝読」と喜んでいる。居士が会心の言を聞く時の癖は鼻の上に皺を寄せて肯する癖があったと次太郎は語っている。子規と散歩したとき「小生は『今の文壇から逍遥と鷗外と蘇峰の三人を抜き去つたら全く寂寞たるものならん』云々と申す者ありなど申候」云々。この手紙はまだまだ続くが、子規も次太郎も気持の良い散歩が出来たようである。

蘇峰は明治三十五（一九〇二）年九月二十四日の「東京だより」に次のような哀悼文を載せている。

俳句新派の開山正岡子規逝く。子が我国の文学界に、如何なる貢献をなしたるかは、暫らく評値するを止めよ。兎も角も子は、文王を待たずして興らんとしたるもの、其の気魄と、其の妍精、篤学の志、甚だ嘉みす可く、其の鼓吹の功、亦た没す可らざるものありき。而して最近七個年、病苦と悪闘痛戦して、毫も屈せざりしが如き、実に人の同情を惹くに餘りありき。可惜夫。

子規への哀悼の気持が、心から迸る気持であることが伝わってくる。蘇峰は己より若い子規の俳句を描く大きさに、命の足りないことを同情し深く哀悼していたのではないか。

森次太郎から蘇峰への書簡

14　昭和十五（一九四〇）年九月十六日

〔前略〕以前より私は商売人の中ち書画を扱ふものが尤も悪く、伊藤公、乃木大将等々市中にブラ下つて居るもの大低（ママ）偽筆、先生の書幅も百穂君の画も大分偽物あるやうに思ひました。必竟（ママ）之は書画商のみならず、偽物の多いだけ夫れだけ世上に人間の偽物が多い為めだと存じて居ました。〔中略〕近頃私は我邦に宗教の無いのは（米国のやうな）尤も欠点でないかと思ひます。私は教会に説教を聴聞に行かぬのでこんな事は云えぬのですが、米国の日曜日には士人も商工も老幼男女教会に行て説教を聞くのは美風と思ひます。碧厳録の講義や色即是空の説などは文学哲学の解るもののことで、一般世人に日常道徳を一週に一回づゝ、社会人のネヂを〆る宗教のないのは、我邦の一大欠点でないでせうか。〔中略〕後藤朝太郎君が拘致されたとか、賀川豊彦君も拘引されて居るとか、何ういふ事をいふたのか知りませんが、気の毒の事と思います。〔後略〕

〈注〉封筒表「山梨県富士山麓山中湖畔　双宜荘　徳富蘇峰先生執事」。封筒裏「渋谷区穏田町　森次太郎」。

賀川豊彦（一八八八―一九六〇　明治二十一―昭和三十五　キリスト教運動家）の評価は、人によって違うと言われているが、蘇峰に送られた大正十（一九二一）年八月十六日の賀川豊彦の手紙を一部紹介しよう。「私は先生の『人間らしさ』に、云い知れぬなつかしさを見付けて居ります。それであなたが帝国主義者であらうが皇室中心主義者であらうが――或いはその正反対の性格と思想の持主であっても私には少しもかまいません。〔中略〕私は白人にも威張らせ、黒人にも威張らせ、凡ての人に威張らせたいのです。凡ての人が威張るのが美しいのです」。与謝野晶子〔一八七八―一九四二　明治十一―昭和十七　歌人・詩人〕は平常から賀川を尊敬し、「人生派又は人道主義の詩人」と賞揚していたそうである。

昭和二十（一九四五）年四月十四日

〔前略〕二、三日まえの鈴木新内閣に望む御文章欣読快読しました。〔中略〕即今東京は家庭の疎開、人間の疎開で、大々的混雑をして居ます。到る所ろ家屋の破壊作業を遣て居ます。〔中略〕この意気あらば都市防衛は出来るし、戦争に敗を取る気遣ひなしと存じます。〔中略〕昨年の今頃であったかと記憶します。先生の「疎開」といふ御意見を拝読した時、好題目を捉へられたること又その内容にも敬服しました。〔後略〕

〈注〉封筒表「熱海市伊豆山　徳富蘇峰先生」。封筒裏「渋谷区穏田町　森次太郎」。二五五頁も参照。

15　昭和二十年九月八日

（要旨）帰住後の雑感を申述べます。私共（老夫妻と孫の三人）は去る五月八日急に東京を出発して疎開帰村しました、同月二十五日の空襲にて穏田の拙宅は焼失して仕舞ひました。私共の隣組十一戸、約二十余名の中ち三名の焼死者あり。先生が疎開と題する御文章を紙上に発表なさったのは、昨年の五月中旬であったと記憶します。当時私は此は時節柄好題目をお捉えになったもの、指導的好文章と敬服したのでありました。愈よ老幼者疎開と家内の意向が一致し、早く帰るがよい、帰ろうと相談一決せしは本年三月十日の空襲頃からでした。今から考へると時期の遅れたるを悔ひ、それでも遅れながらも疎開して居てよかったと思つて居ます。先生が「疎開」の御文章中縁故を辿ることを強調されて居たと存じますが、五日や一週間はお客気分で過せるだろうと軽く考へたのが大失策でした。異動証明は後から送つて貰うこととしていました。米の精白賃は一斗只の十銭なりしに、東京在住中一升瓶にて毎日米を搗た愚を思ひ田舎は便利だ、親切だ難有いと喜びました。故村を出て、五十年余年、久し振りに帰って見ると村は第二世、三世の村になつて居ます。村の農耕をして見ると、全く農具が異なつて居り、動力を使用して居ます。田植、田草取、麦叩きなど、俳句の好題目であつたものも、俳句の題にはならぬやうに見受ました。風流だの俳味だのいふものは時代遅れの間抜のしたものと思ひました。此間近所の人々と親しむ為めに拙宅にて隣組の常会を開いて貰ひました。私は彼等の先代、先々代を知つて居るのですが、物の道理が能く解り、時局に就ても立派な見識を持て居るに感心しました。必竟、教育新聞の賜物と存じます。考へて見ると嘘の世、闇の世、悪政治が可なり長く続いたものと存じます。

〈注〉封筒表「山梨県山中湖畔　双宜荘　徳富蘇峰先生侍者」。封筒裏「伊予松山市余戸　森次太郎」。

次太郎が田舎の生活、仕事のやり方など、近所の人々と親しむために、次太郎の家で隣組の常会をしようとは、さすが人の気持がわかる次太郎である。

16　昭和二十一（一九四六）年十一月三十日

（要旨）先日虚子君が一寸帰松しました。「ホトトギス」六百号の記念で各地に遊旅して居るとか、四国の俳句大会を高松にて開いたので、松山に帰省したのだとか、子規居士に縁のある正宗寺の禅僧を訪うたら、今日虚子君が来ると聞き正宗寺にいきました、農繁期であるに、弐百人計りの人々が集まって居るやうに見受ました。虚子君は至極元気よく見受ました。句会の後に虚子の歓迎の宴あり、会費八拾円なりしとか、後にて虚子門下の高足の話に虚子君は豪い福岡にては九百人集ったさうだ。松山が一番少なかったようだ。

〈注〉封筒表「熱海市伊豆山押出　徳富蘇峰先生御内」。封筒裏「伊予松山市　森次太郎」。

「田舎風景を御病床のお笑草に」と物価や焼跡に建つ安物住宅の話を書いている。虚子が一寸帰省した話も面白い。

17　昭和二十三（一九四八）年十一月二十八日

御奥様の命日は覚え易い、御他界されて早や三週間にあたります。先生御自身は超宗派でせうがお家の形式は基督教ですか、仏教ですか。お位牌はお祭りなさって居られるのですか。時節柄如何に質素を旨とせられても天下の蘇峰先生なら、彼是の御混雑であったことと拝察します。〔中略〕私が少年の時論語、孟子の素読を受けたやうに帰住以来英語読本を講読して遣て居ました。直樹も興味を以て能く勉強しますし、遊び半分に始めたことも絶えず続けるのは感心なもので、今は昔私の読んだクワッケンボスの米国史を講読して居ます。〔後略〕

〈注〉封筒表「熱海市伊豆山押出　徳富蘇峰先生執事」。封筒裏「伊予松山市外余戸　森次太郎」。

18　昭和二十四（一九四九）年八月八日

〔前略〕先頃歯が一本折れて愈よ上下咬み合す歯がなくなり固い物が食べられぬようになりました。豆腐が好物なのですが村居の不便さ、一軒あつた豆腐屋が夏間はお休みとなり、豆腐の一丁か二丁を買ふ為め汽車にて松山市まで行く次第です。〔中略〕前に頂戴した杜甫とミルトン通読いたし、今は再読して居ます。城戸氏の跋は簡にして要を得て居り、先生御自身の四十年に亘るご宿志の事も承知しました。この一巻をのみにても先生の名は万古不朽に伝はると存じます。〔後略〕

〈注〉封筒表「熱海市伊豆山押出　徳富蘇峰先生執事」。封筒裏「伊予松山市外余戸　森次太郎」。

19　昭和二十六（一九五一）年九月六日

〔前略〕来る十九日は子規居士の五十年忌に相当するので、松山市では大々お祭り騒ぎをするらしいです。近頃の子供は漫画気分、大人はお祭り騒ぎ気分が甚しくなつた様に思はれます。当地で子規さ

んと面晤したものは柳原極堂（85）〔ホトトギスの創刊者〕と私と二人のみになりました。〔後略〕

〈注〉封筒表「熱海市伊豆山押出　徳富蘇峰先生執事」。封筒裏「伊予松山市外余戸　森次太郎」。

20　昭和二十九（一九五四）年三月十二日

〔前略〕田舎に居ると馬鹿になるのと老込むを自覚します。都会生活をして居ると、気が若いやうで「鳩自」とか「ワンマン」とか、要路の人々、新聞上の人々は皆々餘りに老齢の人々が多いやうに思はれます。桂公、原氏等々実力のあった人々は皆々若かったと思うと、鳩山君などまだ天下を取る気があるのでせうか。〔中略〕学者や文人は老人ほど貴いけれど、政治家の老骨は難有くないのが多くありますまいか。桂公は所謂ネラミの利たもの東洋協会の会合の折など、本田雪堂は「桂公の出る時は知らしてくれよ、必ず出席する。桂公から一寸顔を見られるだけでも会費の五円は安いものだよ」などいふたことがあります　今の高官連のネラミの利かぬこと、驚き入ります。宇垣大将は昔から総理大臣病に取付かれて居る人と聞きます。八十六歳でないかと思うに、参議院の一員たるはまだ天下に志があるのかと感心もし、気の毒にも思ひます。〔後略〕

〈注〉封筒表「熱海市伊豆山押出　徳富蘇峰先生侍者」。封筒裏「松山市外余戸　森次太郎」。

21　昭和二十九年九月十一日

〔前略〕毎日々々の照り込み照り続き残暑も容易に退却しません。寒暑に抵抗力なき老骨は毎日褥上〔やわらかい布団の上〕にゴロ々々寝転んで居る計りで皆々様に御無音に打過た次第お許し願ます。〔中略〕別小包にて粗御送りしました。御笑味下さい。人頼みて買て貰ったのです。子規の友、製造元の六時屋は製菓は上手な方です。松山は子規々々で餘りに子規を乱用すると思はるゝ程ですが、六時屋のは先づ良い思ひ付と思ひます。宅に出来た糸瓜を詰にしました。是でヤット一安心出来ることになりました。ツマラヌ事を長々と書きましたが、先生はお変わりなくお元気よくお過ごしでせうね。お宅は夏知らずの涼し風があるのでせう。当地は「伊予の夕凪」夕方に風はバッタリ止みます。東京は夕方から涼しいと老妻は毎度申ます。光陰流るゝ如し、帰住後十年になります。少年時代の事を考へると変りに変った物と驚きます。〔後略〕

〈注〉封筒表「熱海市伊豆山押出　徳富蘇峰先生侍者」。封筒裏「松山市外余戸　森次太郎」。

蘇峰から森次太郎への書簡

昭和二十（一九四五）年八月十五日、戦争終結の詔書が放送された。蘇峰は家族の者と共にこの放送を山中湖畔の双宜荘で聴き、毎日新聞社社賓、大日本言論報国会会長を辞任した。九月二日自ら戒名「百敗院泡沫頑蘇居士」とする。その時蘇峰は八十三歳であった。十一月五日、熱海晩晴草堂に移り、十二月二日A級戦争犯罪容疑者に指名されたが、高齢と持病のため、閉門蟄居の身となった。昭和二十二年九月一日戦犯容疑者、自家拘禁を解除され、二十七年四月十八日公職追放解除される。蘇峰は昭和二十三年、長文の書簡を伊予松山の森次太郎に送った。八十六歳の蘇峰と七十九歳の森次太郎の語りたいことが山積していたのであろう。

昭和二十三（一九四八）年七月三十一日

真率に申上候のみにて　弱音を吐きたるにあらす　決して老生に対し御心配は下されましく候　御無沙汰打過候処　貴葉と同時に素麺珍味御寵賜奉深謝候　老生には別しての好物直に拝賜候　此許昨年来、山の神、衰弱六月十九日にはいよいよ脳溢血に斃れ、一時はとても見込なしと存候処、生命たけは当分とりとめ候得共、全く呼吸ある屍同様にて御坐候　老生も六月廿四日には大阪より小沢博士を屈請施術　即今漸く一人にて食事も出来発言も出来候様相成、此分にては当分心配なしと存候　一家三世帯渾て老生一人の肩にかゝり　筍生活にて相暮らし申候　即今は秘蔵の正平板論語を友人に譲与――時価四万円――全く論語を喰物にいたし居候始末　孔夫子さへも存寄らぬ珍聞ならんと御一笑の資に供し候　即今は一寸したる町医者にかかり、風邪の薬を貰受候てさへも、腰を抜す程とられ候間　孫共の病気さへも忽ち一家の経済に影響いたし、これも世相かと苦笑いたし候　老妻の発病は老生には敗戦以来の大ショックにて頓に家庭か真の闇と相成候次第、乍併六十余年同人より奉仕せられたる酬恩の為め、せめて半歳一年にても看病が出来候事　老生に取りては仕合と存、即今は乍不及第一にその心掛にて罷在候次第、人生寸前暗黒とは全くこの事に御坐候　別郵新著大難産（著作の難産にあらす）にて漸く、光を見候も漸く出版元より届候間不取敢拝呈候　何卒御叱正奉願上候　自然

御門下等にも御示与被成下候はば本懐に奉存候　老生も戦々兢々薄氷をふむの態度もて口授候間歯痒きことのみ御酌量被下度候

草々不悉

昭和廿三　七月卅一

頑蘇野次

森大人玉几下

古川に水多し　売喰の資料は尚若干あり　決して御心配下されましく候　呵々

〈注〉封筒表「松山市外余戸　森次太郎様閑事」。封筒裏「熱海市伊豆山　晩晴草堂　徳富猪一郎」。

蘇峰は森次太郎に「弱音を吐きたるにあらず」と話しているが、聞いてほしい友人に懐かしさがこもっている。まるで静子夫人が亡くなる時を覚悟をしている姿を次太郎に打ち明けているようだ。この書簡を出してから四か月後に、静子夫人は逝去された。また蘇峰の文中著作のことで、当時蘇峰に対する検閲の厳しさが見て取れる。

正平版論語は、日本にとっても中国にとっても貴重な蒐書であると言われている。蘇峰は著書『読書九十年』の中で「書籍は、予が喜ぶ時にも、悲しむ時にも、得意の時にも、失意の時にも、常に予と相離れざるのみか、殆んど予自身の肉となり、血となり、心となり、魂となつて居た。今日まで生存するを得たるに就ては、他にも大なる理由があるとするも、半ばは書籍の為であったと謂はねばならぬ。若し書籍が無かったならば、予は今日までの寿命を保つことが出来ず、假令保ち得たとしても、最も哀れなる存在であったと思ふ」と語っていたほど書籍を読むことに生きがいを持っていた。正平版論語を売って生活の糧にする蘇峰の痛みをわかる友人がいたのであろう。

昭和二十三年十二月四日

御心入りの品々霊前に御供被成下別して難有奉存候
十一月念八の尊翰十二月三日入手忝くくり返し拝見候。彼是老生心境御賢察御同情を賜はり詢に天外の佳音感戴不能措候　老妻の遺志に任せ耶を主とし佛を客とし候　同人は霊南坂教会員にて有之候所佛教側にも故円覚宗演　寛永寺徳玄杯の諸老にも親しく　今度も招かさるに已に四人の坊さんか霊前に読経いたしくれ申候
平常院静枝妙浄大姉と老生撰定の上位牌に相認め申候　平常院と申すは御承知通り同人の平々凡々尋常一様の日本女性たることを明示したる次第に御坐候　これか同人も定めて満足と存候　静枝とは同人の別名に候　老生も明治十七年当人十八老生二十二結婚以来六十五年の長丁場を同行いたし　終局に近き取り残され候次第
　さらてたに淋しきものを君は今我を残して何邊行けむ
ほんの折腰御笑覧奉願上候　尓来約一個月葬送やらその後始末やらにて忙殺せられ候。老生も昭和二十年三月以来去月十一月十三日には始めて東京に入り霊南坂教会の追悼式に出席候　見るもの聞くもの只た驚くはかりに御坐候　老生は末子の遺児夫人と共に同栖候　先年迄は論語の素読を授候得共只今はその気力さへなく土曜の夜二十分はかり同人共より話を聞くことに致居候　但た来翰も郵税改革

以来屯に減し来客も汽車賃の騰貴と共に激減　只今は日夕――停車場附近なるか故に――汽車発著の音を聞くのみにて座如在幽谷深林裡候　あはれ近けれは時々来往罪なき世間話に興を遣り取り申すへきにと徒に四国の空を眺むるのみに御坐候　先は貴答のみ　艸々不一

昭和廿三　十二月四　頑蘇屯首

森大人梧右

〈注〉封筒表「伊予松山外余戸　森次太郎様拝答」。封筒裏「熱海市伊豆山押出　晩晴草堂　徳富猪一郎　頑蘇老人」。

妻静子の葬儀後のお返し等、久しぶりの東京で、疲れた様子である。これまでは末子の遺児に論語を素読をしていたが、これからは蘇峰が孫たちから話を聞くと伝えている。

昭和二十四（一九四九）年六月七日

〔前略〕ボンヤリ先生ドウシテゴザル　左様然ラハボンヤリト

病中の口占御笑察奉願上候　近来は来客も稀来信も少く晩晴艸堂は全く晩晴僧堂の趣有之　唐人之句に有之

不方明主棄　多病故人疎

前句は没交渉なるも後句は全く現在に当る節多く候処　毎々尊信深謝曷極只今手許に旧著新刊一冊有之杜甫とミルトン差出候間　御笑覧被下候はゝ幸甚　これは序文や増補も出来居候処何処の

書肆も相手にせす僅かに原刊のまゝにて長野市にて出版候　近比は新聞の広告批評なと殆んとボイコットせられ本書さへも相手とせす　これも時代相として独自苦笑いたし居候　乍併一襟辛気未全銷除　これたけは御休神奉願上候　艸々不一
昭和廿四年　六月七　頑蘇頓首
森大人玉几下
伊豆ノ山人　御機嫌如何　年ハ取りても　気ハツヨイ　御一笑〳〵
〈注〉封筒表「松山市外余戸　森次太郎大人親展平信」。封筒裏「熱海市伊豆山　徳富猪一郎」。

「ボンヤリ先生、ドウシテゴザル」と蘇峰の明るさが半分もどって来ているようだ。原刊のままにて長野市にて出版するといっている。八十四歳の蘇峰が若い気持で自分の著書を出すことを行い、三叉神経痛の発作が起こり、治療を受けながら耳が遠くなりながら『世界の三大詩人』（宝雲舎）、蘇峰が八重樫祈美子に宛てた書簡をまとめた『徳富蘇峰と病床の婦人秘書』（志村文蔵編）などを生み出す。

昭和二十四年八月四日

〔前略〕遠方のところ御心にかけ被下玉葱は勿論素めんは老生格外の好物　何とも御礼の言葉もなし　御老夫人様にもその旨御伝声奉願上候〔後略〕
〈注〉封筒表「伊予松山市外余戸　森次太郎大人拝復」。封筒裏「晩晴草堂　徳富猪一郎」。

蘇峰への次太郎の思いやりが、玉葱と素麺の消化と栄養の良いことを信じ、次太郎はたびたび蘇峰に元気を出してもらうと信じて素麺と玉葱を送っている。

昭和二十五（一九五〇）年八月十八日

〔前略〕松根俳士〔一八七八―一九六四　明治十一―昭和三十九　本名・松根東洋城　松山中学で漱石に師事。五高教授の漱石に俳句の添削を乞い、子規庵やホトトギス例会や碧梧桐庵会へ通って句作　東京〕に付ては老生も鮮明に記憶いたし居候　虚子以前国民紙上　俳句の主任者にて候ひき。人物は孤悄清直とも可申歟文人群中には異象ある風格を見候。〔中略〕朝鮮人も気の毒に候　老生も七十以降は毎年朝鮮に半歳を送るつもりにて菟裘を営居候ことも有之　今更夢中追夢心地いたし候　先は貴答のみ〔後略〕

〈注〉封筒表「伊予松山市余戸　森次太郎様拝復」。封筒裏「熱海市伊豆山　徳富猪一郎」。

昭和二十五年六月二十五日、朝鮮戦争始まる。明治四十三年、蘇峰は朝鮮の『京城日報』の監督の任につく。以後大正七年まで年に二、三回京城に赴く。

昭和二十六（一九五一）年三月十六日

〔前略〕老生も退隠癖か追々痼疾となり殆と門外に出てす　室外さへも極めて稀なる行事にて毎日ボ

ンヤリ室内に独坐　午後は横臥を定規といたし居候　青山や大森時代の蘇峯とは全くの別人　とても想像もつかぬ生涯御一笑被下度候　時々の御信書老生に取りては九鼎大呂の価値あり、時々御恵與奉待候　艸々不一

昭和廿六　三月十六日　蘇叟頓首

森下大人玉机下

〈注〉封筒表「松山市外余戸　森次太郎様拝復」。封筒裏「熱海市伊豆山押出　徳富猪一郎」。

「老生も退隠癖か追々（中略）門外にも出ず」とある。「ボンヤリ室内に独坐、午後は横臥」しているという。「青山や大森時代の蘇峯とは全くの別人　とても想像もつかぬ生涯御一笑」ください、とある。

吉屋信子が戦後蘇峰の晩晴草堂を訪ねたことを『私の見た人』として掲載している。その一部を引用させていただく。

昭和十七（一九四二）年日本文学報国会が蘇峰を会長に発足し、深尾須磨子や晶子と共通の友人がおり、信子は戦後、熱海の晩晴草堂に八十四の蘇峰を訪ねた。「傷ついた老獅子がチャンチャンコの羽織を羽織って森から出てきた」ような蘇峰にたじろき、胸が詰まったという。蘇峰は旧著『杜甫と弥耳敦』に署名して是非読んで欲しいと、手渡した。オウオウと声にならない言葉で見送る姿に信子は泣き出しそうになり道を駆け降りたという。蘇峰の出会いから二十五年がたっていた。信子は蘇峰を信頼していた。与謝野晶子も蘇峰を尊敬している。信子と晶子の歌を紹介しよう。

吉屋信子
枯菊のごとくにおはし逝き給ふ
（昭和二十三年十一月七日、静子夫人が永眠したとき）

与謝野晶子
耶蘇の妻サンタマリアの嫁君は無けれど君に似るここちする
（徳富蘇峰先生令夫人に）

昭和二十六年十二月十四日

〔前略〕老生御蔭にて健在　去る十一月十一日には国民史第百巻起稿　日々進捗致居候　只今　明治時代完結編にて来春四月初旬には完成を期居候　来春は九十翁　回顧すれば大正七年六月稿を起してより実に三十有五年如　一夢くに候　御洞察被成下度　尚々来春五月には展墓　帰熊の野望に候　先は年末近況申上度如斯御座候
艸々不一

昭和廿六　十二月十四日
蘇叟　八十九　猪

森次郎大人梧右

〈注〉封筒表「松山市外余戸　森次郎様」。封筒裏「熱海伊豆山　徳富蘇峰」。この書簡では「次太郎」を「次郎」としている。

蘇峰は『近世日本国民史』の執筆を大正七年六月に始め、昭和二十七年の八十九歳で偉業を達することができた。蘇峰の心の奥から沸いてくる喜びを共に味わいたいものである。

同志社卒業生と蘇峰

森次太郎の同志社の先輩村田勤（一八六六―一九四五　慶応二―昭和二十）の書簡にふれてみよう。

徳富蘇峰宛　村田勤書簡　昭和十九（一九四四）年四月十二日

〔前略〕昨日円月・森次太郎君がやってきました　同志社では時代がちがって知りませんでしたが、エール大学以来親しくしています　帰朝後二三年後桂公御関係の東洋協会の機関雑誌の編集記者となりそれをやめてから三十幾年間悠々自適の生活をしてをられます　松山市近郷の小地主　文才あり俳句をよくし　座談に長じ　評論の奇才を具へております　一人の男子〔孝雄〕あり　令息武雄君〔蘇峰の四男〕と府立一中の同期生でした　子規の書を蔵することでは　自分が第一人者であると申されます　漱石のものも二十点ほど、先生からも半折を頂いた三宅博士〔蘇峰の長女逸子の夫、東大農学部教授〕が羨んでをられたとのこと　先般御公刊の国民読本の批評に対するやや長文の先生の評の評を過日小生に示して得意でした　彼自らいふ僕の一番高価な財産は名士名書家の書畫であらう　数十万円に当るやも知れない　廿八歳のとき子規が自作を揮毫した条幅は松山での市価二万円であったと頗る得意でした（その写真をお目にかけます）同君が集めた書畫は殆ど十中九まで無償で得たものであります　一種の天才でありませう　世には道楽によりて産を失ふのが普通ですが円月は道楽で産を作ったと申すべきでせう〔後略〕

四月十二日　　　　　　　　　　村田勤拝

追白　昨夜改造新載の先生と大江逸君の対話を面白く拝読しました　終わりの方を特に興趣深く感じました　これは先生の自問自答かと考へます　昔し大江逸は先生の号でありましたやうに覚えています

〈注〉封筒表「熱海市伊豆山押出　徳富猪一郎様迄親展」。封筒裏「封筒裏　東京市豊島区雑司ヶ谷町　村田勤」。

蘇峰が明治十年代に書いた論文の小冊子は大江逸のペンネームで出された小冊子で、当時の学生、学者などに愛読された。後年、吉野作造も大江逸が蘇峰であることを知り驚いた一人であった。村田勤は生涯を通して、蘇峰の弟・蘆花が最も心を許した友人といわれている。蘇峰に三十通余の書簡を出していたことは驚きであった。同志社を卒業し牧師となり、教育者で、明治三十四（一九〇一）年エール大学留学、M・Aを得て帰国。エール大学では同志社後輩の森次太郎と出会う。村田の書簡から解ったことは、書畫のことで、次太郎が子規と漱石、各名士の書畫を持っていることを、十中八、九まで無償で得たものであることを認め、その誠実さは本当であると言いきっていることである。次太郎が一種の天才で、漱石や蘇峰の持つ才能に目をつけたその眼力を認めている。蘇峰への書簡（昭和四年六月二十八日付）に「同志社時代の御追憶誠に面白く拝見致し候　しかし此種の文章に於ては健次郎氏の優越を甚だ失礼ながら認めざるを得難きように愚考仕候」と、蘆花の親友村田勤らしさを示している。

明治三十八（一九〇五）年留学から帰った次太郎は、『欧米書生旅行』という本を出した。この本にはエール大学の教授の様子や生徒の勉強の方法は書かれていない。「書生旅行」とあるように、題目通り書生として旅行をする面白さ、都市の歴史、文化の香り、歴史人物の家など、柳行李を抱えてイギリスを訪れている。大西洋を渡る船上では外国の人は日露戦争の大勝利を祝してくれたり、「東郷」「東郷」と叫びかけたり、船員より沢山の人に声をかけられ、「予の座するところ直ぐに二、三の人が来て話かける」と、人気者になった様子である。会話に不自由はなく、ユーモアで話が盛り上がっていたようである。此の点では、国際交流とは大げさであるが、日本人として会話を楽しめたのは、漱石の会話より森次太郎が上であったかもしれない。『創設期の同志社――卒業生たちの回想録』（同志社社史資料室）には四十七名余の学生の経験談が収められているが、その中の同志社、岸本熊武太（一八六六―一九二八　慶応二―昭和三　比較宗教学の先駆者）の話を聞いてみよう。

すべての授業は英語の教育書を用い、教師も日本人迄が皆英語で説明し、生徒も英語で答へをする。そのための予習の仕事は大変なもので、すべての稽古であると同時に会話の稽古である。例えば余程英語の出来る人でも加法、減法、分数、比例等の卑近な言葉は知らない人があるが、英語の解る学生には原書でさまざまな学問を教へる事が便利であらう。

同志社での英語学習がいかに合理的なものであったかが理解できる話である。

おわりに

漱石、次太郎、蘇峰の「環」の関係は、好意と思いやりと尊敬では言いつくせないものである。次太郎は自分の尊敬できる人の役にたつように、漱石に尽くしていた。胃弱の漱石に、絵の具や書画、軸を入れる箱など、また箱を作る職人への支払いなど、雑用を喜んでしていたようである。胃痛で入院していた時には、吉田蔵沢の竹の絵を病室に飾った。漱石は大変よろこんだとともに、きがねない付き合いをしていた。病室で漱石は、十年ぶりに漢詩をつくり、そのうえその詩を次太郎に短冊に書いてわたした。その好意は、漱石の漢詩を作る創作意欲が湧いてきた喜びでもあった。

蘇峰と次太郎の関係は、同志社の先輩として、講演、書籍に感銘し、蘇峰に書簡により社会の様子を詳しく通信し、忙しい蘇峰に返事は必要ないと心づかいをしていた。次太郎は、蘇峰のご意見番になったようであった。それは、同志社の後輩として蘇峰の役にたちたい奉仕の精神が、彼を支えていたのであろう。次太郎は漱石、蘇峰という大物の心を捉えながら、世の中にその名を知られていなかった。次太郎は漱石の心を暖め、漢詩を作る気持ちにさせ、十年間漢詩から去っていたことを気づかせた。

三人の「環」は、漱石と次太郎、次太郎と蘇峰はしっかりと結ばれていたが、漱石と蘇峰の結びつきは、なかなか難しい。そりの合わない二人の豪傑が理解しあうまで、時間が必要であろう。蘇峰は珍しい五山版『百人一首』を復刻し漱石に送呈した。漱石は蘇峰に、「荒地で一碗の香り高いお茶を飲んでいる心地がする」と礼状を出した。蘇峰は何度も新聞の「日日便り」などに漱石を称えている。昭和二十三年、八十二歳の静子夫人を失った蘇峰は、次太郎に、貴方の「九鼎大呂」（夏・殷・周三代に伝わった宝物）とも言える書簡を待っている、と伊豆山から書簡を送っている。

森次太郎は昭和三十（一九五五）年六月二十九日に八十五歳、老衰で亡くなった。森次太郎の孫直樹・孝枝夫妻に伺うと、亡くなられたのは、自宅で転ばれたのが主な原因で、次太郎の弟定次郎が医者であったので看取ったという。孝枝さんの手紙によると、晩年、地元の『柿』『糸瓜』等の俳誌に、子規さんや漱石先生の思い出を「三五庵雑記」とか「大空庵雑筆」という欄に書いていたという。『柿』の昭和三十年七月号に松山出身の秋山陸軍大将の思い出（司馬遼太郎著『坂の上の雲』主人公）を書いておりましたので、最後まで記憶力は確かだったようです。田舎に引きこもっていましたが、若き日の蘇峰先生、子規先生、漱石先生のことは、いつも身近に感じていたことと思われます」と知らせて下さった。

円月のスケッチ画（二五〇頁）は、石井柏亭（一八八二―一九五八　明治十五―昭和三十三）が松山郊外の余戸の森家を訪ねた時に描いたもので、円月の亡くなる一年前のことであった。円月は自分のスケッチ画を見て「よく出来ている。写真以上じゃ」と言ったという。「森円月翁八十五才像」と「昭和二十九年九月十一日於余戸柏亭写」のサインがある。この画の目の輝きが、最初の印象で、「少年時代の事を考へると、変りに変ったと驚きました」という次太郎の声を聞いたような気がした。「老骨は毎日褥上にゴロゴロ寝転んで居る計りで」という蘇峰に宛てた書簡を読んだ時、いついつまでも少年の時を惜しむ次太郎を想い、柏亭描く八十五歳の円月翁の目の輝きに、次太郎の少年の日の姿が一瞬重なった。

蘇峰は、次太郎より二年長生きし、九十四歳で亡くなった。赤坂霊南坂教会に於て小崎道雄牧師によってキリスト教式の葬儀が行われた。デスマスクを取らないよう遺言があったという。堅山南風画伯（一八八七―一九八〇　明治二十―昭和五十五）による数枚のスケッチ画が残された。

我々が死ぬときはどんな思いで死に向かい合うのであろう。蘇峰は永逝の九日前、「一片の丹心、渾べて吾を忘る。昭和三十二年十月二十三日　蘇叟九十五」と辞世の句を残し、之が絶筆となった。

森直樹氏と孝枝さんから資料の提供をいただき、感謝申し上げる。直樹氏は六十三歳、孝枝さんは高校の元気先生という御家庭で、お孫さんは二人。森次太郎の俳句三句を孝枝さんに選んでいただいた。

森　円月

白露に朝日の煙るひろ野かな
何の鯛何の鯉何の河豚汁
雷遠く夕立土佐へはづれけり

参考文献

森次太郎書簡徳富蘇峰宛（二宮徳富蘇峰記念館所蔵）六十七通
徳富蘇峰書簡森次太郎宛（森直樹氏提供）十二通
村田勤書簡徳富蘇峰宛（二宮徳富蘇峰記念館所蔵）三十四通
安倍能成書簡徳富蘇峰宛（二宮徳富蘇峰記念館所蔵）一通
夏目漱石書簡徳富蘇峰宛（二宮徳富蘇峰記念館所蔵）一通

『同志社各学校生徒原籍簿』第二号、明治二十五年三月起
斉藤順二『夏目漱石と森円月──漱石漢詩研究余話』群馬女子短期大学文学談話会、一九八四年
釈敬俊編『枷楞窟年次傳』大中寺、一九四二年
釈宗演『秉炬法語』（一九一六年十二月十二日、夏目漱石の葬儀の際の偈）
釈宗演『枷楞窟漫録』東慶寺、一九二〇年
滝田菊江「父樗陰をめぐる作家たち」『文芸往来』文芸往来社、一九四九年
同志社社史資料室『創設期の同志社──卒業生たちの回想録』一九八六年
『明治文学全集三四　徳富蘇峰集』「年譜」和田守、筑摩書房、一九七四年
夏目鏡子述、松岡譲筆録『漱石の思い出』改造社、一九二八年十一月
『漱石全集』一七・一八巻「書簡集」岩波書店、一九三七年
『漱石全集』一四・一五巻「書簡集」岩波書店、一九六七年
『漱石全集』二三巻「書簡集」岩波書店、一九九五年
『明治文学全集五五　夏目漱石集』「年譜」
『明治文学全集五三　正岡子規集』「年譜」

森次太郎『欧米書生旅行』博文館、一九〇六年
森直太郎『ねころんで』私家版、一九八二年
吉屋信子『私の見た人』朝日新聞社、一九六三年
『愛媛新聞』一九六六年八月二十一日付「正岡子規」第二部「周辺の人々」
（三七）「森円月」「森河北」松山子規会会長越智二郎
「滝田樗陰追悼記」『中央公論』大正十四年十二月号
「最後の十日間」『中央公論』十二月号に載録
『東京朝日新聞』大正五年十二月十三日付
『同志社校友会名簿　創立八十周年記念』同志社校友会、一九五五年十二月
同志社山脈編集委員会編『同志社山脈　一一三人のプロフィール』晃洋書房、二〇〇三年

るとも如何様ニ致し候ハヽ
海岸之御備向之儀ハ何分際限
ニ而西洋人の情態
推察不致万事

Ⅳ

国木田独歩

——ナポレオンになれなかった男

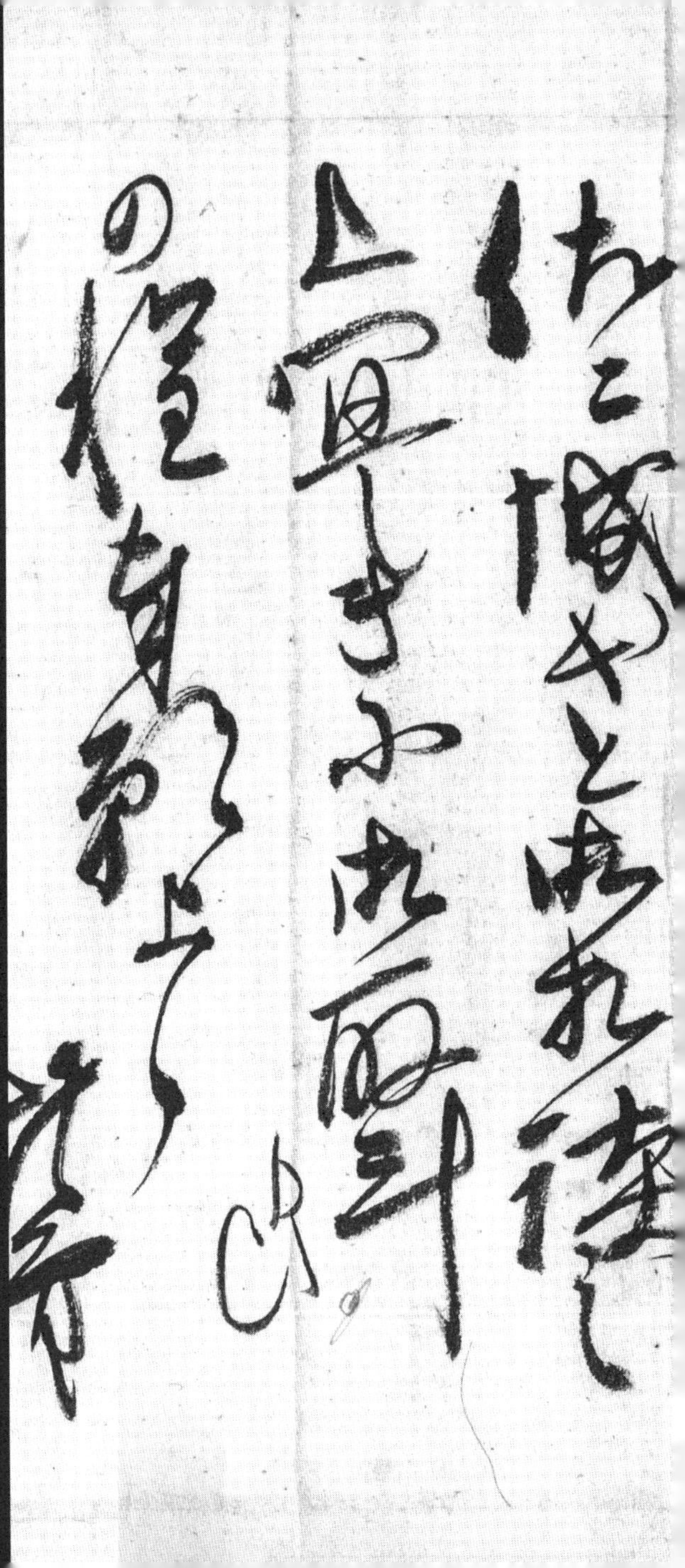

国木田独歩（くにきだ・どっぽ　一八七一―一九〇八）千葉生まれ。詩人、小説家。本名哲夫。東京専門学校中退。在学中に植村正久から受洗、浪漫主義の同人誌『青年文学』に参加し、徳富蘇峰の知遇を得る。明治二十七（一八九四）年国民新聞社入社。日清戦争の従軍記者として「愛弟通信」を連載。帰還後、佐々城信子と結婚するも半年で破局。その後、『国民新聞』『国民之友』など新聞雑誌に詩を発表し、明治三十（一八九七）年、田山花袋、柳田國男らとの合著『抒情詩』に「独歩吟」としてまとめる。同年、浪漫的短篇集『武蔵野』を刊行。『独歩集』『運命』などで自然主義の先駆と目されるとともに、さまざまな雑誌の編集長を務め、編集者としても活躍するが、結核で没する。

民友社出身の文学者たち

明治十九（一八八六）年十月、満二十三歳の徳富蘇峰は、『将来之日本』を田口卯吉（一八五五—一九〇五　安政二—明治三十八　明治時代の経済学者）の経済雑誌社より刊行し、その好評を足がかりに、中原での飛躍を夢みて熊本から一家で上京した。明治二十（一八八七）年二月に民友社を創設し、二月十五日に「政治・社会・経済及文化の評論」と銘打った総合雑誌『国民之友』第一号を発行した。二十三（一八九〇）年二月、蘇峰は待望の『国民新聞』を創刊した。民友社の社員、徳富蘆花（一八六八—一九二七　明治元—昭和二　明治・大正期の小説家）は『自然と人生』（一九〇〇年）、国木田独歩（一八七一—一九〇八　明治四—四十一）は『武蔵野』（一八九八年）など、明治三十年代に迎えられた自然文学を、民友社の職員として働きながら書いていた。宮崎湖処子（一八六四—一九二二　元治元—大正十一）の『帰省』といえば、明治二十三年に民友社から出版され、大志を抱いて上京して来た若者の胸に、郷里の美しい山や川、人情を懐かしむ気持を満足させ、多くの若者の心をとらえたといわれている。独歩は『武蔵野』、蘆花は『自然と人生』を出すまでは、まだ文学志望の青年であった。

国木田独歩は本名を哲夫といい、明治四（一八七一）年千葉県銚子に生まれた。明治四十一（一九〇八）年、肺結核で神奈川県茅ケ崎の南湖院で養生していたが、三十七歳の若さで亡くなった。独歩の短い生涯を振り返る中で、重要な人生の岐路に、しばしば蘇峰が介在している。独歩と蘇峰との出会いは明治二十四（一八九一）年「青年文学会」に於いてであった。独歩が東京専門学校在学中（後退学）、旧熊本大江塾生の親友水谷真熊がいた関係から、民友社の蘇峰の許に出入し、『国民新聞』『家庭雑誌』に寄稿しはじめた。

独歩が二十二歳の時、新聞記者になろうか、詩人になろうか、教師になろうか、迷っていた時、蘇峰の推薦によって矢野龍渓（一八五〇―一九三一　嘉永三―昭和六　政治家・小説家　慶応卒）の郷里に、明治二十六（一八九三）年十月二十九日、大分県佐伯の学校の教師として赴任した。

徳富蘇峰宛　矢野龍渓書簡　明治二十六（一八九三）年八月二十一日

〔前略〕給料は先つ廿五円、壱ヶ年期、重（お）もに英学教授（尋常中学に入るの地歩）即ち高等小学の少しく立上りし者　人物は確とせし者を上とし　温順を次とし（漢書し相応に読み候得ば幸也）宗教趣味だけは避け候方也　右は先般も申上候得共　重（かさね）て申上置候也　九月中旬迄には入用に付　御心当り之処御報願上候　小生は当時近県に一寸避暑旅行致居候付　貴答は拙宅に宛て御遣し奉願候〔後略〕

八月廿一日　　矢野

徳富様梧右

〈注〉封筒表「赤坂氷川町五番地　徳富猪一郎様」。封筒裏「八月廿一日　矢野文雄」。差出年は消印による。

次に二十六年九月五日には、矢野が明日民友社に参上するという手紙を出し、九月二十九日には「御蔭にて適当之人物見出し、早速取極　最早只今頃は着致居候事と存候　彼人は兼て一両度も御紹介にて面会も致居り、旁（かたがた）好都合之次第に御座候」と手紙を出している。独歩と二回ほど会っていることが知られ、適当な人物を見出してくれたことに感謝している。

佐伯には海があり、山があり、美しい自然の中で過ごした十カ月は、独歩の文学に大きな影響を与えたといわれている。独歩の『欺かざるの記』（一九〇八年）によると、独歩は大分の田舎に行きたくなかったという。七月七日、蘇峰を訪ね、「徳富氏と語る時は怠慢の気を一掃す、氏勉強家なればなり」とある。八月三日、「午前早く、徳富氏より書状あり。新聞記者たらんと欲せば、一日も早く地方に行けと。又曰く一年も地方にて腕を錬り、以て東京に打て出でよと。又曰く民友社に入れたいけれど実際余裕なしと。来週面談せんと。吾兎も角も植村正久（一八五八―一九二五　安政五―大正十四　キリスト教の代表的指導者）氏に会ひ、東京に在りて生活する職なきや否を相談して決すべし」とある。八月九日、「徳富、阿部充家（一八六二―一九三六　文久二―昭和十一　国民

向かって右から国木田独歩、徳富蘇峰、国木田収二（明治27年7月30日　於・丸木写真店）
（提供＝徳富蘇峰記念館）

新聞副社長）、人見一太郎（一八六五―一九二四　慶応元―大正十三　新聞記者・民友社社員）の三氏と共に四人團居、水谷氏に就き相談、水谷氏を鹿児島の新聞社に周旋し、水谷氏にもすすむる事に一決す。帰宅後直に水谷氏に一書裁す」。「実際の社会は実に競争の世界なる事、民友社の人々と対話する毎に感ず」とある。八月二十九日、「平民主義の自践者として此の徳富氏は大なる人物なり」。

明治二十一（一八八八）年九月八日、徳富蘇峰、森田思軒（一八六一―一九七　文久元―明治三十　ジャーナリスト・文学者）、朝比奈知泉（一八六二―一九三九　文久二―昭和十四　ジャーナリスト）の主唱によって「文学会」が東京で発会した。少数気鋭の文筆家たちが夕食を共にし、その後、雑談するという会を発案したのが右記の三人で、それを最初に相談したのが矢野龍渓であった。矢野龍渓は大分県佐伯の藩士の出で、「文学会」でもお殿様のように、袴を身につけ文学会の中心のような雰囲気をもった人物であり、国木田独歩の大分での教師を願ったのが矢野であったので、矢野のことを少し紹介したい。

矢野龍渓は政治家で文学者でもあり、交遊関係は彼自身の人柄からつぎつぎと広まって行った感がある。招待した人によって国風論や史談政治論などと話題に変化を付け、サロン的楽しみを好んでいた。このような少人数の会の面白さが蘇峰の「文学会」発想の発端にあったのではなかろうか。矢野は慶応義塾で福沢諭吉に英語を学んだ後、福沢の推薦によって、大蔵卿であった大隈重信の下に大蔵省の書記官となり、大隈が野に下って改進党を組織すると、矢野も官を辞し、その組織に尽力した人物である。

矢野は明治十五（一八八二）年、大隈の資金によって「郵便報知」を買収して社長となった。蘇峰はこのことを『五十人の新聞人』（電通）で次のように回想している。

栗本（鋤雲　一八二二―九七　文政五―明治三十　ジャーナリスト）と福沢先生とが、大変親友であって、あなたの方の塾から少し出来るものを私の方に寄越さんかという、それは宜かろうというので、福沢先生がどしどし報知新聞に人を送り出したのである。それが即ち矢野文雄とか、藤田茂吉（一八五二―九二　嘉永五―明治二十五　新聞記者・政治家）、箕浦勝人（一八五四―一九二九　安政元―昭和四　政治家）、牛場卓三（蘇峰は「卓三」としているが、「卓蔵」が正しい　一八五〇―一九二二　嘉永三―大正十一　実業家）、そして犬養毅（一八五五―一九三二　安政二―昭和七　政党政治家）、こないだ死んだ尾崎行雄（一八五八―一九五四　安政五―昭和二十九　政党政治家）などというものは、皆福沢先生の紹介で報知新聞に行ったのである。報知新聞の議論はラジカルで、そうして政府のなすことに対して頗る批判的な論文を書いたものである。

と新聞人の動きが面白い。

では蘇峰と矢野の出会いはいつであったのであろう。それは矢野の「周遊雑記」の経済論を蘇峰が『六合雑誌』（明治十九年九月）で手厳しく批評したことにはじまると、『蘇峰自伝』に書いている。矢野は明治十六年政治小説『経国美談』を報知新聞社から刊行し、ベストセラーとなり、その印税で新聞事業参観のため洋行した。明治十九（一八八六）年に帰国し発表した矢野の経済論に対し、蘇峰は「万里の欧州に旅行し、二年の歳月を費して、之を考究するを要せんや。吾人は神田下宿屋の二階に篭城しても容易に此れ程の議論を構造し得可しと思うなり」と『六合雑誌』で批判した。当時三十六歳の矢野に向って、外国に行ったことのない二十三歳の蘇峰が以上のように噛みついたのであるが、これを機に親しくなったということは、面白い。若い蘇峰の勢いを受け止めるだけの大きさを矢野が持っていたからにほかならない。

明治二十七（一八九四）年八月一日、日清戦争が起きた年、独歩は佐伯での教職を終え上京し、国民新聞に入社した。独歩は、早々に蘇峰に抜擢されて従軍記者として千代田艦に乗り込み、従軍記「愛弟通信」を書き送った。これは弟収二（一八七八—一九三一　明治十一—昭和六　編集者）に宛てた手紙風に書いた新しい形式をとった従軍記で、読みやすく多くの読者に愛読された（独歩の死後『愛弟通信』という題で一九〇八年刊行された）。この他、久保田米僊（一八五二—一九〇六　嘉永五—明治三十九　画家）の絵画通信、大本営が広島に移った際、蘇峰が同地から送って来る異色ある通信文等が『国民新聞』紙上を賑わせた。蘇峰は自伝の中で「日清戦役時代と予」と題し、この戦争に挙国一致で立ち向うため、「予の力の有らん限りを挙つて、わが新聞をこの事件のために提供する事とした」と述べている。「当時何れの新聞も此事に熱心したが、特に福沢諭吉翁は最も熱心であつて、確かのことは記憶せぬが、一万円の軍資金を献納したやに覚えて居る」と『蘇峰自伝』にある。蘇峰は『国民新聞』が盛大になるに従い、秀英舎に印刷を頼むのに不便を感じるようになり、印刷機械を買い入れるため準備をしていたが、その買い入れの資金を悉くこの戦争に投じたという。国民新聞社は、副社長阿部充家を朝鮮に送ったのをはじめとして、各社を通じて一番多くの従軍記者（前後を通じ約三十名）を送った。

この頃、社長蘇峰の弟であり、入社も独歩より四年ほど早かった蘆花は、兄蘇峰が主力を注いでいた従軍記者にも抜擢されず、民友社内の北側の机で、翻訳や雑文書きをしていた。その間の蘆花の心境は、自分と対照的に人づきあいのよい快活な独歩の好青年ぶりや、きびきびとした文章等について、自分の小説『富士』に書いている。蘇峰と蘆花が世に賢兄愚弟と言われていた当時、蘇峰門下生の逸才と称せられていた国木田兄弟は、美談として喧伝されていた。日清戦争の講和条約は明治二十八（一八九五）年四月十七日に調印された。

独歩と佐々城信子の結婚

明治二十八年六月、日本橋で病院を経営していた佐々城本支（ささきもとし）夫妻により、従軍記者招待の晩餐会が催された。『国民新聞』と『毎日新聞』の従軍記者、尊敬する蘇峰をはじめ、阿部充家、平田久（一八七一―一九二三　明治四―大正十二　民友社社員）、深井英五（一八七一―一九四五　明治四―昭和二十　財界人・官僚）、そして「愛弟通信」で一躍有名になっていた国木田独歩も出席した。「愛弟通信」は評判になり、国木田独歩の名は初めて世に知られることになったとも言える。晩餐会では佐々城の長女信子が「雪の進軍」を唄った。十七歳の信子に初めて会った独歩は、新刊『家庭雑誌』二冊を信子に与えた。信子は独歩に

佐々城信子

「また遊びに来り給え」と言って見送った。信子の母豊寿（とよじゅ）は、蘇峰の叔母である矢島楫子（かじこ）が率いるキリスト教婦人矯風会の書記（副会長）で、実業家肌の名流婦人であった。その長女信子は母親似の才気換発な女性で、後年有島武郎の『或る女』の主人公のモデルにも取り上げられたほど魅力的な女性であった（中野好夫『蘆花徳富健次郎』一、筑摩書房、一九七二年）。

信子の従姉妹である相馬黒光（一八七六―一九五五　明治九―昭和三十　随筆家）の書いた『黙移』（昭和十一年）は、信子と独歩の初めて出会った日のこと、信子が賢く、明るく振る舞い、「雪の進軍」を唄って会を盛り上げ、楽しげな娘であったことを書いている。『黙移』から信子の様子の描写を見てみよう。

信子は母親豊寿の才気を受け継ぎ、一人の弟と二人の妹の上に立つて一番輝いて見えるやうな位置にいました。私が上京しました時分、確か十六であつたかと思いますが、その賢（さか）しいこと器用なことでは田舎者の私などは足下にも及ばず、殊に母のもとへ多勢の客のある時など、その巧みなもてなし振りと豊富な話題、無邪気でいて誇らかな、そして洗練された姿態、ほんとうに信子が出ると一座の視線がみんなその顔一つに集まるといふ風でした。

ときには母の東京婦人矯風会の集まりの友人方をもてなし、来客に植木枝盛（一八五七—一八九二　安政四—明治二十五　政治家・思想家）、島田三郎（一八五二—一九二三　嘉永五—大正十二　ジャーナリスト・政治家）、徳富蘇峰などを迎える時は、楽しんでもてなしをし、来客からいろいろの事を学んだであろう。

独歩は信子に恋し、信子を妻になる恋人と思い込み、積極的に交際を続けた。北海道に土地を持っていた豊寿は東京と北海道とを船で往復したり、矯風会の仕事が多く、家は開放的であった。本文は自宅でなく、別の場所で開業していた。この情況をみると、独歩と信子が楽しく話をし、時を過ごせたことは、幸せな環境であったのだろう。独歩の話を楽しんでいた信子は、情熱的な独歩との最初の出会いの早いうちから独歩の面白い話を喜び、独歩の気持ちに気づかなかったようである。

信子は結婚を求められ、このことが両親の苦しみとなった。信子をアメリカに留学させようと計画していた豊寿は、信子の学問の方針を蘇峰に相談しようと、大本営を追って広島にいた蘇峰の帰還を待っていたのである。豊寿から蘇峰への書簡を一通紹介しよう。

徳富蘇峰宛　佐々城豊寿書簡　明治二十八（一八九五）年二月二十四日

〔本文略〕

徳富尊兄　閣下

御帰京何時頃に候か　千秋の思にて御待申上候　実は娘が学問の方針に付て　御意見を拝聴致し度義

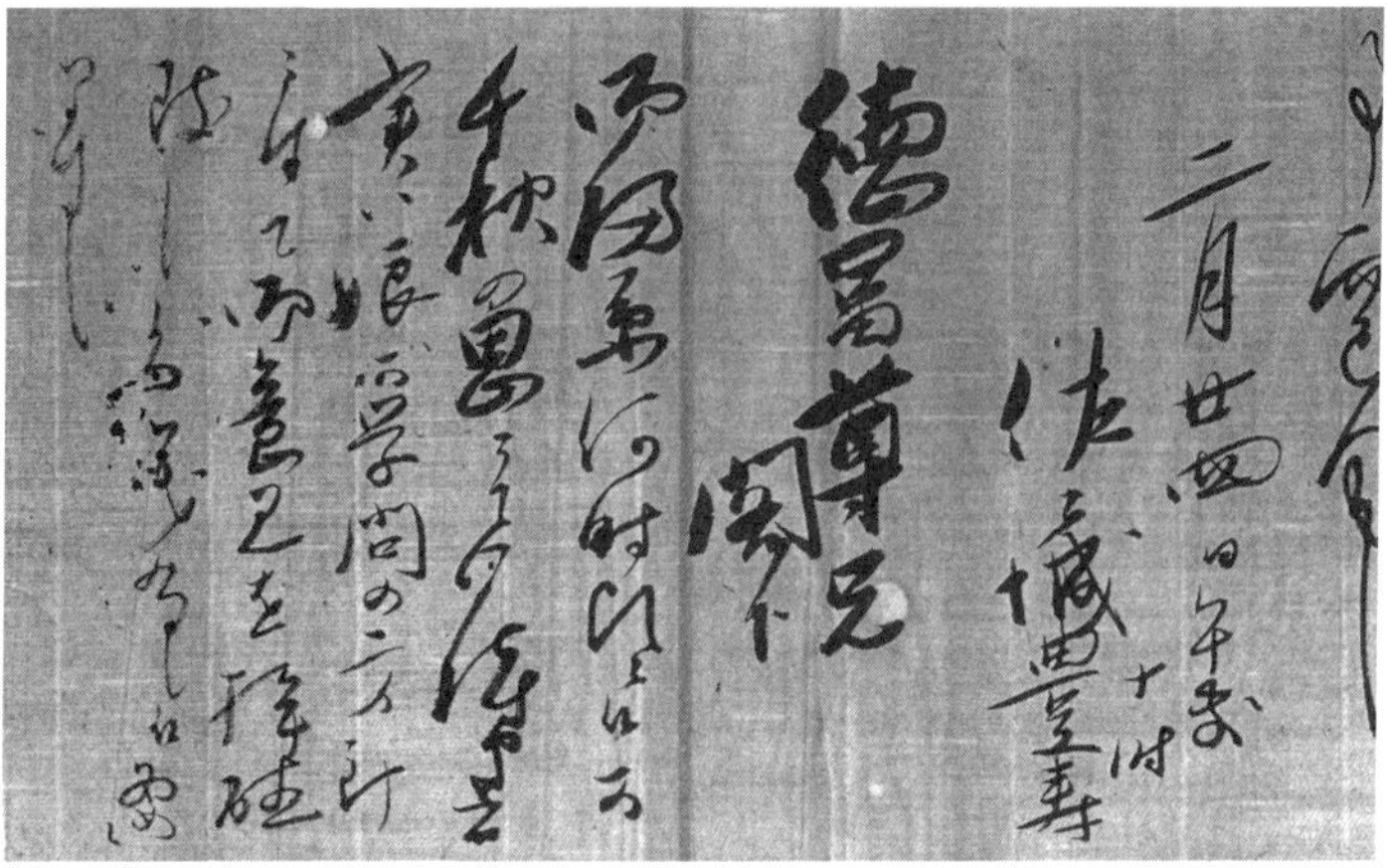

徳富蘇峰宛　佐々城豊寿書簡　明治28年2月24日付
（追伸部分。提供＝徳富蘇峰記念館）

有之候為に御座候

〈注〉封筒表「広島市大手町四丁目　福井方　徳富猪一郎様」。封筒裏「東京日本橋釘町　佐々城豊寿」。

この文は手紙の追伸の所に、教育方針についての蘇峰の意見を聞きたいと願って書いているが、大変重要なことである。この手紙は明治二十八年二月二十四日付である。日清戦争が終わり、慰労会が佐々城豊寿宅で開かれたのは六月であったので、独歩と信子との出会いの三カ月以上前の手紙である。豊寿は、早くから信子の勉学の方針について、尊敬している蘇峰に意見を聞かせて欲しいと願っていたのである。

独歩が信子に恋をし、豊寿の反対を受けた時、竹越与三郎（一八六五―一九五〇　慶応元―昭和二十五　歴史家・政治家）と蘇峰は独歩に信子を思い切れと説得した。『欺かざるの記』にいわく、八月十一日、社楼に在りて竹越氏と雑談の際、談たまたま佐々木豊寿夫人の事に及び、而して竹越氏の曰く、豊寿さん今日吾宅を訪ひぬ、其の時の話の模様によれば、信子嬢を汐田某に嫁せしむる積りなるが如しと。此の言は極めて簡単なりしもわが心を刺せし事、如何計りぞや。

その頁には蘇峰の筆でいろいろ線や書き込みがある。赤エンピツで「潮田伝五郎ナラン」と書き込みがある。

福沢諭吉の五女光子の婿となった潮田伝五郎（一八六八―一九〇二　明治元―明治三十五）は、婦人矯風会の潮田千勢子（一八四四―一九〇三　弘化元―明治三十六　婦人運動家）の長男であった。伝五郎は優秀な青年で、電話や市電の研究と実施に力をいれた。明治天皇が大学に御幸のおり、電気学を御前で進講し「能ク分リタリ」と賞詞を頂き、師も友も喜んだという。

豊寿について、黒光は次のように言う。

元来叔母は政治に興味を持っていたので交際する方々にも男子の政治家が多く、中島信行氏、植木枝盛氏、島田三

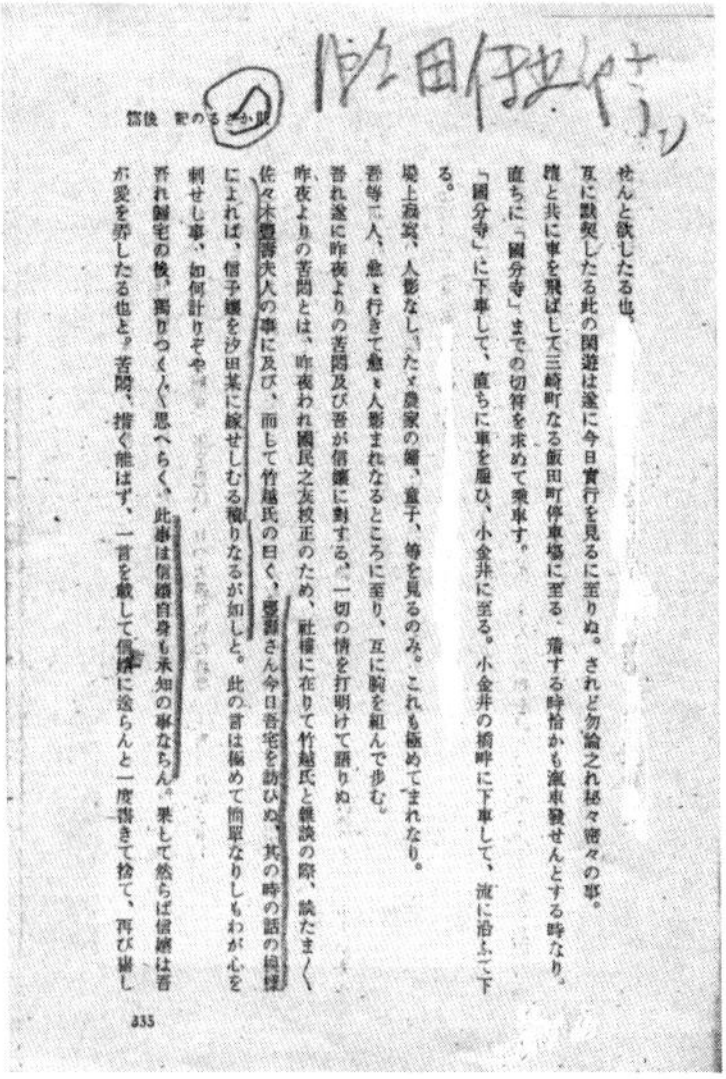
欺かざるの記　後篇

せんと欲したる也。

互に默契したる此の閑遊は遂に今日實行を見るに至りぬ。されど勿論之れ秘々密々の事。

醴と共に車を飛ばして三崎町なる飯田町停車場に至る。着する時恰かも滊車發せんとする時なり。

直ちに「國分寺」までの切符を求めて乘車す。

「國分寺」に下車して、直ちに車を雇ひ、小金井に至る。小金井の橋畔に下車して、流に沿ふて下る。

堤上寂寞、人影なし。たゞ農家の婦、童子、等を見るのみ。これも極めてまれなり。

吾等二人、急ぎ行きて漸く人影まれなるところに至り、互に腕を組んで歩む。

吾れ遂に昨夜よりの苦悶及び吾が信嬢に對する、一切の情を打明けて語りぬ。

昨夜よりの苦悶とは、昨夜われ國民之友校正のため、社樓に在りて竹越氏と雜談の際、談たまたま佐々木豊壽夫人の事に及び、而して竹越氏の曰く、豊壽さん今日吾宅を訪ひぬ、其の時の話の模樣によれば、信子孃を汐田某に嫁せしむる積りなるが如しと。此の言は極めて簡單なりしもわが心を刺せし事、如何計りぞや。[illegible]

吾れ歸宅の後、獨りつくづく思へらく、此事は信孃自身も未知の事ならん。果して然らば信孃は吾が愛を容したる也と。苦悶、措く能はず、一書を作して信孃に送らんと一度書きて捨て、再び書し

335

蘇峰の書き込みがされた『欺かざるの記』のページ（鎌倉文庫版『国木田独歩全集』第5巻。提供＝徳富蘇峰記念館）

郎氏、吉植庄一郎氏等とは互ひに往復していて婦人ながら政談演説などをし、相当世に知られたものであります。さういふ風の女なら家政のことは極めて不得手であつたらうと想像されるところですが、実はさうでなく、当時上流の婦人が新知識といはれる女性のみが着るのであつた洋服、その時分のことですから裁縫師の数も少く、従ってその仕立料もかなり高かつたものですが、叔母はそれを自分で型からとり、自分で裁断し、自分で縫つて人より早く着たといふ、万事この器用さで料理も上手、西洋料理も早く学びまして、後には娘達にも手づから教へてやらせました。

豊寿が矯風会の役を降りたとき、北海道に土地を求めてあった豊寿は開拓を行い、子孫の場を作る意気込みがあり、子どもを連れて、船で北海道を往復していた。

その時の書簡を一通紹介しよう。

徳富蘇峰宛　佐々城豊寿書簡　明治二十七（一八九四）年一月二十三日

〔前略〕本年は路費の続く限り　自ら巡廻探険し　果して子孫永住の場所　又風土も人身耕作に叶ふ所あらば　事情の許す限り速かに開墾地に入る覚悟に候

〈注〉封筒表「東京々橋区日吉町　民友社　徳富猪一郎様」。封筒裏「北海道胆振国　佐々城豊寿」。

豊寿の生きる活力、その真剣に大きく生きて行こうという熱意が感じられる。北海道に土地を持っているだけでも、東京と北海道に生活の基礎を作るのはやりきれないほか、移動時間と計画が難しいのに、子孫永住の場所、風土の適う土地を巡廻探検し、許す限りより良い開拓地に入る覚悟であると、男性もかなわぬきめの細かい計画をたてている。

信子は、結局、豊寿の勧める、また信子自身も行きたかったアメリカ留学を決意する。その決意が北海道に開拓の地を求めに行っていた独歩に伝えられるや、独歩は「吾全然不賛成なり。吾は信子の夫として之を許さず」と北海道から急いで帰京した。独歩は北海道に開拓する計画があったのであろう、いろいろな人に話を聞いている。新渡戸稲造（一八六二―一九三三　文久二―昭和八　教育者）などの名が『欺かざるの記』に三回以上はでてきた。独歩に新渡戸稲造を紹介したのは内村鑑三（一八六一―一九三〇　文久元―昭和五　キリスト教の代表的指導者）であった。もし独歩が信子と付き合っている間に、豊寿の計画を話してもらっていたら、独歩も自分の北海道の開拓計画を豊寿に相談できたのではなかろうか。

『黙移』の中で相馬黒光の書いている信子の様子を再び見てみよう。

一体私は国木田を好きであったことは本当でした。けれども結婚しようと言はれると急に怖くなつたり、いやになつてしまふ。あの人は話上手でしたから、とても面白かつたけれど、女を吾が物顔したり女房扱ひされると私は侮辱を感ずるのです。それに、父さんに国木田から来た手紙を見つかってひどく叱られたんです。もう内容は忘れてしまったけれど、その手紙に「未来の妻よ」と書いてあったものだから、父さんは母さんと二人で厳しく詰問したのです。私だって「未来の妻よ」なんて言はれて、いやな文句だと思って機嫌をわるくしていた位のところでしたから、何とかそこで申し開きをすれば両親だってそんなにわからずやではないのだから、きつと了解したらうと、今ではさう思ふのですが随分あの頃は私は馬鹿でした。何も言はずにただわあわあ泣いてしまったのです。だつて、自分のそれが大切な手紙だつたら、どうして父さんに見つかるやうな机の上にほうつておきませう。自分で何故それが言へなかつたのか、今でも分らないのです。この騒ぎの最中にあの○○さんが来たのです。

二十四歳の独歩は、佐々城家で従軍記者招待晩餐会に出席したその日から恋におち、しばしば佐々城家に出入りし、恋愛を蘇峰に告白し、仲介を頼んだ（『現代文学大系6　国木田独歩』中島健蔵年譜、一九六九年）。当記念館に保管されている明治二十八年十一月六日の書簡は、独歩がいかに蘇峰を頼りにしていたか、その様子を知る意味で貴重な書簡であるが、『国木田独歩全集』の書簡集（巻八、一九三〇年、改造社）には収録されていない。独歩と信子が最初に顔をあわせてから五カ月後には、「只私供の前途暗黒之外無、即座親を泣かせ友を怒らし　終生の事一朝にして空しく」とまで書く状態になっていた。全文を読んでみよう。

徳富蘇峰宛　国木田独歩・信子書簡　明治二十八（一八九五）年十一月六日

拝呈
陳者私共目下の事情　恰んど進退此れ谷まるの悲境に陥り　なす処を知らず　事もし此まゝにて押進まば　只私共の前途暗黒之外無御座　親を泣かせ友を怒らし　終生の事一朝にして空しく　両個の人間生きて甲斐なき事と相成可申　願は此悲痛なる境に陥りたる両人の心情　御推察被下　万事御頼み申上度　佐々城氏と御相談之上宜しきに御取計らひの程奉願上候　頓首

十一月六日　信子
哲夫

徳富猪一郎様

〈注〉封筒表「赤坂区氷川町五番　徳富猪一郎様煩親展」。封筒裏「麹町区隼町三番地　十一月六日　国木田哲夫」。

この書簡は、蘇峰の尽力によって、佐々城夫妻から条件つきで結婚の承認を得、独歩の自宅で結婚式をあげる五日前に書かれた書簡である。五日前になっても、両親の承認を得られず、すでに独歩の家に来ている信子共々、悲嘆にくれ蘇峰に泣きついているものである。

1　明治二十八年十一月八日

一かたならぬ御尽力に由りて　目出度落着致し候事　小生共の鳴謝致す処に御座候　就ては左の二條

可申と存候處ニいつ
長崎御帰国被成候而
下る西人の心情ニ存
誠ニ察不下万事
右観せ申上候者
申ニ候はやと存れ候し

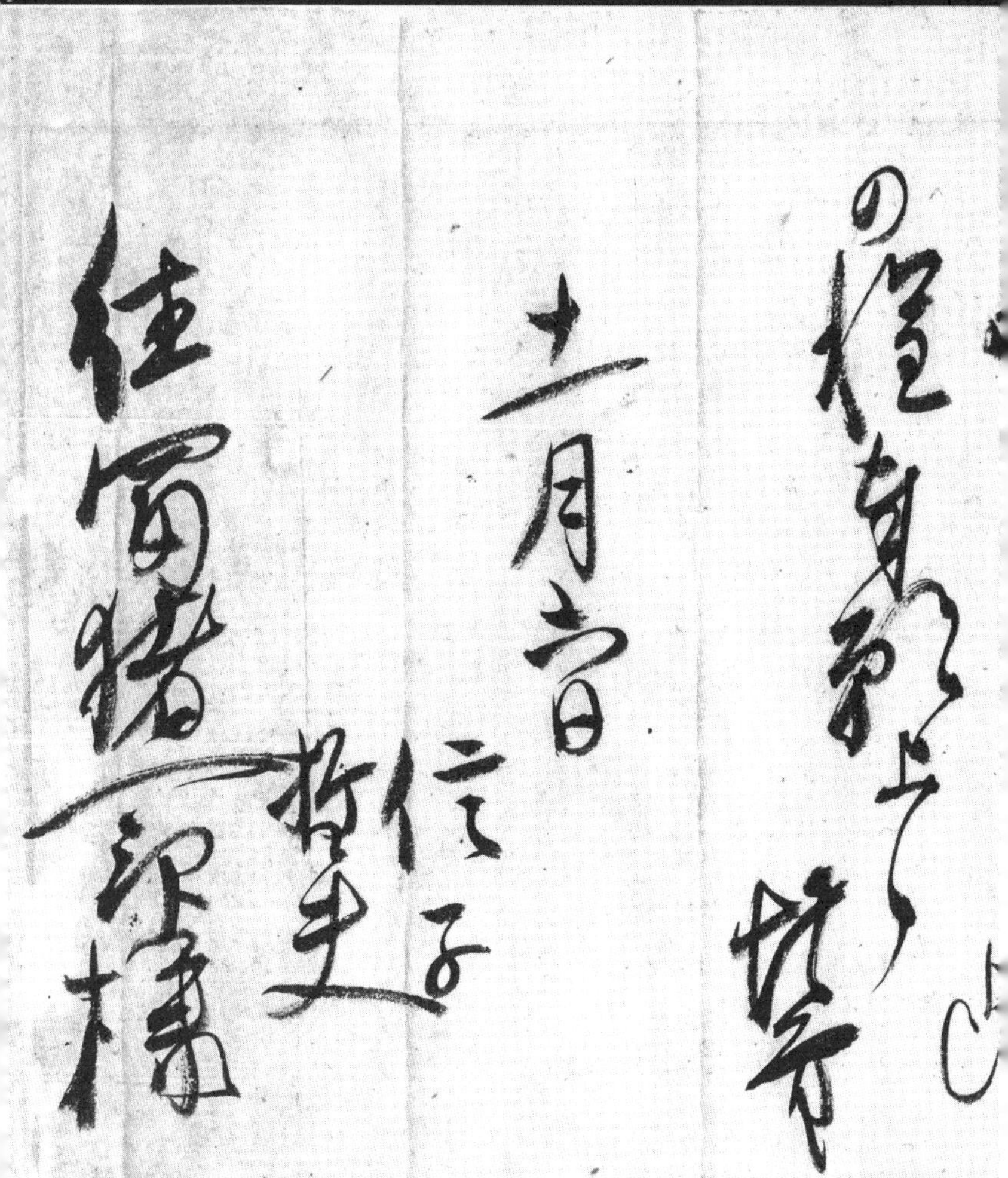
の程奉願上候　敬具

十一月六日

哲夫
信子

徳富猪一郎様

徳富蘇峰宛　国木田独歩・信子書簡　明治 28 年 11 月 6 日付
（提供＝徳富蘇峰記念館）

を言明致すの徳義上の義務ありと存候間　茲に認め申候
一、佐々城御両親にては如何に小生等に悪感情ありとも　小生等は今後此の感情を和ぐる事をつとめ人倫上円満なる幸福を期する事
二、今後如何なる事ありとも信子を虐待など致して周旋被下候諸氏に再び心痛をかくる事なかるべし
右二條の誓言は少しく唐突の様には候へ共　小生の本意だけは言明致し置くの必要ありと感じ申候
霧中一物の動くあり　遠くより望めは奇魅の如し　近けば人間なり更らに近けば兄弟にてありき　といふ物語もある事にて佐々城氏目下は小生等を何とか不都合千萬の狂人怪物視し玉ふ可けれど　一期感情和らぎなば　母と呼び婿と呼ばるゝの時之れあるべしと存じ候
頓首
十一月八日
国木田哲夫
徳富猪一郎様座下

〈注〉封筒表「民友社にて　徳富猪一郎様親展」。封筒裏「国木田哲夫」。筆写。

この書簡で、一番気になることは、「今後如何なる事ありとも信子を虐待など致して周旋被下候諸氏に再び心痛をかくる事なかるべし」と書いていることである。国木田独歩は信子に「虐待など」したのであろうか。独歩は信子を家に入れるまで、信子に短刀をちらつかせたという。独歩が信子を短刀で脅したことは、独歩の親友の田山花袋（一八七一―一九三〇　明治四―昭和五　小説家）などは非難していない。田山花袋の感想は、「男が自分の恋愛を満足さすためにその最初に於て或る意味の偉力を用ひたとする

ならば、それはその男の個性がそういふ手段を執らせたのであつて、どうすることも出来ない事である。あの国木田独歩が第一の女信子に向かつて最初に執つた態度も、そうした熱烈な力による方法であつた」とある。短刀を持っていて問題を起こした小説家に島田清次郎（一八九九―一九三〇　明治三十二―昭和五）がいる。大正八年、島田清次郎はまだ二十歳の時、生田長江の推薦で、新潮社から出版された『地上』が驚異的な反響を得て一躍流行作家になった。大正十一年四月『地上』の印税で世界一周に出かけ十二月帰国したが、清次郎を喜んで迎えた人はなかった。大正十二（一九二三）年に清次郎は、「御都合御伺ひいたすつもりでをります」と蘇峰に何か頼みたいことを書いた葉書を二回出している。清次郎は舟木芳江（海軍少将舟木錬太郎の妹）と共に蘇峰を訪問し、結婚の仲人を願うために、蘇峰の家に近い養神亭に宿を取り、蘇峰が都合の良い時に会えることを待っていた。大正十二年四月十六日の『読売新聞』は、清次郎が媒酌を頼んだ時、蘇峰は国木田独歩の話などをし、島田に「君、気のかわりやすい人間ではないのか、結婚はよく考へなきやいかん」といったことを伝えている。

独歩と信子の結婚前後に書かれた豊寿の長文の手紙は、最愛の娘を奪われた嘆きと悲しみを蘇峰に打ち明けている。独歩は「嬢は吾れに許すに全身全心の愛を以つてすと云へり」と『欺かざるの記』にある。豊寿はアメリカに女子の新聞事業を学ぶために信子を留学をさせることを考えていた。それを聞き、信子は喜んで独歩にアメリカ行きを許してくれるように頼んだ。しかし独歩には、考えられないことであった。

十五年ほど前、記念館の蘇峰宛豊寿の四十七通の書簡を基に、最初「国木田独歩」の項を書きはじめたが、豊寿の勇敢な書簡の内容に惹かれ、圧倒され、「佐々城豊寿」という題になってしまった。これほど自分の意見をストレートに表現できた人が、明治時代にいたのは素晴らしいと思った。豊寿は仙台から上京し、横浜で英語を学び、男女同権を唱え、婦人参政権、廃娼運動などを理解し、時代の先端を走る美しい女性であった。その女性豊寿が、独歩と信子の結婚を許さなかった。豊寿は、三人の男の子のある佐々城本支、千代夫婦から本支を奪った。本支は仙台藩医の養子であった。豊寿は明治十一年、二十六歳のとき十歳年上の本支の子を産んだ。この子が国木田独歩の恋妻となった信子である。豊寿の前向きな姿勢と女性の活躍をしている様子や、蘇峰が出来るだけ助けていることや、政治に関心のある豊寿の闘志などに、書簡という史料が伝える真実に心引かれた。『欺かざるの記』を読み佐々城豊寿と国木田独歩の葛藤を見つめてみたくなったが、事実を伝えることで、終わることにする。

名を千歳に残したかった独歩

昭和三十一（一九五六）年三月一日、NHKで蘇峰が「国木田独歩」の思い出を語っている番組が放送されたと蘇峰年譜（和田守作成）にあった。放送テープは保存されていないが、ただ一冊の台本が残っているということなので、記念館の職員宮崎松代が台本を見に行った。その台本には、

信子との破局部分

蘇峰談　佐々城豊寿　別にかまう方じゃなかったらしいね　（二分二十秒）
大概の女ならやりきれたもんじゃなかったと思うんだ　（五分五十秒）
番組最後の部分
蘇峰談　Ａ　彼の良いところは動揺して留まる所なし、
Ｂ　なかなか気立の……私が思うに　（二分四十秒）

と蘇峰の語ったことの話し出しの部分が番組の台本にえんぴつ書きで書き込んであった。放送は午後一時五分から二時まで、「婦人の時間――面影を偲ぶ26　国木田独歩」というもので、国木田独歩について語っているのは、徳富蘇峰、柳田國男、福田清人、前田兆、国木田治子、正宗白鳥であったという。番組内で朗読された作品は、『書の悲しみ』『欺かざるの記』『空知川の岸辺』『源をぢ』等で、他に「坪内逍遥」「宮沢賢治」「幸田露伴」「寺田寅彦」「木下杢太郎」「斉藤茂吉」などが放送された。二六回とあることは、二六番目に語られたのが国木田独歩であったということになる。国木田独歩の肖像のようなものが、独歩が亡くなって五十五年後に、生きていた友人に語られて、クリアーになってきたのであろう。佐々城信子、豊寿についての思い出は蘇峰が語っていたという。その時間は約八分であったようだ。蘇峰が明治の人の中で面影を大事にしたのは、蘇峰に世話をかけながら、蘇峰を批評しながら、三十七歳の生涯がおしまれた独歩であった。

抒情詩ともいわれる『武蔵野』は美しい。『源をぢ』『牛肉と馬鈴薯』の明治の地方の暗さ、死んでいく弱いものの場面は胸に残る悲しみがある。独歩は死が怖いと繰り返していた。

独歩と信子の結婚は、植村正久の司会、蘇峰が媒灼人、竹越与三郎が保証人、潮田千勢子の世話の下に行なわれた。しかしこの結婚については蘇峰は一貫して危惧の念を独歩に書き送っていた。

この恋愛が独歩の一方的な情熱であることを蘇峰は見抜き、「男らしく思い切るべし」、「何の点より見るも信子氏の決心も極めて薄弱なるが如し……思ひ切れ」「信子さんにして哲夫と共に『虎ふす野辺まで』の大決心あれば兎も角も……」（同上巻八）と独歩の頭を冷静にさせ、現実を見るよう忠告している。これらの蘇峰の手紙の内容は、独歩が信子宛に書いた書簡に「徳富氏曰く」として引用しているものである。

徳富氏はこう言っているが、「小生の決心山の如し、思い切るところの事に非ず、立てよ信子、母に向て言へ、信子は如何なる事ありとも哲夫の妻なり」と、独歩の意志は固い。

独歩は塩原に逃避旅行をしたり、信子を独歩の家に連れてきたり、既成事実を作り、事後承諾の形で、信子の両親の承諾を求める役を蘇峰に頼み込んでいる。このやり方はいかにも自分本位でわがままな独歩らしい。困難なことが起ると人に頼り、全面的に自分の心を告白し、告白された者が一肌も二肌も彼のために働かなければならないようにするのである。

蘇峰は信子の両親との約束通り二人を一時東京から離れさせるため逗子の柳屋（徳富一家の旧知の宿）を紹介し、生活の面でも民友社の『少年伝記叢書』を訳する仕事を与え、生活費の面倒をみている。蘆花の『富士』には新婚まもない独歩夫妻の部屋から、讃美歌が聞こえてくることなどが描かれているが、豊かな環境に育った信子は、いつまでも清貧な暮しに耐えきれず、結婚に強力な反対者であった母親との和解が成立した直後、自分の意思で失踪し、二度と「御身の哲夫」の胸に帰ることはなかった。信子との出会いから十カ月、結婚から五カ月後に独歩と信子は離婚した。逃げられても独歩の信子への愛情は変わることなく、この破婚が独歩にとって、終生の傷手となったことは確かである。独歩は離婚書をも蘇峰に託している。青年国木田独歩は「我は如何にして小説家となりしか」（一九〇七年一月）の中でこのように書いている。「全体自分は功名心が猛烈な少年で在りまして、少年の時は賢相名将とも成り、名を千歳に残すといふのが一心で、ナポレオン・豊太閤の如き大人物が自分より以前の世にあって、後世を圧倒し、我々を眼下にして居るのが残念でたまらないので半夜密かに如何にして我は世界第一の大人と成るべきやと言う問題にぶつかって、ぽろぽろ涙をこぼした事さえあるのです。（中略）つまり文章家・小説家などと言ふものは、絶対に眼中に無かったのです」と。

この世で優位を得ようとする顕示欲の特に強い独歩にとって、単に文筆家としてでなく、ジャーナリストとして新鮮な感覚と実行力を持ち、多くの交遊関係の中心に位置し、『国民之友』『国民新聞』の社長兼主筆でもあった蘇峰は、理想の青年であったろうと思われる。

明治二十七年四月に弟収二と共に蘇峰へ五百円の借用を依頼している（『欺かざるの記』）。これは出版社を起こすためのもので、佐伯で過した十カ月が独歩の文学への行路を決定的にしたと文学史で論じられているが、この借金は佐伯から蘇峰に申し込んでいるもので、最後まで政治欲と事業欲を捨てきれなかった独歩の一面を知る意味で興味深い。

独歩の借金申込に対する蘇峰の返書が全文収録されているので、ここに引用することとする。

四月三日昨日徳富氏に、収二と共に金五百金の借用を依頼す。
徳富氏の返書来る、其の全文を左に録し置く。
貴書拝見　貴君は小生ヲ斯程ニモ金満家ナリと思ふや、小生は貴兄の志ヲ諒セサルニアラス、併し、右様の金策は今日ニ於て出来兼候也。貴兄若し小生の地位ニナリて一考セは思半ハニ過キン　幸ニ諒せよ。小生は右の印刷業云々ニ就て尚の学兄か一考ヲ煩ハス。蓋し実業ハ空想と両立セス　蓋して空想ナリト云ハス　然れとも空想の分子その中になからんや　貴兄とは面交ニアラズ心交也・故ニ敢て腹心を布く。早々不一　四月六日　猪一郎　哲夫老兄貴下

この書簡は独歩の借金の申込みを断わると同時に、独歩の印刷業に対する甘い見通しに対して、蘇峰の経験からくる忠告を与えている。独歩に対するつきあいが心交であると述べているが、この借金を申込まれた時は、独歩との出会いからわずか二、三年しかたっていない頃である。当時、蘇峰は山田美妙（一八六八―一九一〇　明治元―明治四十三　詩人・小説家）、石橋忍月（一八六五―一九二六　慶応元―大正十五　評

論家・小説家)、森田思軒、中江兆民(一八四七—一九〇一 弘化四—明治三十四 自由民権思想家)等から借金を申し込まれているが、彼等の最高額は三十円どまりであり、私的用途と事業の用途の別はあるにしても、五百円の借金を平気で申込むあたり、いかにも独歩らしい。

「我は如何にして小説家となりしか」にもどるが、蘇峰からの借金も不可能と知り、出版の方はあきらめたらしいが、文章家、小説家などは眼中になかった独歩が、「自分の精神上に一大革命が起こりました。即はち、人生の問題にぶつかったので有ります。謂ゆる『我は何処より来りし』、『我は何処に行く』(中略)何しろ結果は即ち精神上の大革命でありまして、今迄の大望ががらり破れてしまったのです」(「我は如何にして小説家となりしか」)。

このような心境で佐伯から上京した独歩は「蘇峰先生の愛顧に附込んで民友社にもぐずり込みました。(もぐずり込むと言へば変ですか、当時の民友社の同人は、大概もぐずり込んだので今日唯今より入社、月給は幾らなどという手続きは無いやうでした)。民友社といえば当時文芸の本場で『国民之友』は文壇の最高位を占めていたといっても宜しい位、その社へ自分が入ったのが則ち自分と文芸との縁を確実に結びつけた原因です」(同前)と。民友社に入社したことが、彼の文芸意欲をかきたて、発奮させた模様や、当時の民友社内の様子が窺える文章である。

民友社は蘇峰が社長であったがそこでは蘇峰の呼びかけに応じて意欲的に集まった人々が、先輩、後輩という関係、あるいは客員、遊人といった形で、自由に物を書いていたのである。当記念館所蔵の蘇峰に宛てられた書簡が示すごとく、民友社に出入りしていた人々は、各々が蘇峰との関係で繫がっており、各人に自由闊達な文芸活動と、その発表の場が与えられていたといえよう。

独歩は先に述べた信子との離婚後、心の傷がいえず、他の婦人に求婚したが失敗している。一年後隣家の榎本家の娘治子に会い、独歩が氷川町に移ってからも文通を続け、明治三十一年に治子と再婚した。信子との破婚から二年後のことである。

信子との破婚の苦しみの中で、独歩は田山花袋・柳田國男（一八七五―一九六二　明治八―昭和三十七　民俗学者）らと知りあい、この友情は独歩にとって大きな支えとなり、『源をぢ』『武蔵野』『忘れえぬ人々』などの代表作を書いていった。いずれもその発表の場は『国民之友』か『家庭雑誌』であり、明治三十一年両雑誌が廃刊されて以後は、しばらくは独歩も文学的に不振の時期に入るほどであった。

明治四十一年、独歩が結核で南湖院（院長高田畊安）に入院した際、文壇の人々、二葉亭四迷、島崎藤村、徳田秋声、正宗白鳥、川上眉山、田山花袋、徳富健次郎、柳田國男などが寄稿し、蘇峰の序文で『二十八人集』が刊行された。その印税を独歩療養の一助としたと言う文壇の美談が残されている。

蘇峰は、明治四十一年八月「友情」と題して、次のような文を書いている。


支那の詩人は多病故人疎と嘲ちたれとも、此れは病人の方にて、聊か僻みたる心持もなきにあらず。若し病人の方にても、自から疎外せられたりと思はずして、虚心平気にて、其の交際を継続せんとせは、其の方法も皆無にあらず。世に多病故人親の例も、決して少しとせず。此れは友人の親切もさることながら、其の親切を引き附くる病人の心持、如何にもよる事と知る可し。〔中略〕吾人は何事に対しても代價を拂ふ可き原則を、銘記せざる可らず。友情と雖も亦た然り。但た真に之を解する者は、如何なる高價を拂ふも、決して之を悔いざる也。

（『蘇峰文選』）

独歩の死後二カ月目に発表されたこの文章は、人に頼ることによって、親しく友を持ち、友人の愛を受け入れることによって、文壇に美談を残して死んで行った独歩を思い起こさせる文章である。無名の一書生にすぎなかった独歩を従軍記者に抜擢し、その文才を世に出すきっかけを与えたのは蘇峰であり、民友社という舞台を与えられ、独歩の文学的意欲が湧きたち開花したのも事実である。私的生活に於ても、先に掲げた書簡が示すように、独歩が助けを求めたのも蘇峰にであった。以上述べて来た事柄からは、蘇峰を敬慕する独歩の姿がある。

しかし『独歩遺集』（一九一一年）の中に収録されている「人物批判」の中の蘇峰についての彼の批判を読んだ時、驚きを感じた。独歩と蘇峰は八歳の歳の差がある。独歩の蘇峰批判を次に掲げる。

徳富猪一郎天下比なき才物なり。諸事悉く其才より出づ。意志を以って是れをやる熊本人なり。西郷的情死の意気を或点まで慕へど、其実は御自身決してかゝる馬鹿げた事をせず。男子なり、侠気あり、但し大主我的なり。徳に人を動かすべき魔力を有せる、狭量なること無類なり、たゞ打算的には無理に大量なり。人情的には天性の狭量家なり。死者には親切なり、生者には意志的に親切なり。情的には親切でも否でもなし。経綸々々と言へど人物論のみ好みて、其実日本を英国と結ぶ位が経綸なり。宗教的直覚は殆んどなし。政治的本気は熊本的なり。余は其言を信用せず。其才を信用す。敵を容すと云事此人は処世の主義として大きらひなり。意地悪き事を理想とせり。成功は此の神なり、大策士なり、勉強家なり、理想家に非す、実際的なり、空想的に非ず、感情的ならず、後世は此を誤解す。或は余り善く、或は余り悪く。

この蘇峰批判には、一部的を射ているものもある。しかし独歩が人生の最終段階で感じていた蘇峰が右の文に要約されるようなものだけであったなら、独歩にとって蘇峰との出会いは何であったのか。独歩の蘇峰への甘えが、人間的敬愛からくる甘えでなく、独歩の処世術であったなら、独歩を引立てかわいがった蘇峰は可哀想である。蘇峰は独歩の弟の収二の方が大成する者になろうと言っていた。収二は蘇峰のベッドの足元に寝ていたという（斎藤弔花『国木田独歩と其周囲』一九四三年）。

最後に国木田独歩の葉書を紹介しよう。

2　明治四十一（一九〇八）年五月七日

粛啓　又もや佳菓御恵送被下難有存候　昨日は又淇水老先生御見舞被下難有存候八十七才の御老体にして　実に壮夫の態あり　来年米の御祝まで小生も如何しても生き度き者と存候

〈注〉葉書。葉書表「東京赤坂区南町　徳富猪一郎様」「五月六日夕　国木田哲夫」。

この葉書から一カ月半後に独歩は南湖院で亡くなった。明治四十一年六月二十三日、午後八時四十分、独歩死去。三十七歳であった。

参考文献

徳富蘇峰宛国木田独歩書簡　三通
徳富蘇峰宛佐々城豊寿書簡　四八通
徳富蘇峰宛矢野龍渓書簡　八一通

伊藤隆・酒田正敏・坂野潤治他編『近代日本史選書7―1　徳富蘇峰関係文書』山川出版社、一九八二年
川岸みち子著、国木田独歩全集編纂委員編『定本　国木田独歩全集』別巻二、学習研究社、二〇〇〇年
草野茂松・並木仙太郎編『蘇峰文選』民友社、一九一五年
国木田独歩『国木田独歩全集』鎌倉文庫
　第一巻「武蔵野」「忘れえぬ人々」「牛肉と馬鈴薯」「源叔父」、一九四六年
　第五巻「欺かざるの記」前編、一九四八年
　第六巻「欺かざるの記」後編、一九四八年
国木田独歩著、沼波瓊音編『独歩遺文』日高有倫堂、一九一一年
国木田独歩著、国木田独歩全集編纂委員会編『国木田独歩全集』学習研究社
　第九巻、一九六六年
　第一〇巻、補遺　追加
国木田独歩全集編纂委員編『定本　国木田独歩全集　増訂版』学習研究社

第一〇巻、一九七八年
別巻二、二〇〇〇年
高野静子『蘇峰とその時代』中央公論社、一九八八年
斎藤弔花『国木田独歩と其の周囲』小学館、一九四三年
相馬黒光『黙移』女性時代社、一九三六年
徳富猪一郎『蘇峰自伝』中央公論社、一九三五年

V

柳田國男

――「出版界の時弊を改革致度」

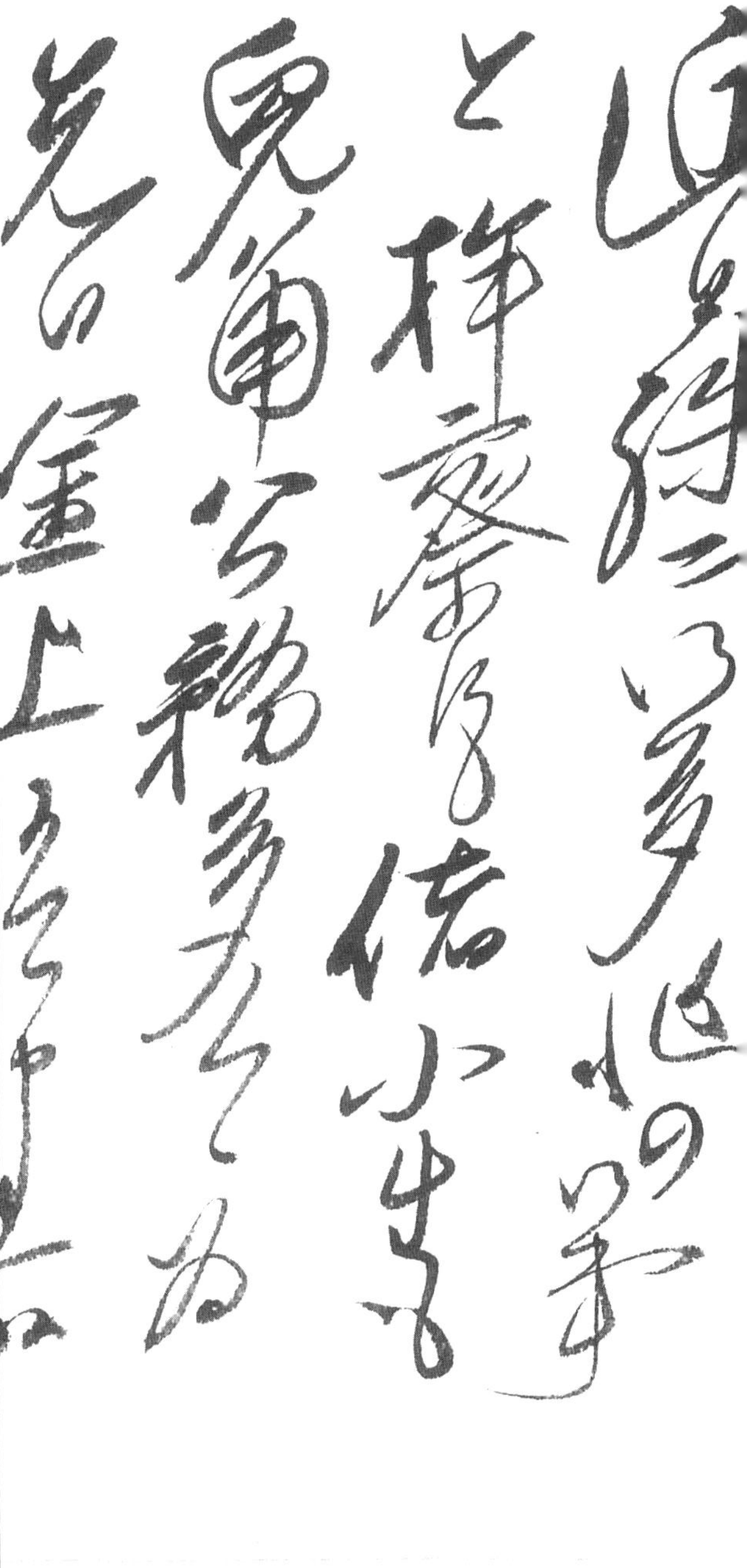

柳田國男（やなぎた・くにお　一八七五―一九六二）兵庫生まれ。民俗学の創始者。第一高等中学校時代は新体詩を作り、明治三十（一八九七）年には田山花袋、国木田独歩らとともに『抒情詩』を刊行。明治三十四（一九〇一）年、柳田家に養子入りし柳田姓となる。東京帝国大卒業後、農商務省に入り、法制局参事官、貴族院書記官長を歴任。また早稲田大学で農政学の講義を行う。この間、『後狩詞記』『遠野物語』を発表し民俗学に踏み込む。大正二（一九一三）年、雑誌『郷土研究』刊行。大正八（一九一九）年四五歳で官を辞し、翌年に朝日新聞社に入社し、社説を担当する。昭和五（一九三〇）年に朝日新聞退社後は、民俗学の研究に専念し、方法論と学問的体系を確立した。昭和二十六（一九五一）年文化勲章受章。著作は一〇〇点を越える。

八人の兄弟

徳富蘇峰記念館に来館された方々の中で、柳田國男の書簡がありますかと、数人の方に尋ねられたことがある。ありますとお答えすると、蘇峰の交際範囲の広さに改めて驚き、やはり柳田國男と交遊があったのですねと、嬉しそうな顔をなさる。柳田國男の死後、四十年たっても、慕われていることが伝わって来る。

日本の民俗学の創始者といわれる柳田國男（一八七五―一九六二　明治八―昭和三十七）は、井上通泰（みちやす）（一八六六―一九四一　慶応二―昭和十六　国文学者・歌人・医師）、松岡静雄（一八七八―一九三六　明治十一―昭和十一　海軍大佐・国語学者）、松岡映丘（えいきゅう）（一八八一―一九三八　明治十四―昭和十三　日本画家）と松岡四兄弟として知られている。

柳田國男の『故郷七十年』（一九五九年）に次のような逸話がある。――あるとき貞明皇后さま（一八八四―一九五一　明治十七―昭和二十六）に、正木直彦（一八六二―一九四〇　文久二―昭和十五　東京美術学校長）が文展会場で松岡映丘の絵を説明しながら、松岡兄弟のことを「あそこには四人兄弟がありまして、それぞれ何か仕事をしております」と申上げたところ、「もう一人、上のが田舎にいるはずだ」と仰言ったという話である。長兄松岡鼎（一八六〇―一九三四　万延元―昭和九　医者）は「それでもう本望」と涙滂沱したという。弟達を上京させ、貧しい中それぞれの道に学ばせた長兄の責任感を忘れないでいよう。兄弟八人の名を挙げてみると、長男鼎、二兄俊次（腸チフスのため死亡）、三兄泰蔵（井上通泰）、芳江（夭折）、友治（夭折）、國男（柳田國男）、静雄、末弟輝夫（松岡映丘）である。

八人兄弟の内、三人を腸チフスなどの流行病で失った家族の悲しみの大きさがしのばれる。

まず柳田國男のおいたちから見てみよう。

柳田國男といえば、日本の民俗学の創始者で、『遠野物語』を書いた人を思い浮かべていたが、最初詩人として世に登場していたことを今回初めて『日本近代文学大事典』で知った。また民俗学者である前に、東京帝国大学法科大学政治科を卒業し、農商務省に入り、法制局、宮内省をへて、大正三（一九一四）年貴族院書記官長となった人である。生活の糧を得る道を確保してから民俗学に専念した責任感の強い人であった。大正八（一九一九）年、四十四歳で退官し、翌九年、東京朝日新聞社の客員となるかたわら東北旅行、沖縄旅行など、時間の許される限り旅を続けた。

柳田國男は兵庫県神東郡田原村辻川の松岡家に、父操（当時四十四歳）、母たけ（同三十六歳）の六男として誕生した。松岡家は代々医者の出であった。操は十九歳の時、家業をついで医者になったが、儒者としての名のほうが高かったそうである。母は大変記憶力の良い人であったという。辻川の近所で、夫婦喧嘩で、泣いて駆込んでくる女性の相談役で、泣いていた婦人が、たけと話すとにこにこして帰っていったという（『故郷七十年』）。國男は、長兄の鼎と十五歳はなれた弟である。明治十（一八七七）年、十一歳の兄泰蔵は、田原村の旧家井上家の養嗣子となり通泰と改名した。当主井上碩蔵は父操とは従兄弟の関係であった。國男は明治十八（一八八五）年高等小学校を卒業し、県知事から褒状を受けたが、病

柳田國男と兄弟たち
（1923 年，國男渡欧送別の宴の折。左より映丘，静雄，國男，鼎，通泰）

弱であったため、卒業後一年間、辻川の蔵書家、三木家に預けられ、ここで終日読書にひたっていた。このような状態で自由な時を過ごしたことが、後の國男の豊かなイマジネーションを育てることとなった。明治二十三（一八九〇）年、十五歳の國男は東京の三兄井上通泰の家に寄寓した。

井上通泰は東京帝国大学医科大学の先輩賀古鶴所（かこつるんど）（一八五五—一九三一　安政二—昭和六）に伴われ、千駄木町の森鷗外（一八六二—一九二二　文久二—大正十一　軍医・小説家）を尋ね、尊敬する人物に会えたことを喜んだ。初めての出会いで鷗外の学識に感じいった通泰は、落合直文（一八六一—一九〇三　文久元—明治三十六　国文学者・歌人）と市村瓚次郎（一八六四—一九四七　元治元—昭和二十二　東洋史学者）を鷗外に紹介した。森鷗外が四年にわたるドイツ留学から帰国したのは、明治二十一（一八八八）年九月八日であった。その日はまた蘇峰、森田思軒（一八六一—一八九七文久元―明治三十　ジャーナリスト・文学者）、朝比奈知泉（一八六二―一九三九　文久二―昭和十四　ジャーナリスト）主唱で、第一回「文学会」が三縁亭で開かれた日であった。後に通泰も鷗外も「文学会」に加わった。

『於母影』と「新声社」

明治二十二（一八八九）年の夏、蘇峰の勧めで、西洋の詩を翻訳した『於母影（おもかげ）』は総合雑誌『国民之友』の夏季付録として、「新声社（しんせいしゃ）」の略称「S・S・S」で発表された。『於母影』は読者に大いに歓迎された。「新声社」は森鷗外・井上通泰・落合直文・市村瓚次郎らによる会で、会合は、鷗外の家で開かれ、集まったメンバーは文学談に夜のふけるのも忘れて話し合ったという。そうした活力のなかから訳詩集『於母影』が生まれた。評価の定まらない訳詩集を夏季付録に掲載した蘇峰のジャーナリストとしての眼力は冴えていたといえよう。

明治の日本文学者、森銑三（一八九五―一九八五　明治二十八―昭和六十）は、「明治・大正の新聞から」（『日本古書通信』一九七〇年一月）で、「（西洋料理の素麺を食うが如し）」と『東京朝日新聞』が評していた、褒めたものかくさしたものかわからない解釈の難しい『於母影』を、あえて掲載した『国民之友』に（敬意を表す）」と評している。『於母影』の挿絵はドイツ帰りの原田直次郎（一八六三―一八九九　文久三―明治三十二　洋画家）の美しいもので、バイオリンと三味線を弾いている天使がいて、和洋折衷の妙な絵であるが、印象的な絵である。この訳詩集は後の詩人、島崎藤村（一八七二―一九四三　明治五―昭和十八　詩人・

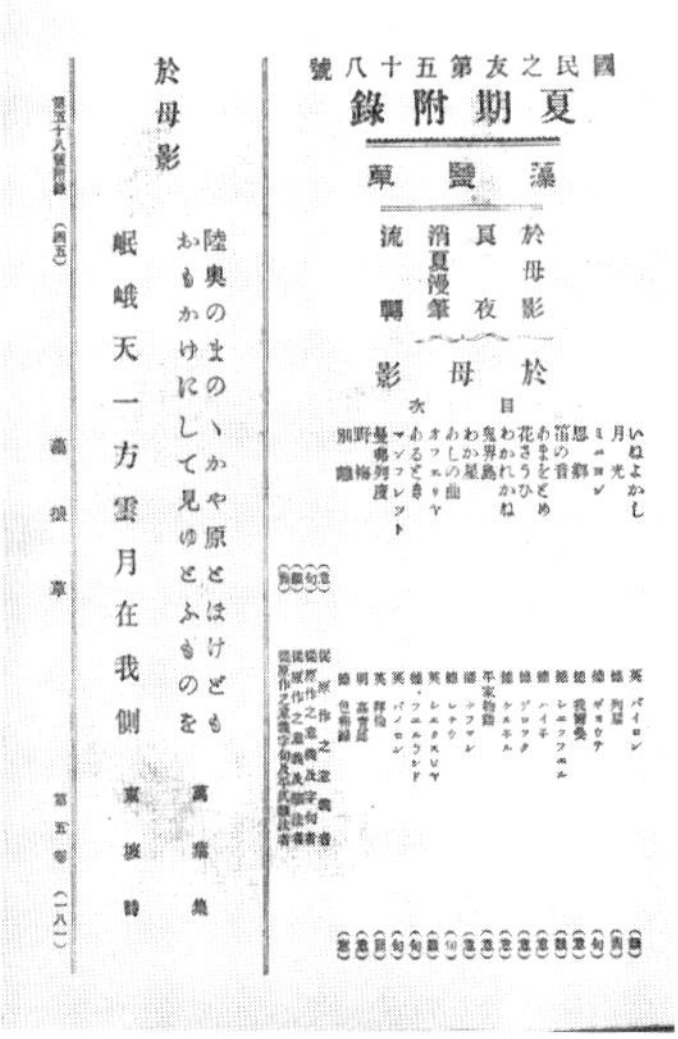

國民之友第五十八號

夏期附錄

藻鹽草

於母影　真夜　消夏漫筆　流鶯

於母影

目次

いねよかし
月光
ミニヨン
思郷
笛の音
[illegible]
花さうび
わかれかね
鬼界島
わか星
あしの曲
オフエリヤ
あるとき
マンフレツト
曼弗列度
野梅
別離

於母影

陸奥のまのゝかや原とほけども
おもかけにして見ゆとふものを　萬葉集

嵯峨天一方雲月在我側　東坡詩

第五十八號附錄（四五）　第五卷（一八一）

『於母影』を掲載した『国民之友』第58号（明治22年8月2日）
の目次（左）と，原田直次郎が描いた『於母影』の挿絵（右）

小説家）、上田敏（一八七四―一九一六　明治七―大正五　翻訳家・詩人）などに大きなはげましとなったという。

『於母影』は森鷗外、落合直文、井上通泰、市村瓚次郎たちに、民友社から五十円という、当時としては多額な原稿料をもたらした。鷗外はその原稿料を基に『しがらみ草紙』を創刊した。鷗外の妹小金井喜美子（一八七〇―一九五六　明治三―昭和三十一　翻訳家・小説家）と、鷗外の親友の洋画家、原田直次郎が社員として参加した。みんなが張り切っていたところ、井上通泰は突然「新声社」を脱会したいという。そのいきさつは明らかでないが、鷗外との間に以前から編集方針上の対立があったのではないかと云われている。柳田國男の書簡の紹介を後回しにして、通泰が蘇峰に宛てた書簡から、通泰の声を聞いてみよう。井上通泰の蘇峰への書簡は三十通ある。その中から二通を紹介しよう。

徳富蘇峰宛　井上通泰書簡　明治二十四（一八九一）年二月二十六日

拝啓　此度森林太郎氏の処置につき服しがたきところ有之　一昨日断然新声社を退き申候間左様御承知被下度候　尚其旨広告致度候に付貴紙の一端を御貸被下度願上候

二月廿六日　井上生拝

蘇峰兄

拙者儀自今しがらみ草紙に関係不仕候　井上通泰

〈注〉封筒表「京橋区日吉町　民友社にて　徳富猪一郎様」。封筒裏「医科大学眼科医局にて　井上通泰」。

鷗外と何か意見あるいは考え方に違いがあったらしい。これを蘇峰に知らせ、『国民新聞』に広告を出してほしいとは、そうとう怒ったのか、或いは我儘であったのか、通泰の二日後の手紙を見てみよう。

徳富蘇峰宛　井上通泰書簡　明治二十四年二月二十八日

御手紙拝見仕候　小生退社之儀に付て一昨日落合　市村両氏より頻に仲裁致くれられ候に付余り強情をもはりがたく本心には無之候へども　改めて新声社客員となる事迄は承諾致置候　両三日中には何とか可相定候間御安心被下度候　先は御返答迄　匆々

廿八日
井上生

徳富兄

〈注〉住所は右に同じ。

最初の手紙に蘇峰がすぐに返事を出したことがわかる。封筒に返事を出した印がある。蘇峰、落合、市村に引き止められ、通泰も思いとどまった様子である。二十四年二月二十八日前後の『国民新聞』に、通泰の「新声社」からの脱会という広告はない。この時落合直文三十歳、森鷗外二十九歳、蘇峰二十八歳、市村瓚次郎二十七歳、井上通泰二十五歳、小金井喜美子二十一歳であった。

『於母影』が発表された翌二十三年一月に、鷗外は『舞姫』を『しがらみ草紙』にではなく、『国民之友』第六九号に発表した。『舞姫』は浪漫的香気を明治の文壇に与えたといわれる。『舞姫』が世に出るとともに、称賛の声が起こり、鷗外は文壇に名声を得ることになった。

柳田國男は鷗外の主催する『しがらみ草紙』や『文学界』『国民之友』に短歌や新体詩を発表した。新体詩集『抒情詩』は明治三十（一八九七）年五月、民友社から出版された。国木田独歩、田山花袋、柳田國男、宮崎湖処子、嵯峨の屋お室、太田玉茗（田山花袋の妻の兄。僧侶）の共編であった。『国民之友』第三四七号（明治三十年五月）に柳田の「野辺のゆきゝ」の一部が掲載されている。

柳田國男は大正三（一九一四）年四月十三日、貴族院書記官長になり、官舎にはいる。「以後、官舎を編集所にして、夜は『郷土研究』の論文執筆と編集に没頭する」。『故郷七十年』によると、國男は明治

『郷土研究』第1巻20号
（1914年2月）

十八（一八八五）年頃飢餓の経験があった。炊き出しの重湯を土瓶を下げて一カ月ほど毎日もらいに行った。その経験が國男を民俗学の研究に導いた一つの要因となったという。飢餓を絶滅しなければならないということが農商務省に入る動機にもなったようだ。辻川の生家は、四畳半二間、三畳二間の小さな家であった。そこに両親と兄弟とが住む。長兄が嫁を迎えると、狭い家に親子の二夫婦が同居することになり、しっかり者の母親と同じ家に住むことが難しく、一年足らずで兄嫁は実家に帰ってしまった。長兄はそのためにヤケ酒を飲むようになり、家が治まらなくなったので、もともと松岡家は医者だったからということで、家と地所を売り、その金で当時の大学別科に遊学することになった。当時の医者促成機関で、ドイツ語を使わず訳語で学んだものである。長兄は二十六歳で医者になり、茨城県布川で開業することになった。「民俗学への志の源を発したのは、この家の小ささにあった」と柳田は述べている（『日本民俗学の父　生誕百年記念　柳田國男展』一九七五年）。明治二十（一八八七）年、國男は兄通泰に連れられ上京し、すぐに布川に移って長兄の家に身をよせた。二年あまりの間、身体の弱い國男は学校へも行かず、長兄の知人小川家の隠居部屋の二階にある蔵書を読みあさった。多くの読書が國男の雑学風の基礎学問を形づくることになったと言われる。辻川の三木家の蔵書についで、布川の蔵書家小川家は、第二の乱読時代を國男に与えてくれた（『故郷七十年』）。

家に関してもう一つ悲しい話がある。明治二十二（一八八九）年、両親と二人の弟が布川の長兄の家に同居した。翌二十三年、兄通泰が御徒町（おかちまち）に眼科医院を開業し、翌二十四年、母と二人の弟が上京し新婚の通泰夫婦と同居することになった。母親が主婦権を行使し、新婚の義姉が落ち着く部屋がなかった。二階の兄の部屋の隅の方に小さくなって暮らすような状態であった。兄嫁が妊娠すると、皆が勧めてお産は空気のきれいな田舎でと郷里に帰らせた。ところが郷里で赤痢に感染して、兄嫁は手当てをする間もなく亡くなってしまった。兄の嘆きは深く、哀れな挽歌がたくさん残っている。「折りにあひてうらやましきは女郎花枯れても残る姿なりけり」。國男はのちに、兄の歌集を『南天荘歌集』として世に出した。南天荘とは通泰の号である。

御徒町にあった通泰の眼科の待合室は、政治記者の集まる所となっていた。その様子を柳田が『故郷七十年』で次のように語っている。

この御徒町にいた時代が、私のためにいろいろ新しい力ともなり、偉い人々を識る機会ともなった。今もよく記憶しているが、そのころは徳富蘇峰さんが文筆界の中心となっていたようである。文壇という言葉も、このころ田村三治などの仲間がはじめて使い出したとか、田村からきいたことがあった。したがって当時は文壇人という者が非常に少なく、徳富さんに招ばれるということが、一つの条件になっていた。三十人とか四十人とか集まったが、やはりいちばん余計に威張ったのは小説家の方ではなかったらしい。〔中略〕蘆花さんの方は、まだ『不如帰』も書かず、いろいろの西洋の小説を翻訳したりして、ずいぶん若かった。私は偶然なことから若いころの蘆花さんを知ったが、それは蘆花さんのお母さんが眼をわずらって兄の医院にかかり、蘆花さんが薬をとりに見えたことからだった。その時ちょうど居合せた私が取次いで、蘆花さんを知ったのである。

國男は明治三十七（一九〇四）年二十九歳の時、柳田直平四女孝と結婚した。

明治三十九（一九〇六）年発会した「常磐会」は主宰者山県有朋の他、森鷗外・賀古鶴人・佐佐木信綱らのメンバーではじまり、通泰はその中で終始、会を主導した。『常磐会詠草』には「夜花」と題する柳田の歌がある。明治四十年通泰は、山県の推挙により御歌所寄人（勅任待遇）となる。この御歌所の頃が、国士の風格を備えた通泰の一生の中で最も華やかな時代であったといわれている。

「郷土会」について見てみよう。柳田國男は会をつくって友人らと話をすることが好きであった。いろいろの会を作っている。「歌の同門」（明治二十三年）、「竜土会」（明治三十九年）、「イプセン会」（明治四十年）、「郷土会」（明治四十三年）、「郷土研究」（大正二年）、「南島談話会」（大正十一年）、「民族」（大正十四年）など沢山ある（『生誕百年記念　柳田國男』所収の表「柳田國男とその人脈」）。これは、國男の人間好きの現れである。柳田國男の説明を聞いてみよう。『故郷七十年』に柳田の「郷土会」への思いを見ることができる。

「郷土会」のもとになったのが、「郷土研究会」という集まりで、明治四十年か四十一年ごろ、私の家で始めたものである。そこへ新渡戸博士が西洋から帰って来られたので、後には新渡戸先生のお宅に伺うようになったが、中心はやはり「郷土研究会」からの連中であった。話題のもとは会員各自の旅行の報告で、いちばん熱心だったのは早稲田大学の小田内通敏君であった。小田内君を私に紹介した中桐確太郎君は、やはり早稲田の人で、国木田独歩の友人ときいていたが、ことによるとこれも牧口君が連れて来たのかもしれない。小田内君の関係で他にも一人二人会員になった人があったが、とにかくそういう人たちが全部新渡戸先生の方へ移ったのである。新渡戸邸へ移ってから初めて加わったのは、三宅驥一君であった。那須皓君もそのころから来たが、この人はどちらかというと新渡戸先生の宗教的な方のお弟子だった。先生のお宅では、毎回会費五十銭をおさめて、そのころとして二円か二円五十銭ぐらいのごちそうをして下さった。名ばかりの会費をとって、来客の面目を害しないように心づかいして下さったのである。場所もよく、そのうえ本もたくさんあり、ごちそうも出て、楽しい会であった。

（『故郷七十年』）

なんとなく柳田國男が可哀想になってしまうが、青年たちは、楽しい方へ移動していったのであろう。植物学博士三宅驥一（一八七六―一九六四　明治九―昭和三十九）は蘇峰の長女逸子の夫で、蘇峰への一二七通の書簡があるので、何か当時のことがわかるかもしれない。

大正二（一九一三）年十二月、國男は、東京クラブで、新村出（しんむらいづる）（一八七六―一九六七　明治九―昭和四十二言語学者）、長谷川天渓（一八七六―一九四〇　明治九―昭和十五　評論家・英文学者）などと、『甲寅叢書』出版のことについて相談する。甲寅とは大正三年の干支で、予定目録には本の名前を並べてあるが、実際には六冊しか出せなかったという。

三通の書簡

柳田國男の蘇峰への書簡は三通ある。大正三年二月十六日付（封書）、大正六年七月六日付（封書）、大正（年度不明）十一月十二日付の絵葉書である。順に紹介していこう。

1　大正三（一九一四）年二月十六日

近々殊に御多忙の御事と拝察仕候　偖小生も兎角公務多く候為　先日途上にて申上候件欠礼ながら書中申出候　此度小生等は　同志数人の申合にて　甲寅叢書と申叢書刊行を企て申候　別封差上候雑誌の広告に大凡趣旨を掲げ置候　通迂遠千万居候も　出版界の時弊を改革致度ばかりの企に有之追々に営業者の手よりは到底発刊する能はざる良著を世に公にする考にて資金も既に十分に準備有之候　唯世話人共不馴にて諸事不行届を免れず候に付今後は何かとご指導被下度候　兼て拝訪の願を抱きおり候は、此為に有之以　何れ御少閑の日を承り好委曲陳述仕度候也

第一編は三月々初に出申候　早速お目にかけ申べく候　貴著時務一家言熊野の客舎に於て細々拝読仕

候

二月十六日　　國男

徳富大人侍史

〈注〉封筒表「青山南町六ノ三十　徳富猪一郎様侍史」。封筒裏「東京市牛込区加賀町二丁目十六番地　柳田國男」。全文。

大正三年は蘇峰五十一歳、柳田國男三十九歳のときであった。この手紙にある『甲寅叢書』のことであるが、「柳田國男年譜」によると、大正三年四月十日、西園寺八郎（貴族院議員）、赤星陸治（三菱地所支配人）から三千円の資金を贈られて発足したとある。後に柳田の次女千枝と赤星の息子平馬が結婚した。

『甲寅叢書』の広告
（『郷土研究』第1巻第12号に掲載）

蘇峰には資金の相談ではなく、出版界が良著を出すことが難しくなっているので、蘇峰の指導を仰ぎたいということであった。蘇峰の閑な時に指導忠告を受けたいと願っている。『甲寅叢書』第一冊は、金田一京助著『北蝦夷古謡遺篇』であった。良い本を出版するにあたり、蘇峰の経験を聞きたかったのであろう。横川和尚撰『百人一首』の複製本や、書誌学者島田翰の『古文

近藤ニ而多く此の筆
と称候得佑小生も
見當公親方へ為
先日逢上ケ申上候
件其ノ形ヲ取り置申
中出以之段ハ小生筆
同志数人の中へ今二
申画叢書と申叢
等リ二下

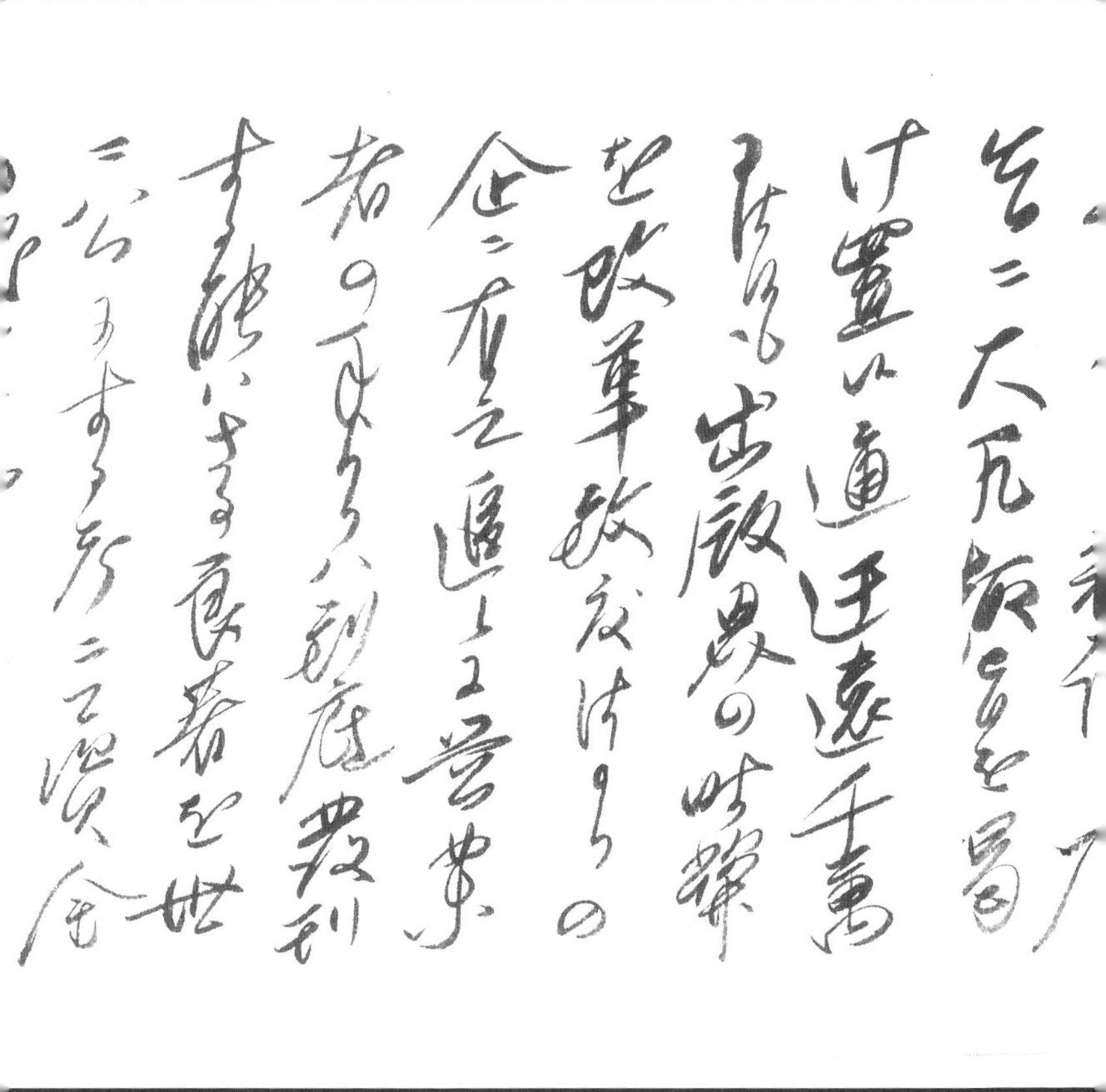

徳富蘇峰宛　柳田國男書簡　大正 3 年 2 月 16 日付（提供＝徳富蘇峰記念館）

旧書考』を損得ぬきで、出版していた蘇峰の意見を参考にしたかったのであろう。

『甲寅叢書』出版の抱負を柳田は「大凡の趣旨を別封の雑誌の広告に掲げおいた」とあるので、雑誌を探してみたところ、一冊の『郷土研究』を当記念館の雑誌の棚からみつけることができた。第一巻第一二号で、『甲寅叢書』の広告と編者の希望が述べられている頁を見てみよう。


編者が戦後直ちに樺太に渡航し、親しく新領土の土人より採集したる長編の叙事詩にして、英雄ポノタシッンクの花やかなる生涯を歌ひたるもの、詞藻豊麗にして記述精彩を極む。優に此民族が芸術の天分に貧ならざりしことを證するに足る。〔中略〕我甲寅叢書は乞ひて之を其第一編に印行し、聊か此愉快なる新事業の発程を装飾し得たり。〔後略〕

美しい広告文である。この雑誌『郷土研究』は実費五十銭、郵送料六銭であった。目次には「根岸及び根小屋」柳田國男、「北海道の河童」金田一京助、「山人外伝史料」南方熊楠、「熊野路の現状」柳田國男、「アイヌの動物説話」吉田巌等の論文がみえる。

しかしだんだん原稿が集まらなくなり、六号まで続いたが、最後の号は柳田國男一人で一冊分の原稿を書いたと、思い出として語っている。

『甲寅叢書』の購読者に学生時代の芥川龍之介がいたという。國男が出す『甲寅叢書』は、國男の書簡の文面にあるように、良い本を世にだすことが目的であった。蘇峰に相談して良書の出版を実行しようとする大正三年の國男の姿勢が窺える。

2　大正六（一九一七）年七月六日

先度拝芝の日申上置候「ニウ、イースト」後援会の件御賛成被下候により追々他の諸君にも申上　時事　朝日　日日等の主任たち及添田　頭本等の従来の後援者諸氏にも　御光臨を乞ふことに致し　来十一日夕六時ロバートソン・スコット及バイアスの二君を小生官舎に招き小集を催し候　就ては暑中且御多忙の折柄千萬御迷惑とは存上候も　枉て御差繰被下　同刻御光臨切望仕候　尚暑い時に付尤もご軽装ねがはしく存候　恐々謹言

電話にても一寸御一答待上候

七月六日　　　　柳田生

徳冨先生侍史

〈注〉封筒表「青山南町六ノ三〇　徳冨猪一郎様侍史」。封筒裏「貴族院官舎　柳田國男」。

この手紙の二年前大正四年の國男の年譜を見ると、「八月、ロバートソン・スコット夫妻、那須皓とともに、那須〜南会津〜越後を旅行」とあり、同「十月、ロバートソン・スコットを伴い瀬戸内海沿岸四県を講演してまわる」とある。このロバートソンであろう。

手紙では、十一日夕六時貴族院官舎に、『時事新報』『東京朝日新聞』『東京日日新聞』の主任たち、

添田（添田寿一か）、頭本（ヘラルド雑誌社の頭本元貞か）、ロバートソン・スコットとバイアスと蘇峰を招いて小集を持ち、話し合いたいと願っている。「ニュー・イースト」後援会がどんなものであったのかわからないが『ニュー・イースト』は珍しい雑誌であったようだ。國男の思いも引用しよう。

新渡戸さんの家で開かれた郷土研究会には、ほとんど毎回のように外国人が来て、いっしょに食事などをした。大正四年の夏ごろ、ロバートソン・スコットという英人夫妻が参加したことがある。細君はアイルランド人、主人はスコットランド人で、もとは本国で「ペルメル」という新聞の記者をしていたが、南阿戦争の時に反対論を書いたために退社させられ、それからは民間の文筆人となって、たくさんの著書のある人であった。日本のことを書いた大きな著書もある。私らにとってはいちばん良い友人で、「君はこういうつもりで、こう言うんだろうけど、そういっては向うに解らないから、こういい給え」などと、親切に教えてくれる先生であった。日本では『ニュー・イースト』という、今では珍本の雑誌を出していた。

（『故郷七十年』）

3　徳富蘇峰宛　柳田國男と留岡幸助連名絵葉書　大正（　）年十一月十二日

「上野にて寝台車に入りしに昨秋根室にて面会致し候柳田氏に面会致し御噂致し候身恰も先生と根室に参り候心地致候　留岡」

「車中幸に留岡先生に御一諸相願いろ〱の物語り出来愉快に旅行を続け申候　拝具　柳田生」

〈注〉葉書。葉書表「東京市京橋区日吉町　国民新聞社　徳富猪一郎様」「青森　留岡幸助」。

偶然同じ寝台車で留岡幸助にあい、いろいろと話している愉快な旅を伝えている。留岡幸助（一八六四―一九三四　文久四／元治元―昭和九）は同志社神学科卒業。不良少年感化の為の教師となり、巣鴨に「家庭学校」を創設し、北海道と神奈川県に分校を設立した。留岡から蘇峰への書簡が一一〇通ある。これらの書簡からも柳田との関係も出てくるかもしれない。

柳田國男の著書『遠野物語』の最初の部分を読んでみよう。

この話はすべて遠野の人佐々木鏡石君より聞きたり。昨明治四十二年の二月ごろより始めて夜分おりおり訪ね来たりこの話をせられしを筆記せしなり。鏡石君は話上手にはあらざれども誠実なる人なり。自分もまた一字一句をも加減せず感じたるままを書きたり。思うに遠野郷にはこの類の物語なお数百件あるならん。我々はより多くを聞かんことを切望す。国内の山村にして、遠野よりさらに物深き所にはまた無数の山神山人の伝説あるべし。願わくはこれを語りて平地人を戦慄せしめよ。この書のごときは陳勝呉広（ちんしょうごこう）〔あることのさきがけをすることの意〕のみ。

とはじまる。二つの話を読んでみよう。「遠野町は花巻の停車場にて汽車を下り、北上川を渡り、その川の支流を猿ケ石川の渓を伝いて東の方へ入ること十三里、遠野の町に至る」とある。『遠野物語』は一一九からなり、昔からの土地の言い伝えなどが書かれている。怖い話が多い。

五三（カッコウとホトトギスの話）

郭公と時鳥とは昔ありし姉妹なり。郭公は姉なるがある時芋を掘りて焼き、そのまわりの堅きところを自ら食い、中の軟かなるところを妹に与えたりしを、妹は姉の食う分は一層旨かるべしと想いて、庖丁にてその姉を殺せしに、たちまちに鳥となり、ガンコ、ガンコと啼きて飛び去りぬ。ガンコは方言にて堅いところということなり。妹さてはよきところをのみおのれにくれしなりけりと思い、悔恨に堪えず、やがてまたこれも鳥になりて庖丁かけたと啼きたりという。遠野にては時鳥のことを庖丁かけと呼ぶ。盛岡辺にては時鳥はどちゃへ飛んでたと啼くという。

○この芋は馬鈴薯のことなり。

九十（天狗森）

松崎村に天狗森という山あり。その麓なる桑畠にて村の若者何某という者、働きていたりしに、頻りに睡くなりたれば、しばらく畠の畔に腰掛けて居眠りせんとせしに、きわめて大なる男の顔は真赤なるが出て来たれり。若者は気軽にて平生相撲などの好きなる男なれば、この見馴れぬ大男が立ちはだかりて上より見下すようなるを面悪く思い、思わず立ち上りてお前はどこから来たかと問うに、何の答えもせざれば、一つ突き飛ばしてやらんと思い、力自慢のまま飛びかかり手を掛けたりと思うや否や、かえりて自分の方が飛ばされて気を失いたり。夕方に正気づきてみれば無論その大男はおらず。家に帰りてのち人にこの事を話したり。その秋のことなり。早池峯の腰へ村人大勢とともに馬を曳きて萩を苅りに行き、さて帰らんとするころになりてこの男のみ姿見えず。一同驚きて尋ねたれば、深き谷の奥にて手も足も一つ一つ抜き取られて死していたりという。今より二三十年前のことにて、この時の事をよく知れる老人今も存在せり。天狗森には天狗多くいるということは昔より人の知るところなり。

日本の民俗学者柳田國男と徳富蘇峰との関わりは、ごく自然のことであるように思う。それは蘇峰が三十五年がかりで書いた『近世日本国民史』という著書が示すように、蘇峰は、英雄や政治家が動かす歴史だけを書いたのではなく、庶民の生活・風習・風俗も注意して書いたのである。

柳田國男は、放っておくと消えてしまいそうな地方の民話、習慣、伝承を訪ね歩き、記録し、自然の財産である森や川を天狗や河童とともに、後世に残そうとした。徳富蘇峰は、国民史で、多くの埋もれた史料を発掘し、縦横に使いこなして、後世に残そうとした。二人の交流もまた時代の采配であったように思う。民俗学、歴史学も地球上の環境と生き物を大切にしようということに到達する。力でなく、優しさと思いやりで、地球の環境を護る思いを忘れないでいたい。

鶴見和子氏と石牟礼道子氏の対談「魂と『日本』の美――水俣から学ぶ」(『環』第2号、二〇〇〇年)を読んでいたとき、「四角い言葉と丸い言葉」という小見出しが目についた。鶴見和子氏の話によると、プリンストン大学の社会学の大先生が初めて来日されたとき、柳田國男氏と滝川政次郎氏に会いたいと希望されたという。和子氏が柳田先生のところにお連れしたところ、柳田先生がこう言われたという。「日本には二つの違う種類の人間がいるんですよ。一つは四角い言葉を使う人種、もう一つは丸い言葉を使う人種がいるんです。外国の学者はみんな四角い言葉を使う人にだけ話を聞いて帰るから、日本のことはさっぱりわからない。だからあなたはほんとに日本社会のことが知りたいなら丸い言葉を使う人の話をお聞きなさい」。側で聞いていた鶴見和子氏も感動したという。柳田國男の人間性を言い尽している言葉である。丸い言葉と四角い言葉の意味は、一人一人違うであろうが、一人一人の胸にこみ上げて来るものを大切にしたい。

柳田國男の蘇峰宛書簡があるかと尋ねられた来館者の方々の雰囲気が思い出された。彼らは丸い言葉で話しかけて下さったのであろう。

〈附〉柳田國男と徳富蘇峰の共通の友人たちを三四二―三四三頁の表にまとめてみた。

参考文献

朝日新聞東京本社企画部編集・発行『日本民俗学の父　生誕百年記念　柳田國男展』一九七五年
後藤総一郎監修、柳田國男研究会編『柳田國男伝』三一書房、一九八八年
留岡幸助『留岡幸助自叙――家庭学校』日本図書センター、一九九九年

並木仙太郎編『民友社三十年史』民友社、一九一七年
日本近代文学館編『日本近代文学大辞典』第三巻、講談社、一九七七年
姫路文学館編・発行『松岡五兄弟』一九九二年
民俗学研究所『民俗学辞典』東京堂、一九五一年
柳田國男『作家の自伝　柳田國男』日本図書センター、一九九八年
――『遠野物語・山の人生』ワイド版岩波文庫121、二〇〇一年
――『定本　柳田国男集』別巻第四、筑摩書房、一九六七年
――『柳田國男全集』第21巻、筑摩書房、一九九七年（『故郷七十年』『海上の道』収録）
柳田国男研究会編著『別冊　柳田国男伝　年譜　書誌　索引』三一書房、一九八八年
『郷土研究』第一巻一二号、東京郷土研究社、一九一四年二月十日
高野静子『蘇峰とその時代』中央公論社、一九八八年
――『続・蘇峰とその時代』徳富蘇峰記念塩崎財団、一九九八年
『環』第2号、藤原書店、二〇〇〇年

氏 名 生没年	出身地	蘇峰宛書簡数	解説（〈 〉は所属していた団体）
幣原 坦 1870-1953	大阪	1	文部官僚・教育者。幣原喜重郎の兄。台北帝大創立（昭和3）と共に総長。南方地域派遣官吏の養成機関、「興南錬政院」の初代院長（昭和17）。〈南島談話会〉。
島崎藤村 1872-1943	長野	1	詩人。小説家。北村透谷らと『文学界』を創刊。「椰子の実」の作詞のヒントを柳田から得る。〈土曜会〉〈イプセン会〉。
下村 宏 1875-1957	和歌山	36	ジャーナリスト。政治家。柳田が幹事をしていた有志談話会〈同人〉メンバー。民政長官後任人事に柳田は積極的に関与し、旧友の下村を推す。柳田と共に「社会政策学会」に所属、共に朝日新聞社に幹部として迎えられる。
新村 出 1876-1967	山口	12	言語学者。『大言海』『広辞苑』編纂。日本語の起源や比較言語学で注目すべき業績をあげる。〈南島談話会〉〈民族〉。
田山花袋 1871-1930	栃木	2	小説家。『文章世界』主筆。〈歌の同門〉。〈土曜会〉。〈イプセン会〉。『抒情詩』のメンバー。
戸川秋骨 1870-1939	熊本	30	評論家。英文学者。島崎藤村らと『文学界』創刊。『文学界』の同人の中で、柳田が一番親しかった人。〈土曜会〉。
留岡幸助 1864-1934	岡山	110	社会改良家。東京巣鴨に不良少年感化の為の家庭学校を創設。北海道と神奈川に分校を設立。柳田と連名で根室から蘇峰に絵葉書を送っている。
鳥居龍蔵 1870-1953	徳島	1	考古学者。人類学者。文学博士。蒙古・シベリア・西南アジアなどを探査。著書『遼の文化を探る』。夫人きみ子も同研究者。〈民族〉。
新渡戸稲造 1862-1933	岩手	3	教育者。東京女子大初代学長。札幌農学校卒。生涯を国際平和の為にささげた。著書『武士道』。〈郷土会〉〈郷土研究〉。
原田直次郎 1863-1899	東京	20	洋画家。森鷗外と親交あり。ドイツに留学。『国民之友』の初期表紙を担当。『於母影』の表紙も描く。
平福百穂 1877-1933	秋田	47	日本画家。蘇峰とよく旅をした親友。アララギ派歌人。〈イプセン会〉。
正宗白鳥 1879-1962	岡山	1	小説家。文芸評論家。劇作家。『読売新聞』記者。〈イプセン会〉。〈文学談義〉〈龍土会〉メンバー。
松岡静雄 1878-1936	兵庫	1	柳田国男の弟。言語学者。南洋諸島の言語・民族を研究。著書『太平洋民族誌』『日本言語学』など。
水野梅暁 1877-1949	広島	2	禅僧（曹洞宗）。大谷光瑞の弟子。中国問題で熱心に活動した柳田と日支国民協会で同じメンバー。支那（日華）クラブ創立に情熱を傾けた柳田と共に働く。東亜同文書院卒。
三宅驥一 1876-1964	兵庫	128	植物学者。東大農学部教授。蘇峰の長女逸子の夫。〈郷土会〉の有力メンバーの一人。
宮崎湖処子 1864-1922	福岡	5	詩人。小説家。評論家。牧師。民友社社員。「文学会」出席。民友社から出版された湖処子の『帰省』に柳田は大きな刺激を受けた。〈歌の同人〉。『抒情詩』のメンバー。
森 鷗外 1862-1922	島根	12	小説家。評論家。陸軍軍医総監。ドイツに留学。〈文学会〉出席者。『舞姫』『於母影』を『国民之友』に発表。『於母影』の原稿料で『しがらみ草紙』創刊。〈歌の同門〉。
山県有朋 1838-1922	山口	57	陸軍軍人。政治家。井上通泰が歌の師。山県の腹心・道家斉は内閣法制局参事官筆頭として、柳田の直接の上司。山県が主宰する〈常磐会〉の選集『常磐会詠草』には柳田の「夜花」と題する歌がある。
和田英作 1874-1959	鹿児島	2	洋画家。東京美術学校校長。原田直次郎に師事。新体詩集『抒情詩』の挿絵担当。大正10年柳田とパリに同行する。

柳田國男と徳富蘇峰の共通の友人

（50音順）

氏　名 生没年	出身地	蘇峰宛書簡数	解説（〈　〉は所属していた団体）
赤星陸治 1874-1942	熊本	9	俳人・ホトトギス同人。柳田の『甲寅叢書』に貴族院議員西園寺八郎とともに資金援助。三菱地所支配人。息子平馬は柳田の次女千枝と結婚。
芥川龍之介 1892-1927	東京	0	小説家。当記念館には芥川からの書簡はないが、蘇峰は芥川と菊池寛主催の座談会などで、幾度か面識があり、自著の交換もあった。芥川は柳田の『甲寅叢書』の購読者。
姉崎正治 1873-1949	京都	3	宗教学者。英・仏・インドに留学。仏教・ヒンズー教専攻。アイヌ研究補助費支給の際に尽力。〈木曜会〉。
石黒忠篤 1884-1960	福島	8	官僚。農政家。軍医石黒忠悳の長男。農政学専門家。柳田は石黒の研究態度に共鳴する。翼賛文化運動の指導部に在籍。〈郷土会〉。
石田幹之助 1891-1974	千葉	2	東洋史学者。東洋文庫主事。著書『欧人の支那研究』など。「柳田國男先生古希記念会」の発起人の一人。〈民族〉。
井上通泰 1866-1941	兵庫	30	柳田國男の兄。井上家の養子。国文学者。歌人。眼科医。蘇峰主宰の「文学会」に出席。明治40年山県有朋の推挙で御歌所寄人（勅任待遇）。
上田萬年 1867-1937	東京	5	言語学者。文部省専門学務局長。伊波普猷の『おもろそうし』（沖縄の歴史・言語・信仰）の校訂本が〈南島談話会〉から刊行されるときに幣原坦とともに援助。柳田が主唱した第1回方言研究会に出席。〈南島談話会〉。
江木 翼 1873-1932	山口	6	政治家。鉄道大臣。内閣書記官長。江木千之の養子。読書家として知られた。柳田の官僚時代の同僚。柳田邸での〈例の会〉出席。〈土曜会〉。
大谷光瑞 1876-1948	京都	240	西本願寺派22世宗主。法名は鏡如。明治35西本願寺留学生を率いて西域・インドの遺跡を調査。柳田の弟静雄が設立した「日蘭通交調査会」の調査団に香港から参加。ニューギニアの開拓をしようと考えていた。
落合直文 1861-1903	宮城	7	国文学者。歌人。鷗外らと『於母影』を『国民之友』に発表。国文学研究に貢献。「文学会」出席。柳田の兄井上通泰の「新声社」復帰を市村瓚次郎と共に勧めた。柳田が一高時代の国語作文添削担当教官。『十訓抄』を教わる。
賀古鶴所 1855-1931	静岡	1	医師。ベルリン大学で耳鼻咽喉科を修める。東大卒。井上通泰と森鷗外を引き合わせた。森鷗外の親友で、遺言を口述筆記した人物。「常盤会」幹事。少年の頃から柳田を可愛がった人。
国木田独歩 1871-1908	千葉	3	詩人。小説家。『国民新聞』に入り、『愛弟通信』で文名をあげる。柳田邸での文学談義出席者。6人の仲間（国木田・柳田・田山花袋・嵯峨の屋お室・太田玉茗・宮崎湖処子）の作品を集めた新体詩集『抒情詩』を出す。〈龍土会〉で独歩は話題の中心となる。柳田の文学上の友。〈土曜会〉。
黒板勝美 1874-1946	長崎	11	歴史学者。日本考古文化研究所を創設。柳田が親密な関わりをもっていた〈同人〉有志談話会の会員。
小中村義象 1864-1923	熊本	3	国文学者。歌人。パリ留学。〈文学会〉出席。柳田が一高時代国文学科で主任教官。著書『千代のかたみ』
嵯峨の屋 お室 1863-1947	東京	5	小説家。本名。矢崎鎮四郎。初期民友社社員。〈文学会〉出席。『抒情詩』の6人の仲間の一人。二葉亭などとロシア文学の研究をした。
沢柳政太郎 1865-1927	長野	5	教育家。高等教育に関する理想と抱負を実現する為に成城学園を創設した。柳田は沢柳の教育方針を大変評価していた。昭和32年柳田の書籍は成城大学に寄託された。

何れ共並ぶ二の手段
を講ずる丈なりけり
尚緩呪には私自問し
一流ミ己ならぬ氣志

Ⅵ　正力松太郎

——新聞を守るということ

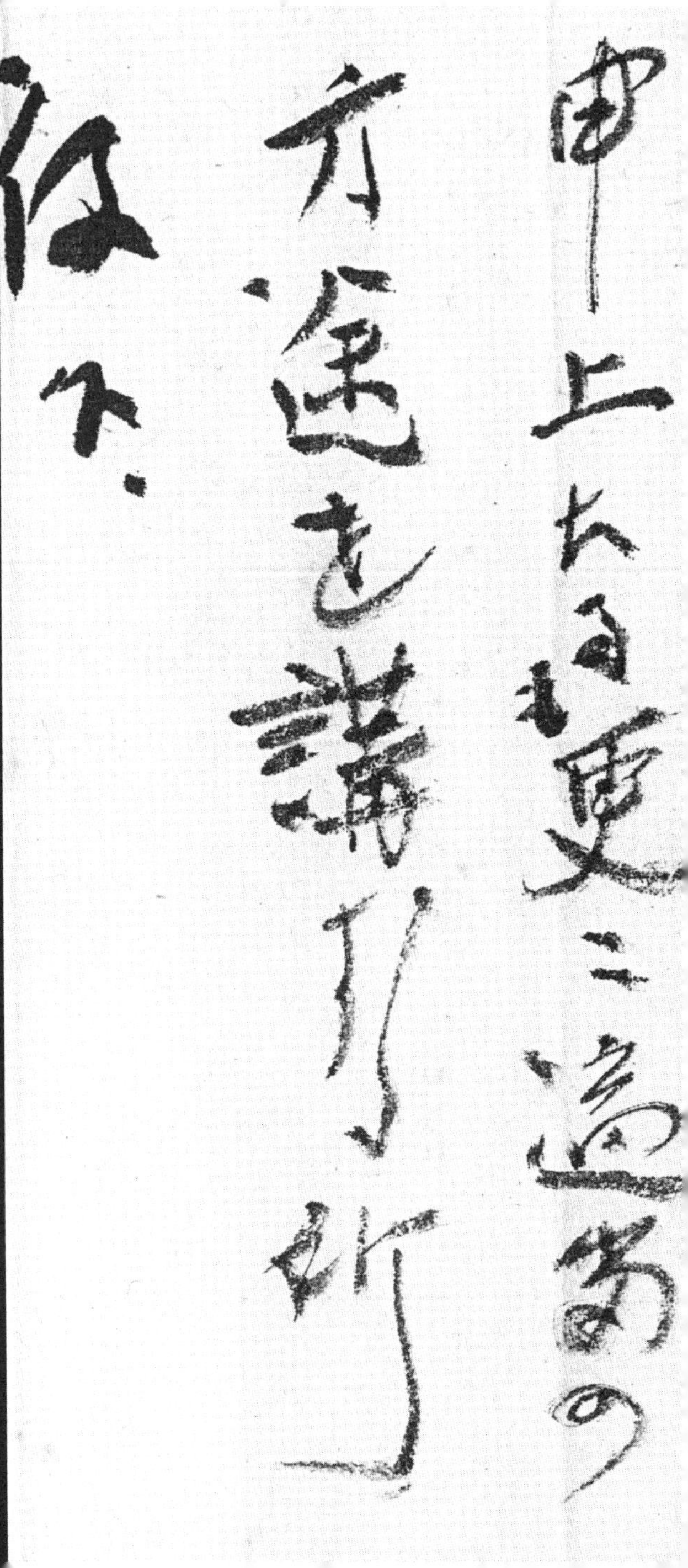

正力松太郎（しょうりき・まつたろう　一八八五―一九六九）
富山生まれ。新聞経営者、政治家。東京帝国大学法科大学卒後、内務省に入る。大正十二（一九二三）年虎ノ門事件で警視庁警務部長を引責辞任。大正十三（一九二四）年、後藤新平の援助により読売新聞社を買収し社長に就任、部数を大幅にふやす。昭和九（一九三四）年大日本東京野球倶楽部（読売巨人軍の前身）を創設。昭和二十（一九四五）年一二月、戦犯容疑者に指名され読売新聞社長を辞任。翌年公職追放(昭和二十六年まで)。昭和二十七（一九五二）年日本テレビ放送網を設立し社長となり、翌年八月、初の民間放送を開局。昭和二十九（一九五四）年読売新聞社主、翌年衆議院議員（当選五回、自民党）。初代原子力委員長として原子力利用をすすめた。

1　第二次大戦下の新聞人たち

正力松太郎、後藤新平、徳富蘇峰の環

今回は読売新聞中興の祖であり、わが国テレビ放送の創始者として知られる正力松太郎と徳富蘇峰の交流をみてみよう。

正力松太郎は、明治十八（一八八五）年、富山県射水郡大門町枇杷首に、父土木請負業庄次郎、母きよの二男として生まれた。『正力松太郎』（読売新聞社編、一九七一年）によれば、松太郎の祖父は開発屋庄助といい、土木請負業をはじめた、創意に富んだ人物だった。庄助は嘉永元（一八四八）年藩命をうけて、庄川に架かった旧北陸街道の大門大橋の架け替えに従事した。旧幕時代には、道路や橋の位置を変えることができなかったので、架け替えには、古い橋ぐいを早く抜き取ることが、工事の決め手であった。庄助は、鉄の輪でつくったくい抜きの道具を発明し、そのために工事が大いにはかどった。奉行は、この発明を賞し、その道具を「正力輪」と呼んだ。庄助はこの功で藩主から「正力」の姓と帯刀を許され

た（社史編集室長・磯部忠男「ふるさと」、読売新聞社編、『正力松太郎』非売品、一九七一年）。

正力松太郎は明治四十（一九〇七）年九月、東京帝国大学独逸法科大学入学。四十四（一九一一）年同大学を卒業。内務省に入り、警察官として米騒動、市電争議、普通選挙運動の弾圧、共産党の検挙、関東大震災の警備などに活躍した。大正十三（一九二四）年一月七日、当時の摂政宮裕仁が狙撃された虎の門事件の警備責任者として、文官懲戒令により本官を免ぜられた。退官後、後藤新平の世話で読売新聞社社長に就任、経営の不振を克服。東京読売巨人軍を創設してプロ野球を育成した。戦時中は翼賛政治会総務、昭和二十（一九四五）年敗戦直後に起きた読売第一次争議では、後任社長に馬場恒吾を決め、争議は解決した。同日A級戦犯として巣鴨拘置所に収容され、一年八カ月の後、釈放された。昭和二十六（一九五一）年八月に公職追放を解除された。後日本テレビ放送を設立し、社長就任。衆議院選挙に自民党から立候補し、当選五回、北海道開発庁長官、科学技術庁長官、原子力委員長になる。

大正十三年に読売新聞が正力の手に入ったのは、後藤新平が工面してくれた、十万円の力であった。御手洗辰雄の『伝記　正力松太郎』（講談社、一九五五年）により要旨をみてみよう。

正力は伊豆長岡の別邸に後藤新平を訪ね、十万円の金策をたのんだ。話を聞いた後藤は、「二週間後に金を渡すから」と即座に金を引き受けてくれた。十万円が後藤から出たことは他言しないように、もし失敗したら金は捨てて来いと付け加えた。大正十三年の十万といえば、恐らく昭和三十（一九五五）年の五千万円か一億円にも匹敵しよう。後藤はその大金を僅か一分間ばかり考えただけで引き受けた。政治家の後藤にそんな金のあるはずはないからと、久しい間正力はどうしてその金を後藤がつくってくれたかは知らなかった。ところが、昭和二年になって藤田謙一が東京商工会議所の会頭になりたく、後藤を通じて正力に尽力を頼んだ時、その金は藤田から出たということを藤田から聞かされてそれを信じ、以来藤田にはいろいろと恩返しの意味で力を貸していた。後藤の死後の昭和四〔一九二九〕年、何かの話の時、後藤の嗣子一蔵に十万円の話をすると、一蔵は「飛んでもない話だ」と反駁していろいろの古い事実を取り出し、その金の由来を話したので正力は驚くと共に、改めて後藤の深い恩義に感激したのであった。

一蔵の語るところはこうである。正力が長岡から帰ると、後藤はすぐに一蔵を呼んで麻布本村町にあった五千坪の土地の権利証をもって来させた。この土地は昔、後藤の岳父、安場保和男爵から三万円で借り入れて買っておいた土地であった。この権利証を藤田に渡して勧業銀行から借り入れさせたのがその十万円である。金は藤田がもって来たには相違ないが、実は藤田は借金の使をしただけで、別段責任を負ったものでも何でもない。後藤はこの事情を固く口止めしていたから一蔵以外このことを知っているのは一蔵夫人と妹の鶴見祐輔夫人だけだというのである。これは正力ならずとも感激する。殊に人一倍感激性の強い正力は、生前この事情を知らずに過ごしたことが何としても申し訳ないことに思い、報恩の機会と方法を考えていたが、いよいよ東京一の大新聞となり、新築社屋も完成したのでここに、後藤が生前地方自治と公民教育に熱心であったことを思い、その郷里岩手県水沢町に昭和十六〔一九四一〕年十一月、公民館を建設して寄付した。

(『伝記　正力松太郎』)

伊豆長岡の約束は大正十三年、新平六十七歳、正力三十九歳の時であった。

昭和四十六(一九七一)年十月九日、正力松太郎の三回忌法要記念に『正力松太郎』という大冊一巻の追憶のアルバム(非売品)が蘇峰記念館に贈られてきた。「刊行のことば」を紹介しよう。

正力松太郎の活動は、新聞、テレビ、政治、行政、文化、宗教、スポーツ、娯楽などの広い分野にわたった。その独創性と実行力とは、つねに時代を先取りして、昭和史に新しい一ページを書きつづけた。

「君ハ常ニ他社ニ先ジテ之ヲ成ス、而シテ他人之ヲ笑イ、之ヲ謗ル。ヤガテハ之ニ追随ス。我ヨリ古ヲ為スモノニ幾シ」という徳富蘇峰の正力評は、正力の人と事業との神髄をついている。〃利行は一法なり、あまねく自他を利するなり……〃正力は道元禅師のこの語をこの上なく愛したが、正にその類いなき実践者であった。彼はいつも、大衆のしあわせを願い、大衆の喜びを喜びとし、大衆の利益を自分の利益とした。

務台光雄(昭和四十五―五十六年、第九代読売新聞社社長)は、同書の中で虎の門事件の責を負って官界を退いた正力のことを次のように語っている。

正力さんは虎の門事件の責を負って官界を退いた後、大正十三年二月、読売新聞の経営を引き受けられましたが、その時の発行部数はわずか五万、それを今日六百万部という世界有数の大新聞に育て上げられました。しかもそれは関東大震災により当時、帝都の三大新聞といわれた報知、時事、国民をはじめ、東京の諸新聞がことごとく破局的打撃を受けたところに、関西の二大新聞が殺倒し、世界にも例のない激烈な競争をきわめたいわゆる新聞戦国時代のただ中であります。〔中略〕わたくしどもが誇りとするのは、正力さんが、ただ経営的に成功されたばかりでなく、新聞を平易な大衆のものとして発展させながら、公器としての新聞の使命を常に強調し、言論人としての信念を堅持する指導でした。〔後略〕

蘇峰は明治二十年に『国民之友』、二十三年に『国民新聞』を創刊した。当時の青年・知識人が血を湧かせ、感激した人々の想いが、明治・大正・昭和を生きるバックボーンになっていったのであろう。蘇峰の書籍を愛読して青年時代を過ごした人々の一人であった正力は、蘇峰に尊敬の念を抱き、それが正力の新聞人としての生きる支えになった。蘇峰は語っている。私の信ずる日本への愛情を受けとり成長してくれた明治の青年は、新聞人として生きてくれるであろう、と。正力もまさに、そんな新聞人の一人だったのである。

このように正力と蘇峰二人の仲は苦しいことなどがあったことで人間としての魅力を感じあったのであろう。

戦前の蘇峰宛正力書簡

正力の蘇峰への書簡を読んでみよう。

正力からの巻紙の書簡は、大東亜戦争が背景にある昭和十年代のジャーナリストの信念がある。徳富蘇峰記念館が所蔵している正力からの書簡は、昭和十四（一九三九）年から蘇峰が亡くなった昭和三十二（一九五七）年までの三十五通である。三十五通中十八通は封をした上に印の代わりに「糊」という漢字一字でふさいでいる。封筒裏にきちんと年月日を書いている。

6　昭和十七（一九四三）年一月二十八日

拝啓　愈々国歩多難の折柄、先生、益々御健勝の段慶賀に堪えず候　扨(さ)て先般無電事件に関し深き御芳情を辱(かたじけの)うし感謝致し居候処　只今また御懇書を賜り只管(ひたすら)感激仕候　御教示の要旨固く心に銘し一層奮励仕る可候　茲に乍略儀書中御礼申上候

敬具

正力生

徳富先生貴下

〈注〉封筒表「大森区山王一ノ二八三二　徳富蘇峯先生　速達」。封筒裏「東京市京橋区銀座西三丁目一番地　読売新聞社長　正力松太郎　昭和十七年一月廿八日　糊」。

7　昭和十八（一九四四）年八月十日

謹啓　時局愈々重大を加え候処　先生には御健康、御快復遊され候由、国家の為慶賀に存候　扨て小生の身上に関して、毎度御懇情を賜り感泣に堪えず候　今回、弊社無電事件に関し又もや御心労を掛け何とも恐縮に存居候　実は弊社無電課長より、無電の設置及聴取を一般に禁ずる所なるも報道の使命を有する、同盟は公認せられ　朝日、毎日、読売は黙認せられ居ると説明せるを信じて、欧米部長及部員の使用を不注意にも黙認せる次第に候　元より無電聴取の写しは欧米部長のみ所持して部員外には一切見せざりしものに候　只た昨年春、情報局某課長の命により該写しを情報局に届けたる由に候　此事も小生今日に至つて漸く了知せる所に候　又此事ありたる為、欧米部員等も黙認せられ居るものと誤認したる由に候　以上の事情判明せると小生自ら出頭、事情を釈明せるにより憲兵隊も之を了として事件は憲兵隊のみに止めて落着致し候　憲兵隊の好意に対し深く感謝する所に候　右、実情に之れあり候間　何卒御安心願上候

先生の御芳情に対し重ねて御礼申上候　何れ拝趨御礼述可候へ共茲に、乍略儀書中を以て事件の概要御報告旁々御礼申し候

敬具

正力生

徳富先生坐下

〈注〉封筒表「山梨県南都留郡山中湖旭ケ丘　徳富蘇峯先生　速達」。エンピツで「スム」「18・8・11」とあり。
封筒裏「東京市京橋区銀座西三丁目一番地　読売新聞社　社長正力松太郎　昭和十八年八月十日　糊」。

正力の書簡のうち、昭和十七年一月二十八日付と昭和十八年八月十日付の二通が無電事件について触れている。「無電事件」とは何のことか。『讀賣新聞八十年史』（編集人岡野敏哉、讀賣新聞社、一九五五年）によると、

昭和十六（一九四一）年十一月五日正力社長が生命をかけて、軍を中心に計画された全国の〔新聞〕合同会社案に反対したため、ついに同案は葬り去られた。そのシッペ返しは、二年後に訪れた。軍が意図して出来ないことはないと慢心し切っていた当時において、敢てこれを阻止した正力社長が、当の松村陸軍報道部長にどのような感情で迎えられていたかは説明するまでもなかろう。

日米戦がまだたけなわの昭和十八（一九四三）年七月末のある夜である。突如、憲兵が本社内の無電室を襲い、折から短波傍受中の本社技術員が引致され、翌日はその責任者である欧米部長田中幸利が、さらにその翌日には、同次長小林雄一がそれぞれ憲兵隊に喚問され、いずれも収容されるに至った。理由は、短波無線の無許可傍受というのである。傍受した無電のコピーは常に情報局に提供されており、この傍受はいわば非公式ながら黙認の形式で実際上は許されていたのである。引致

された社員は翌日になっても帰されない。中満編集局長がこちらから進んで社長があやまりに行けば済むでしょうと勧めたので、正力社長もその気になって直ちに憲兵隊を訪問した。正力社長を待ち受けていたように「君を今日逮捕させに憲兵をやろうかと思っていたのだが、君の方から来るという電話があったので待っていたのだ」と、すこぶる強圧的な態度である。要するに新聞統制を思いのままに行い得なかった一部官僚と軍閥、そして外部の時局便乗者が特別の意図を持って、その報復手段として新聞弾圧の邪魔ものである正力社長を新聞界から追放しようとした陰謀であった。当時の矢萩陸軍報道部長は、正力を中傷した投書を編集局を通じて正力に示したので、正力は投書の主を調査してもらうべく警視庁にその調査を依頼した。ところが四方憲兵隊長に中止された。

以上長くなったが、無電、短波無線の無許可傍受、非公式ながら黙認など、勢力の強い方の都合で、いいか、悪いかを決められるのは、怖いところである。

正力の手紙の最後に「先生の御芳情に対し重ねて御礼申上候」とあるのは、苦労を乗り切れた蘇峰の後援を感謝している気持の表れである。

9　昭和十九（一九四四）年一月二十日

〔前略〕扨て昨日は御親書を賜り難有存候　御憂国の言々句々只管感激を覚申候　仰せの如く一部の軟風実に慨歎の至りに候　鹿子木、斉藤両氏共々　折悪しく旅行に出で月末に皈京の筈に付其上、相

談可仕候　尚来月上旬頃、御無沙汰の御詫びを兼ね御伺致度存念に候

敬具

廿日

正力生

徳富先生坐下

〈注〉封筒表「静岡県熱海市伊豆山押出二九　徳富先生皮下　速達」。封筒裏「東京市京橋区銀座西三丁目一番地　読売新聞社　社長正力松太郎　昭和十九年一月廿日　糊」。

10　昭和十九年二月二十四日

〔前略〕尚只今は拙講に付過分のお言葉を頂き恐縮致し居候、数日前、内務省警保局及警視庁より該冊子を全国の警察署に配布し度との命にて内務省へ二千二百部、警視庁へ千部、近日中に印刷し届くることゝ致し候　小生も少々驚きたる次第に候　先は御礼かた〳〵御報告申上候

敬具

正力生拝

徳富先生机下

〈注〉封筒表「静岡県熱海市伊豆山押出二九　徳富先生座下　速達」。封筒裏「東京市京橋区銀座西三丁目一番地　読売新聞社長　正力松太郎　昭和十九年二月廿四日　糊」。

全国の警察署に正力の講演冊子を配布して欲しいといわれ、冊子二千二百部を内務省へ、千部を警視庁に届けることを正力が喜んで蘇峰に報告してきている。

12　昭和十九年六月六日

拝啓　国家愈々危急存亡の秋、先生の御健闘に対し吾等も深く恥入申候　数日前、緒方君来社し、先生よりの親書を拝見仕候て　今更ながらも我等の努力の足らざるを痛感仕候　早速、先づ阿部総裁に意見を具申することに決し、本日、田中、高石、緒方の諸君と共に訪問致し候処総裁も頗る同感の意を表せられ、総理〔東條英機〕にも我等の意のある処を伝ふるが、我等にも直接総理に面談せよとのことに候間　総裁より何等かの指示あるものと愚考仕り候　何れ其上第二の手段を講する考に候　尚総理には私自身として既に充分意見を申上たるも更に適当の方途を講ずる所に存候

右取敢えず御報告かたはら御礼申上候

敬具

正力生

徳富先生坐下

二伸　序てを以て実に恐縮とは存じ候へ共　先日、御丁重なる御弔詞を辱うし只々感謝致し居候

〈注〉封筒表「静岡県熱海市　徳富先生　速達」。封筒裏「東京市京橋区銀座西三丁目一番地　読売新聞社　社長　正力松太郎　昭和十九年六月六日　糊」。

前述のように、正力は朝日、毎日と共に全国の新聞を一社に統合しようとする政府の「新聞合同会社案」に必死に反対した。蘇峰は「新聞の存亡は三社の決意にあり……」と、正力らの抵抗を支援した。

尚徳院には私自身とし
へ跪き親しく参らんを
申上たきも更に適当の
方途を講ずる所
存候

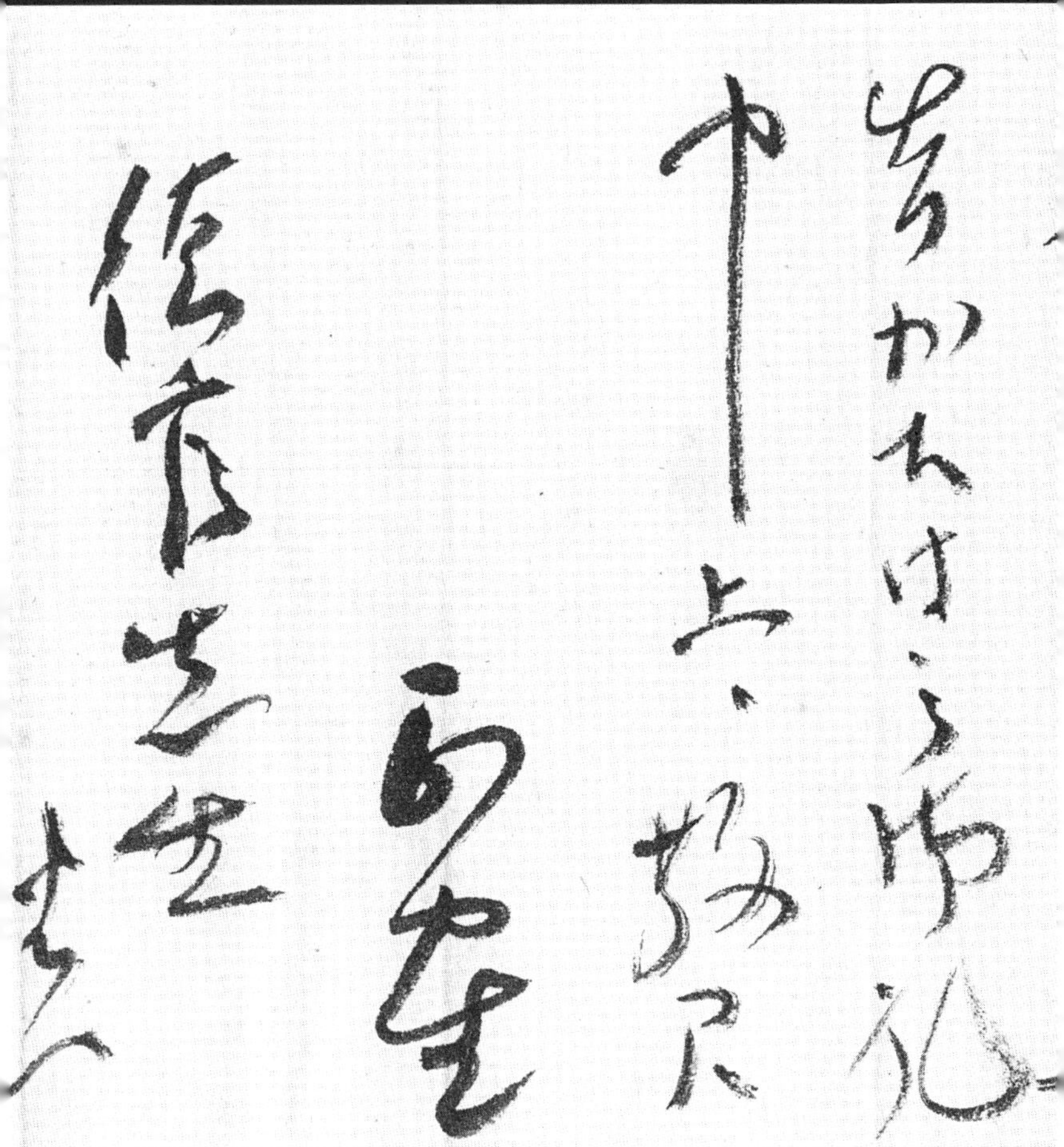

徳富蘇峰宛　正力松太郎書簡　昭和 19 年 6 月 6 日付（提供＝徳富蘇峰記念館）

この手紙は、正力が蘇峰の激励に感謝しながら、三社の措置を蘇峰に中間報告したものである。

16　昭和二十（一九四五）年七月十三日

拝啓　毎日新聞紙上、三回に亘る警世の御卓見拝読、深く、感激仕候　殊に「ガダルカナル」撤収以来、如何なる不利を我国民が被った時でも転進々々で手軽く取捌き、必竟転進の二字が国民を誤らしむ云々　今や非常時と云ひながら一切のことは殆んど平常時にして其仕事の悠長にして廻りくどき云々　今日は親切とか不親切とかいふことは問題でない、不親切が常識であり、なげやりが常識であるかの感あり云々

最後に重臣及首相への御忠言、実に歯痒くて耐うぬ云々、御尤も千萬に存候、彼等も定めし反省することと存じ茲に取り敢えず書中を以て御礼申し上候

次に弊新聞社こと、前便中上げたる如く当本願寺内に於て紙面編輯より、紙型作製の運びとなり輪転機のみを毎日、朝日の工場に於て借用致し居候　尚又、かの浦和町の印刷工場も略完成致し候へ共此等の設備は何れも元より敵機の来襲に備ふる所　次にあらざれば先月上旬以来、適当なる地下設備の計画を立て居候処、本郷区、御茶の水附近の一帯は帝都唯一の岩盤地域にして嘗て鉄道省及東京都庁に於て地下工場の計画を立てたるが工事の困難と予算関係の為、着手せざりしものなるを知り、不肖なから万難を排し地下五十尺の岩磐下に起工することに決心し、先月廿日以来諸準備に取係りて数日前より工事に着手し、明後日より昼夜兼行の大馬力を以て工事を進め八月下旬迄輪転機、据付工事を

行ふ予定に候、其結果によりては編輯局をも地下に移す考に候　工事竣工の上は一噸ワク弾に堪ふ可しとは地質学の権威、渡辺理学博士の説明する処に候　幸にして予定の如く工事進行せば今こそ新聞報国の重責を尽すを得るかと愚考仕候　乍末筆先生の御健康を御祈り申上候

敬具

正力生

徳富先生机下

〈注〉封筒表「山梨県富士山麓山中湖旭ヶ丘　徳富猪一郎先生　速達」。封筒裏「東京都築地　読売新聞社内　正力松太郎　七月十三日　糊」。

終戦の一カ月前、正力は蘇峰に昭和二十年七月十三日付で長文の書簡を出した。正力は二年半前のガダルカナル撤収以来の戦況報告を楽観的に「転進」と伝え、国民が被害を被ったときでも、「転進」の二字が国民を誤らせていると蘇峰が新聞に書いた記事を読み警世の御卓見と感謝している。

当時の日本の戦況は、昭和十七年六月にミッドウェー海戦で敗北、十八年二月日本軍ガダルカナル島撤退、昭和十九年インパール作戦中止、サイパン島の日本守備隊が全滅したという状況であった。

日本文学報国会、大日本言論報国会と徳富蘇峰

昭和十七年五月二十六日、（社）日本文学報国会が創立され、蘇峰はその会長に就任した。理事に久

米正雄、菊池寛、佐藤春夫、柳田國男、吉川英治などがいた。同年十二月二十三日、（社）大日本言論報国会が創立され、蘇峰はこの会長にも就任した。専務理事には鹿子木員信、顧問には中野正剛の義父三宅雄二郎（雪嶺）、大谷光瑞、末次信正、奥村喜和男などの名があり、賛助会員には、中央公論社、改造社、講談社、博文館、旺文社、毎日新聞社、読売新聞社、朝日新聞社等の各社長、参与にはその社の主筆が名を連ねている。

二つの報国会の役員会員の中で、蘇峰と交遊のあった人々の戦中・戦後の様子を書簡やその他の資料などを通してみてみよう。まず最初に徳富蘇峰自身が東條英機に宛てた長文の私信手控の一部を紹介しよう。

東條英機宛　徳富蘇峰書簡　昭和十八（一九四三）年三月十六日

〔前略〕若し朝夕の新聞をして眇乎たる二頁帋たらしめんか　世間の所謂広告散らしの類に過ぎず。陸海勇士の奮闘の記事も　銃後老若男女の忠良報国の美談も　殆んど総て　抹殺せざるを得ざるべし。矧んや世界の視聴を聳動するか如き大論文に於ておや。〔中略〕新聞紙の利器たるは軍国多事の今日尤も然りとす。平時に於ては尚忍ふ可し　今日に於ては即今以下に紙幅を減削するは　百害ありて一利なし。新聞紙は情報局の延長にして　又其の補充なり　而して其の社会の各層に浸透し　内外に蔓延するの動力は到底何物も之に追随する難しとなす。〔中略〕若し今日新聞紙の軍国の御用に立つこと小なりとせは　是れ寧ろ指導者其人を得さるの罪にして　決して新聞紙其者の罪にあらす。若し当局の有司にして之を善用するの道を解せは　其の効用は今日に倍し乃至十倍するものあらん　日露戦争当時を回顧せは　思半はに過くるものあらん。老生の草莽の老書生　新聞経営に就ては一切没交渉なり。但た天下の為めに敢て閣下の尊厳を冒涜して遍々の丹忱を効す。

昭和十八年三月十六日　　艸々

徳富猪一郎

これは長文の書簡の一部である。蘇峰の新聞を守ろうとする熱意と、利器である新聞を使いこなせていない東條への忌憚のない意見、忠告である。

徳富蘇峰宛　小泉信三書簡　昭和十九（一九四四）年五月三十日

拝啓　筆硯愈々御多祥の段　慶賀の至りに奉存候　陳者　過般雑誌「言論報国」本年三月号御掲載の「蘇翁漫談」拝読致候処　其末段　福沢諭吉先生に対する御評論中に　乍遺憾御承服申上兼候両三ヶ条有之候に付き　甚だ失礼とは存候へども　之に対する所感、また其根拠たるべき数項の文献的事実を書き綴り、当塾学生新聞に発表、別便を以て一部敬呈仕候間　何卒　御寸暇を以て御一読被下候はば　仕合の至りに奉存候

猶ほ右拙文は同じ「言論報国」誌上に掲載するを適当と存じ　一度び其旨申入れ候へども　同誌編輯部に於て　差支ある旨過日鹿子木博士より回答有之候に付き之を見合せ　右の如く三田新聞に寄稿致候段　何卒御諒承被下度候

尚ほ此事に関連し　決戦々局に於ける言論報国会の任務に関し　一会員として多少の所感有之　鹿子木博士まで遠慮なく申述置候に付き　或は機会を得て同博士より御伝言申上ることも可有之やと存申候　右要用のみ　中述度　斯の如くに御座候

敬具

昭和十九年五月三十日

東京都芝区三田　慶應義塾　小泉信三

徳富猪一郎様

〈注〉封筒表「熱海市伊豆山押出一一九　徳富猪一郎様　書留」。封筒裏「東京市芝区三田　慶應義塾　小泉信三　昭和十九年五月三十日」。

福沢諭吉は蘇峰よりも二十八歳年長であるが、蘇峰は青年時代から、福沢の人物の偉大さをある批判をもちながらも尊敬し、福沢から多くのことを学んでいることが感じられる。小泉信三（一八八八―一九六六　明治二十一―昭和四十一　慶應義塾長）は『三田新聞』に掲載された「徳富蘇峰氏の福沢評論に就いて――先生の国権論その他」で蘇峰に反発の筆を執った。その背景には、軍部の政治的支配が強くなり、何処からともなく福沢攻撃論が流布された（昆野和七『福沢研究』第九）ためとある。また蘇峰に送られた『三田新聞』（五四六号）には三田新聞学会からの挨拶が掲載されている。「今回国家の要請に従ひ一時発行を停止し　復刊の機を俟つ事と決定致しました」とある。小泉の論文は大正七（一九一八）年から、二七年間続いた『三田新聞』の停止の最終号に小泉が思いを込めて書いた蘇峰への駁論ということになる。

小泉は自分の蘇峰への反論が「徳富氏の文の読者に多少異なる判断資料を供し得れば幸ひと思ひそれ

を希ふものです。ただ私は人に私見を強いず、文献的事実によって事実を語らせたいと思ふものであります」としている。

小泉信三に反駁を決意させるほど小泉を憤慨させた「蘇翁漫談」は（社）大日本言論報国会が発行していた雑誌『言論報国』（昭和十九年三月号）に掲載されたものである。なお、蘇峰がA級戦争犯罪容疑者に指摘された直接の原因は、言論報国会の会長であったことによる。この会の設立の目的は「皇国内外の思想戦ニ挺身スルコト」であり、種々の言論活動に影響力を持っていた。

徳富蘇峰宛　鹿子木員信書簡　昭和十九年五月十五日

〔前略〕昨日、東都日比谷公会堂において国民総決起大会中央総会開催せられ、小生も参列仕り候処、東條首相の演説は真摯熱烈、闘志満々たるものあるを感ぜしめ、甚だ意を強ふ致し候へ共、その閣僚と翼賛、翼政の指導者の顔を演壇上に見て、その側近、幕僚、協力者に、殆んど一人の真の同志を擁せざる東條首相に対し、寧ろ同憐の念禁じ得ざるものあるを痛感仕候。東條首相に人を見、その志を知るの明あらんには、これこそ鬼に金棒と存候に、此の人にして此の欠陥あり、痛恨に堪へず候。〔後略〕

〈注〉封筒表「熱海市伊豆山押出晩晴草堂　徳富猪一郎先生」。封筒裏「東京都京橋区銀座四ノ一（銀座三越六階）社団法人 大日本言論報国会　鹿子木員信　昭和十九年五月十五日」。

鹿子木員信（一八八四―一九四九　明治十七―昭和二十四　哲学者・慶應義塾大学教授・九州帝国大学教授）は、ヨーロッパに留学し、ベルリン大学客員教授として日本学講座を担当した。大正二年に出された徳富蘆花の『みみずのたはごと』の一節「梅一輪」に登場する海軍士官葛城勝郎のモデルと言われている。（社）大日本言論報国会の専務理事兼事務局長として、同会が発行していた雑誌『言論報国』の役員であった。

鹿子木は小泉信三の「徳富蘇峰氏の福沢評論に就いて――先生の国権論その他」を『言論報国』に掲載することを拒んだ。書簡では東條英機に意見を言える政治家がいなかったことを同情している。国際人として、これから研究されたらおもしろい人物であろう。鹿子木は蘇峰の遠縁にあたる。

徳富蘇峰宛　山本実彦書簡　昭和十九年六月十三日

謹啓　今回私不徳の結果、改造を廃刊し、改造社長を退任せなくてはならぬことになりました。誠に済まぬことです　これは私が部下の或事件に対し、道義的責任を取つたのだと御承知下さい。而し私は元気であります皇国の為に精根を傾けて皇恩に報じたいのであります、前後策がつきましたら一時鎌倉に休養しますか　北支に行きますかどちらかに決定しようと思います　事件の真相は皆目私も不明なのです、それで責任をとつたのです、全く狐につままれたような御報告です。御笑下さい。御高誼を永らく受けて此始末であります、御賢室様にも宜しく御伝へ下さい。

敬具

六月十三日　山本実彦

蘇峰先生侍曹

〈注〉封筒表「静岡県熱海市伊豆山　徳富猪一郎先生」。封筒裏「東京都品川区上大崎五ノ六四五　山本実彦　六月十三日」。

山本実彦（一八八五―一九五二　明治十八―昭和二十七　ジャーナリスト）は、東京毎日新聞社社長をへて大正八（一九一九）年に『改造』を創刊した。

書簡の中にある「或事件」とは何であろうか。調べていくとそれが「横浜事件」であることがわかった。横浜事件は太平洋戦争中における神奈川県特高警察による一連の言論弾圧事件である。昭和十七（一九四二）年の『改造』八・九月号に掲載された細川嘉六の論文「世界史の動向と日本」が発端となった。中央公論社・改造社・日本評論社・岩波書店などの関係者三十余名を検挙、投獄、治安維持法で起訴し、取調べのきびしい拷問のため死者三人を出した。「全く狐につままれたような御報告です」と山本実彦自身も事件の真相がわからないとしている。

「改造社長を退任せなくてはならぬことになりました。皇国の為に精根を傾けて皇恩に報じたいのでありります」と山本実彦は悲しい詩のような筆で心境を語っている。

徳富蘇峰宛　緒方竹虎書簡　昭和十九年七月五日

拝啓　先週土曜日　正力氏と会見、月曜日田中新聞会長と会見、昨火曜新聞会に田中　正力　高石大野諸氏の参集を請ひ　御高諭を披露して　蹶起を促し候処　皆々趣旨に於ては大賛成　先づ手始めに東條内閣の注文引受所たる阿部大将と会見　言論人としての忌憚なき意見を披瀝することに決し明六日大将を訪問する段取と迄相成候　先生の謂ゆる「虎髯を将づる」感無きに非るも　手始めとしては此辺かとも考へ候　其際高石氏より先生玉稿に関し　当局と折衝の経過を聴取　高石氏に乞ふてゲラ刷をも拝見仕候処　実に近来の大文章にて　今日吾々言論人の意衷を尽して一字の加ふるもの無御坐候　何故にこれを紙上に掲載せしめざりしか　端的にこれが時局を今日に致したる所以　生の巌頭に立ちながら　人心の燃え立たざる所以　言論人の黙止を許さざる所以と存候　阿部大将と会談の結果如何によりては　老先生の御出盧を請はざるを得ざるもあるやも知れず予め御含置奉願候　軍官民共に尊陛下の赤子たるに於て　寸分の差違なし　然るを日支事変も　大東亜戦争も　銃後の事も　軍官のみにて　民を無視し　而も軍々官々にばら〳〵に小是非　小分別に日を暮したる結果が今日の為体にて痛憤此事に御坐候　阿部大将と会見後間を見て再訪親しく御高教を仰ぎ度為邦家一層御加餐万祈候

草々頓首

七月五日

緒方竹虎

徳富蘇峰先生玉案下

〈注〉封筒表「熱海市伊豆山押出一一九　徳富蘇峰先生侍史」。封筒裏「東京都麹町区有楽町二丁目三番地　朝日新聞東京本社　緒方竹虎　昭和十九年七月五日」。

緒方竹虎（一八八八―一九五六　明治二十一―昭和三十一　政治家）は、東京朝日新聞社の主筆で、昭和十九

年小磯内閣の国務相兼情報局総裁に就任し、戦時下の言論統制にあたった。昭和二十九年自由党総裁に就任し、昭和三十年保守合同後自民党の総裁と目されていたが急逝した。

緒方、正力、高石、田中、大野が集まると言論人として、当時の状況を黙視できないと結束する力を感じる。高石が持ってきた蘇峰の原稿を「先生玉稿に関し、当局と折衝の経過を聴取　高石氏に乞ふてゲラ刷をも拝見仕候処　実に近来の大文章にて　今日吾々言論人の意衷を尽して一字の加ふるもの無御坐候」とする緒方の手紙から蘇峰の言論人としての実力がいきいきしている様子がわかる。

徳富蘇峰宛　高石真五郎書簡　昭和二十（一九四五）年十月十九日

拝啓　高田君宛御手紙に皇室中心主義に就て御言及あり拝承仕候、本社も元より過日の重役会議においてこの所謂主義に就て意見を交換し　前社長以来の伝統に背かぬことを申合せ候　併し小生は此際為念先生の教えを乞ふて誤なきを期し度候　依て左に簡単に御高見を拝承したき点と中上候

皇室中心とは何か。之を解して皇室が中心になるといふは政治組織の中心になることなり　即ち政治機構の中心に皇室が立つことになり、とすれば夫れは取りも直さず天皇親ら政治を行ふことにしていふ処の天皇親政となる。

かく解すべきや

他の解釈として、皇室中心主義とは精神的のものにして、国民が心の奥より皇室を敬愛し尊崇し大和民族の家長なる心持を以て常に皇室を中心に修永富家にいそしむ事なり、故に天皇が政治を親ら視ず、

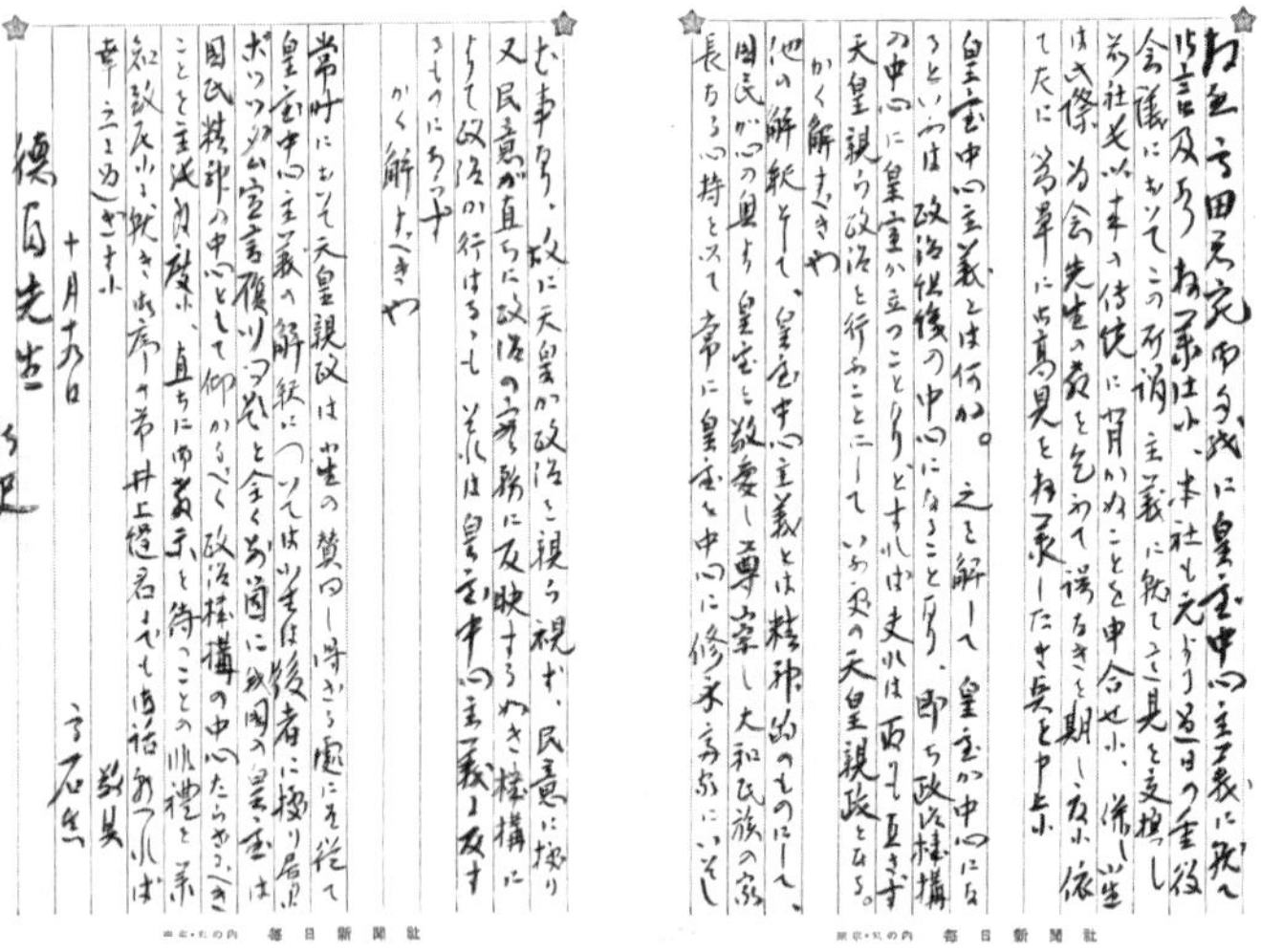

徳富蘇峰宛　高石真五郎書簡　昭和20年10月19日付
（提供＝徳富蘇峰記念館）

民意に拠り又民意が直ちに政治の実務に反映する如き機構によりて政治が行はるゝもそれは皇室中心主義に反するものにあらず
かく解すべきや
常時において天皇親政は小生の賛同し得ざる処に在従て皇室中心主義の解釈については小生は後者に拠り居り候　ポツダム宣言履行問題と全く別箇に我国の皇室は国民精神の中心として仰かるべく政治機構の中心たらざるべきことを主張致度候　直ちに御教示を待つことの非礼を承知致居候に就き御序の節　井上縫君〔井上縫三郎　毎日新聞論説委員〕にでも御話願へれば幸之に過ぎず候　敬具

十月十九日　高石真

徳富先生侍史

〈注〉封筒表「山梨県南都留郡山中湖畔旭日ヶ丘　徳富蘇峯先生」。封筒裏「東京麹町区有楽町一丁目十一番地　毎日新聞社　高石真五郎　十月十九日」。

大阪毎日新聞社の取締役会長の高石真五郎（一八七八—一九六七　明治十一—昭和四十二）の、この敗戦直後の手紙は印象的なものである。皇室中心主義とはどのようなものか、蘇峰にききたいとかねてから言っていた。皇室中心主義を唱える蘇峰先生に教えて頂きたいと手紙にもある。「国民が心の奥より皇室を敬愛し尊崇し大和民族の家長なる心持を以て常に皇室を中心に修永富家にいそしむ事なり、故に天皇が政治を親ら視ず」で宜しいかと蘇峰に尋ねている。

菊池寛の文芸講演会での話を伝える弟子川口松太郎

（昭和二十一年頃　京都で文芸講演会が開かれた時の講演より）

戦後間もない事だった。京都で文芸講演会が開かれて菊池寛、久米正雄、吉川英治のそうそうたる方々が出演して、私はその前座と司会者をつとめた。菊池氏が舞台へ出て話を始めると、正面の二階席から「戦争協力者」という野次が飛んだ。すると氏は話を切って声のあった正面席をにらんで、「戦争に協力しない日本国民があるか、あればそれは非国民だ」と怒りをこめた声をぶつけて、「僕は昔から右にも左にも偏せず中道を守ると宣言している。我々はだれにしても戦争には反対だ。しかしいざ戦争になってしまえば協力して勝利を願うのは、当然の国民感情だろう。それとも君は祖国が負ければいいと思ったのか」まなじりを釣り上げて、正面をにらみつけた。その気魄には満員の聴衆が嵐のような拍手をあびせた。楽屋で聞いていて涙が出た。
（川口松太郎「菊池寛」『百年の日本人』読売新聞社、一九八六年）

泣きながら聞いていた弟子を持っていた菊池寛（明治二十一―昭和二十三　一八八八―一九四八　作家『文藝春秋』創刊）は幸せである。菊池は芥川賞、直木賞を設け、新人を育てた。菊池の後輩に対する豊かな愛情は、川口松太郎が右記のような情景を我々に伝えてくれたことでも、その大きさが伝わってくる。

戦争の中心を精一杯生きてきた人々の姿を推察できる書簡・資料である。

昭和二十（一九四五）年八月十五日正午、戦争終結の詔が放送された。同十月二十五日、読売第一次争議起こる。十二月十二日、後任社長に馬場恒吾を決め争議解決、正力は戦犯容疑者として巣鴨拘置所に収容され、一年八カ月巣鴨にいた。十二月二十六日読売新聞社取締役を辞任。昭和二十一（一九四六）年一月四日、公職追放。

戦時中の正力の書簡は、活き活きしていて、跳ね返る力の強さを感じ取ることができた。新聞人が結束して、東條英機のジャーナリズムに対する弾圧に立ち向かって行った様子が見てとれる。

次節では正力の戦後の書簡と、馬場恒吾、深井英五、奥村喜和男など正力の友人などにも触れて見よう。戦前と同様、蘇峰と正力は戦後も元気だった。

2　戦後混乱期の蘇峰と新聞人

今回は第二次世界大戦後のジャーナリスト、新聞人、言論人の書簡を選んでみた。蘇峰の周りに蘇峰の意見を聞くことを願っていた人々が多くいたことを感じた。戦後の復活を歩んで来た言論人たちの生き方は、疎開を含め同じ苦労をした戦後の国民の生きてきた道と重なっていると感じた。

昭和二十（一九四五）年八月十五日正午、正力は戦争終結の詔をラジオ放送で聞いた。同十月二十五日、終戦から約七十日後、読売第一次争議が起きた。社長を退く決意をした正力は十二月十二日、後任の社長を馬場恒吾に依頼し、無理な頼みを引き受けてもらった。その日の深夜、正力は戦犯容疑者として巣鴨拘置所に収容された。戦争報道の責任を問われたものである。十二月二十六日読売新聞社取締役を辞任し、昭和二十一（一九四六）年一月四日公職追放される。昭和二十二（一九四七）年九月一日巣鴨拘置所から釈放。昭和二十六（一九五一）年八月六日公職追放解除となった。

巣鴨拘置所に収容され、一年九カ月後に釈放された正力松太郎の、次々と湧き出るアイデアは目を見張らせるものであった。昭和二十四（一九四九）年プロ野球の二リーグ制を提唱し、二十八（一九五三）年日本テレビの放送を開始させたことをはじめ、囲碁将棋を新聞紙上に掲載したり、文芸欄を設けたり、

新設なったテレビ塔で蘇峰を案内する正力
（1954 年 5 月 10 日。提供＝徳富蘇峰記念館）

庶民の楽しみを誘う紙面作りを忘れなかった。昭和二十九（一九五四）年出来たばかりのテレビ塔を案内している正力の側で、嬉しそうに蘇峰が風に吹かれている写真（上図）や、テレビ出演の化粧をしている九十一歳の蘇峰の写真が記念館にある。テレビという新しい試みに挑む正力は、この新しいメディアに関心を示す蘇峰を日本テレビに招いたのであろう。正力の働きはテレビを初め、野球、プロレス、よみうりランド等、戦後の人々の楽しみに貢献したものが多い。

馬場恒吾の蘇峰宛書簡

正力は東京帝大卒業後、警察官僚となるが、大正十三（一九二四）年、虎ノ門事件の警備責任を問われ、官職を退いた。警察を去った正力は読売新聞を買取、新聞社経営に乗り出す。その資金十万円は後藤新平に依頼した。この話は前回触れた。

「読売新聞」は正力の第二の人生の舞台であった。

その舞台を追われた正力に、後任社長の役を頼まれた馬場恒吾は、どういう人物であったのか。

馬場恒吾は明治八（一八七五）年に岡山県邑久郡に生まれ、二十世紀前半に活躍したジャーナリスト、評論家であった。リベラルな思想の持ち主として知られていた。明治四十二（一九〇九）年に頭本元貞（ヘラルド雑誌社）とニューヨークに同行し、現地で『オリエンタル・レビュー』の編集長を務めた。大正二（一九一三）年に帰国して『ジャパン・タイムズ』の編集長となるが、翌年頭本の退社に伴い、自らも退社した。その後、国民新聞社に入り、外報部長、編集局長をつとめた（春原昭彦「日本の新聞人」20、『ニュースパークたより』No.21、日本新聞博物館）。以後は政治・人物評論家として活躍した。昭和二十年十二月から正力松太郎より読売新聞社を任せられた馬場は、二度の争議を乗り切り、戦後の「読売」の復興にあたった。正力松太郎がA級戦犯として、巣鴨に入るという切羽詰まった経過が馬場の書簡に示されている。

その前後の馬場の思いを、蘇峰に送られた手紙の中から読みとろう。

徳富蘇峰宛　馬場恒吾書簡　昭和二十（一九四五）年九月十六日

拝啓　御無沙汰仕り候が　富士山麗は最早秋冷身に沁む季節と存じ　御健康如何かと案じ候　七月十一日頃の毎日新聞　終に手に入らず、御論拝見の機を得ず残念に存じ候

其後の変局に関し　過去六十年間日本の国運を隆盛にならしむる為にのみ心血を灑ぎ来られし先生に

採っては如何に心外に思はれ居られ候ふらんと御同情致し候　日本の前途困難なるべきは勿論に候が米国側の云ふ如く四等国とは余りに情けなく候が　何とか又前途百機の途あるべしと苦心罷在候　併し最早空襲も無之候へば　其内親しく御示教を仰ぐ機会もあらんと存じ候　何分御自愛なされて、健康保全に御精進被下度候　小生元気に候　早く東京に帰り度候が　何分家も家財道具も焼失それらを考へてまだ田舎にぐず〳〵いたし居り候　奥様へ宜敷御伝声願はし候　ご機嫌伺度書中如斯候

頓首

九月十六日　恒吾

蘇峰先生侍史

〈注〉封筒表「山梨県　富士山麓山中湖　徳富猪一郎先生侍史」。封筒裏「長野県上高井郡綿内村　本籐恒松方　馬場恒吾」。

終戦後、一カ月の書簡である。明治・大正・昭和前半の八十年間の国運を築き上げてきた日本国にとって、米国に四等国と言われ、情けない気持になっていたであろう。疎開していた馬場の「早く東京に帰りたい」という気持が伝わってくる。家や家財道具を焼失したことも、打撃であったのであろう。

徳富蘇峰宛　馬場恒吾書簡　昭和二十年十一月七日

拝啓　其後如何御消光あらせられ候や　戦争終結後　社会情勢変転極りなく先生のご健在を祈る事切

なるもの有之候　先頃御手紙に封入されたる額字　小生珍宝として保存可致厚く御礼申上候　又そのお手紙には先生が米軍により調べられるかの御懸念あるかの如く拝読され候が其後の様子を見れば所謂戦争犯罪人とは　戦時国際法規を破ったものを指すらしく、先生などに関係なしと存じ候　且言論人を問題にするなどは言論自由の趣旨に反するものとして充分抗弁の余地有るものと思はれ候　それよりは今後の日本の運命に関して私共は非常に憂鬱の感に襲はれ居り候　昨今の模様にては日本は或は共産党の為めに破滅されるにはあらずやとさへ思はれ候　食糧欠乏から絶望的になりたる国民を驅ってどんな事を仕出来かすか、それを警戒抑制すべき新聞が自から下剋上の運動を起し、自暴自棄的の傾向を助長する観すら有之、小生すら心配に堪へざる形勢を馴致いたし居り候　今日ほど先生の御意見を伺度思ひし事無之候　まだ山中湖に御滞在かと存じ此書面差出し候が　御地は最早余程寒からんと存じ候　信州は最早相当に寒く殊に食糧事情も先頃の出水の為め逼迫し小生は今月中には引揚げる積りに候　逗子に借家見付かり相でそれさへ決定すれば逗子に落付くつもりに候　其上又更めて又消息御伺申上度存じをり候　其内熱海へ御帰り被遊候はば一度お伺可申上候ご無さたのお詫びかたがた右迄　頓首

十一月七日　恒吾

徳富先生玉案下

〈注〉封筒表「山梨県富士山麓山中湖旭が丘　徳富猪一郎先生侍史」。封筒裏「長野県上高井綿内村　本籐恒松氏方　馬場恒吾」。

馬場恒吾の終戦三カ月後の書簡である。「日本は或は共産党の為めに破壊されるにはあらずや」「食糧欠乏から絶望的になりたる国民を駆ってどんな事を仕出来かすか、それを警戒抑制すべき新聞が自から下剋上の運動を起し、自暴自棄的の傾向を助長する観すら有之」と心配している。本書第Ⅲ章で紹介した、蘇峰の同志社の後輩の森次太郎もまた、馬場と同時期に、配給の足りない、食物の乏しさを綿密に蘇峰に伝えている。

馬場は、蘇峰が米軍により調べられるのを懸念している様子に対して、戦争犯罪人とは戦時国際法規を破ったものを指すらしく、蘇峰には関係なしと安心を促す馬場の答えである。

徳富蘇峰宛　馬場恒吾書簡　昭和二十年十二月十六日

前略　昨日毎日の高田君〔高田元三郎〕に面会　御近状伺申上候　例の大阪の先生の注射を再びせられ早々御快方に向はせられること切望いたし候、小生読売に入社の事全く突然にて今尚途方にくれ居り候　去る十一日友人の高橋〔源一郎〕副社長から午后逗子に来るといふ電話があり、待ち居る際社会部の人が来て　私が社長となる由　話をせよとのこと、小生は何も知らぬと申して居る内高橋氏来たり、云ふには昨夜徹夜にて争議調停委員会開かれ　妥協出来た。明日は正力氏収容さる。調停委員会の席上で馬場を社長に推すと発言したのだから、断はられては困ると云ふ話し、小生其任にあらずと押問答の末　正力氏も逗子の自宅最早帰っている筈だから一緒に行かうと云ふ事になり、正力氏に

面会したる処　兎に角引受けて呉れなければ困却すると云ふ話し、それで小生拒絶を頑張り切れず遂に承諾いたしました　十二日は小生逗子に引籠り居り十三日読売に行って争議団幹部と面会一時はそんな事なら厭だから社長になるのは御免蒙ると云うた位、併し争議の方も小生を社長候補にしていたとの事て、兎に角一時は治まり候が今後どうなるか見当付かずとても難行路だと存じ候　実は浪人癖が付きて居り候ためか　小生寧ろ浪人生活の方が自然かと存じをり候　併し社長としている間は最善を尽くすべく努力可致候〔後略〕

草々頓首

十二月十六日

恒吾

蘇峰先生侍史

〈注〉封筒表「熱海市伊豆山押出　徳富猪一郎先生」。封筒裏「横須賀市逗子桜山二二三七　平島二郎方　馬場恒吾」。

馬場の率直な手紙は気持がよい。

昭和二十年十二月十六日付の馬場の書簡は、正力社長から読売新聞社長を引き受けたことを蘇峰に報告している。馬場の所に高橋が来て言うには「昨夜徹夜にて争議調停委員会開かれ　妥協出来た。明日は正力氏収容さる。調停委員会の席上で馬場を社長に推すと発言したのだから、断はられては困る」と押問答した。そのあと、逗子の正力の自宅に行こうと言われ、馬場はついに断りきれず、承諾したと蘇峰に報告している。この手紙の日付は二十年十二月十六日となっているが、このやりとりが行われたのは、その五日前の十二月十一日である。正力が巣鴨に収容されたのは、十二月十二日であった。
馬場が読売新聞の社長の職を引き受けたのには、争議団の方も社長候補に馬場をあげていたことによるところが大きいようだ。「小生は寧ろ浪人生活の方が自然か」といいながら、「社長としている間は最善を尽くすべく努力」すると蘇峰に安心するよう伝えている。

徳富蘇峰宛　馬場恒吾書簡　昭和二十一（一九四六）年九月二十九日

拝啓　今日激励の御言葉を拝し　百万之援兵を得たるよりも感激いたし候　外道百万之衆正義之一棒にシカスの一句小生を奮発せしめ候、小生元来争を好まず　小生一個の事ならば寧ろ初めから負けた方が面倒でなくてよいと思ひ候が　同胞をこれ以上の苦難に陥れんとする企図に対しては、柄にもない事ですが出来るだけ頑張り居り候　尤も争議も百日以上になり　小生も免疫の如く、大して苦労もいたさず候　それよりも先生の御健筆とシッカリした絵筆を見て御病中とは云へ御元気の程を拝察非常に喜ばしく且安心いたし候、先日逗子お宅の御令孫に会ひ御消息承り、且、先日石川六郎君〔国民新聞編集部長〕来訪　先生の御近況承り候、何卒御養生に御注意一両年中の捲土重来の機を待たれ度候　小生も最も不適任なる新聞社長を引受け候も　其内何とかのんきな日も来るべしと思ひ居る次第に御座候　不取敢御礼申上度　乱筆ながら如斯候　草々頓首

九月廿九日　恒吾

蘇峰先生侍史

〈注〉封筒表「静岡県熱海市伊豆山　徳富蘇峰先生侍史」。封筒裏「神奈川県逗子桜山二二三七　平嶋方　馬場恒吾」。

社長就任から九カ月後の馬場書簡からは、蘇峰が力強く馬場を激励している様子、そして馬場も読売新聞社内の荒波を飄々と乗り切っている様子が伝わってくる。

馬場の人を引き付ける人柄を表わす武藤三徳の回想を引用しよう。

馬場さんは第一声で、私は新聞のことは何も知らない。これこれこういう事情で招かれたと言いました。そのあとこう言ったんです。新聞は正力君のものでもなく、私や君たちのものでもなく、読者のものです、とね。

これには、われわれもジーンときました。われわれを下男下女呼ばわりした正力ですが、彼を追放したことについては皆んな、恩を仇で返したという後ろめたさがあった。そのもやもやした気持が、馬場さんのこの一言で、いっぺんに洗われた。ああわれわれはこういう声が聞きたかったんだとね。

その馬場さんの声を二色にとったことが、第二次争議の本当の原因じゃなかったかと思います。大多数の社員は、本当にいい社長がきてくれた、民主主義とはこういうものかと、ほのぼのした気持ちであった。ところが、第一次争議で勝ったと思っている英雄気取りの人は、われわれの思い通りにリードできると思った。

（佐野眞一『巨怪伝』）

終戦後の蘇峰と正力

次に同時期の正力松太郎から蘇峰への書簡を終戦直後から遡って見てみよう。

17　昭和二十（一九四五）年九月五日

先生　御親書難有う御座ります、時局に就きましては無念の二字の外申上ぐる言葉もありません、只だ今更ながら軍略と政治との一致せざりしこと、軍、官共に指導者に実力を欠きしことは残念であります、次に弊社も八月十五日正午以来、御茶の水の地下工事を中止しました、目下読売別館（旧報知社屋）と本館の復旧に毎日百名余の鉄工、大工、人夫が働いております。本月十五日に別館に移転し、編輯局、業務局、工務局の事務を執ります、同社屋は幸に地下、及一階、二階が焼失せるも三階　四階　五階が無事でありましたので地下室、一階、二階の複旧と共に三階以上の貸室の人々に明渡しを受け之を使用することゝ致したのであります、輪転機は十七台を焼失しましたが幸にも一生懸命の努力にて本月末に少くも四台の高速度輪転機を読売本館の工場に於て運転開始の運びに至るかと思ひます、何卒御安心ください、左様なら　敬白

徳富先生

〔二伸略〕

〈注〉封筒表「山梨県富士山麓山中湖畔旭日丘　徳富蘇峯先生　速達」。封筒裏「東京京橋区築地本願寺内　正力松太郎」。

正力生

正力の蘇峰への報告は詳しい。新聞社が焼かれ、印刷機十七台を失い、その無念の言葉が終戦の日本にぴったり合う気持であったのであろう。昭和二十年十二月十二日に正力は巣鴨に収容された。二十二（一九四七）年九月一日までの一年九カ月余りの収容生活の中でも蘇峰に二通の手紙を送った。その中の一通を紹介しよう。

18　昭和二十二（一九四七）年三月三十一日

先生、大変御無沙汰致シマシタ、御起居、如何御伺ヒ致シマス、次ニ私コト、入所以来毎日々「野狐坐禅」ト宗教書ニ余念ナク親ンデオリマス　幸ニシテ一年数ヶ月、一度モ風邪ニ冒サレ多コトモナク、一回モ下痢シタルコトモナク、一日モ便通ヲ欠キタルコトナク頗ル元気テ、心身、共ニサワヤカテアリマス、御安心クダサイ、只夕世ノ急激ナ変動ヲ見テハ感慨無量デアリマス、国破レテ山河アリ今更云フ可キ言モアリマセン、終リニ臨ミテ先生ノ御清福ヲ祈リマス、

敬具

三月卅一日

正力松太郎生

徳富大先生机下

〈注〉封筒表「静岡県熱海市　徳富蘇峰大先生」封筒裏「東京都巣鴨町一丁目　正力松太郎　三月卅一日」。鉛筆書き。開封され検閲されている。切手なし。便箋二枚。本文中の一部の漢字にふりがなをつけてある。封筒裏に「二二・四・六拝受、即日返事」と書き込みあり。

収容生活を送りながらも、蘇峰に心配をかけまいとする正力の手紙からは父親を案じている息子のような優しさが伝わってくる。巣鴨から送られた文面は、正力の精神の逞しさと獄中生活を何とか耐えて行こうとする気概が読みとれる。

35　昭和三十二（一九五七）年七月二十八日

粛啓　盛夏の候貴台益々御清祥の段大慶至極に存じ上げます。陳者今般国務大臣に就任いたし国家公安委員長と原子力委員長を兼ねることになりました。〔後略〕

昭和三十二年七月

国務大臣　正力松太郎

徳富蘇峰殿

〔追而略〕

〈注〉封筒表「熱海市伊豆山　徳富蘇峰殿」。封筒裏「神奈川県逗子市新宿　国務大臣　正力松太郎」。印刷。

正力は昭和三十一（一九五六）年一月一日、鳩山首相を説いて、原子力委員会を組織し、初代原子力委員会委員長となった。つづいて原子力研究所、原子力産業会議を創設、わが国原子力平和利用の基礎を固めた。

憲法改正に関する蘇峰と中曽根康弘氏の往復書簡

当記念館では毎年テーマを決め、展示を行っている。平成九（一九九七）年には「達磨画と書簡による戦後の蘇峰展」を行った。当記念館は、戦後、蘇峰が描いた達磨の絵を五百枚以上所蔵している。手も足も出せない達磨が、蘇峰の気持を伝えてくる。戦後の蘇峰展の準備の過程で、昭和三十一（一九五六）年一月二十八日付の中曽根康弘氏からの書簡を読んだ。蘇峰がどのような内容の書簡を送り、この返書がきたのかに興味を持った。中曽根氏にお願い申し上げたところ、御快諾いただき、秘書の井出さんから、軸仕立てにして保存されていた蘇峰書簡が送られてきた。それが以下の往復書簡である。

中曽根康弘宛　徳富蘇峰書簡　昭和三十一（一九五六）年一月二十六日

啓上　憲法改正ハ日本百年ノ大計上　最大重要ノコトハ貴兄ノ百モ御熟知ノコト　何卒此際渾身ヲ傾

ケテ　大群衆ノ迷夢ヲ総破願上候。日本人カ星条旗ノ烙印ヲ押サレシ憲法。日本国ヲ弱体化スル憲法。日本国民ヲシテ愛国自尊ノ精神ヲ失墜セシムル憲法。米国自身サヘモ行過キタリト懺悔セシメタル憲法ヲ　平和憲法ナトト金科玉条視スル今日ノ官学者　没骨文士ノ蛙鳴蝉噪スル憲法ハ　一掃的ニ払拭シ去ル可キハ　貴兄ノ百モ御熟知ノコト　然ルニ政党者杯ハ此ノ問題ヲ単簡ニ　月並的ニ取リ上ケ申訳ケ的ニ取扱候ハ　如何ニモ彼等か眼前ノ功利ニ没頭シテ　他ヲ顧ルニ遑（いとま）アラサル為メト存候。就テハ鉄中ノ錚々タル貴兄ニ於テハ　此際先ツ党中ノ士気を昂揚セシメ　正々堂々天下ノ公壇ニヨリテ天下ノ公憤ヲ訴揚セシメラレ度　祈申上候。老生モ老且病　貴兄ト共ニ此ノ陣頭ニ立ツ克ハザルヲ深ク遺憾トスルモノナリ。

拝具

三十一年一月念六

蘇叟九十四

中曽根学兄机下

蘇峰のほとばしるような勢いは、日本の憲法を自分達で作ることが必要であるという迫力を感じさせる。

徳富蘇峰宛　中曽根康弘書簡　昭和三十一年一月二十八日

拝啓

先生益々御健勝のこととお喜び申上ます

先日お邪魔の折　書籍をとりに行かれた先生の足腰の健強なるを拝し　大いに意を強くいたしました
憲法改正に関し御激励を賜り感激に耐えません
憲法は次の時代に生きる今日の青年自ら創るべきもの　老人は後見人として助言すべきものと考へ小生等の努力足らざるを恥ぢ入る次第であります　小生本日共立講堂で創憲の演説を行ひ　以降全国に与論形成の遊説行を行う予定であります
先生の御鞭撻をお願ひ申上ます
敬白

二十八日
中曽根康弘

徳富先生

〈注〉封筒表「熱海市伊豆山　徳富蘇峰先生」。封筒裏「千代田区富士見町　議員宿舎　中曽根康弘」。

憲法改正に関して緒方竹虎に宛てた蘇峰の意見書

蘇峰は自由党の次期総裁と目されていた緒方竹虎に何を託していたのか。昭和三十一年一月十六日に蘇峰は緒方竹虎に、憲法改正に関しての意見書を送った。その意見書の控えが当記念館に保管されている。主旨は憲法改正と、保守新党の前途に関することである。憲法に対する蘇峰の意見が次のようにわかりやすく述べられている。

昭和三十一年（一九五六）一月十六日　巻紙墨書　二八×六一三㎝

〔前略〕所謂平和憲法ノ美名ヲ僣称スルモ現憲法ハ我カ国民ノ意志ニヨリテ成立シタルモノニアラサルコトハ、天下具眼者皆之ヲ知ル。老生ノ如キ老骨ハ未タ此ノ憲法ノ存在ヲ認ムル能ハサル一人ナリ。此ノ米国強制的ノ一夜作リノ憲法ハ民主自由ノ美名ノ下ニ日本ノ三千年ニ垂ントスル歴史ヲ蹂躙シタル悪法ナリ。日本ヲ弱体化セントスル悪法ナリ、日本人ヲシテ護国ノ義務ヲ忘却セシメ他力ニ依存セシメントスル、即チ永久的乞食根性ヲ存養セシメントスル悪法ナリ。然ルニ日本ノ学者多シト雖モ未タ一人ノ其ノ仮面ヲ剥キ其ノ真相ヲ暴露スル者ナキヲ遺憾トス。〔後略〕

この問題に渾身の力で当たり、昭和憲法を作り、天下万世平和の基礎を定めてほしいと願うものである。この意見書から、蘇峰は憲法改正への願いを、緒方竹虎と中曽根康弘氏に同時期に託していたことがわかる。中曽根氏が蘇峰に返事を書いた日の夜、くしくも緒方が急逝した。時に蘇峰九十三歳、緒方六十八歳、中曽根氏三十八歳であった。昭和三十一（一九五六）年四月十三日、自由党副幹事長中曽根康弘氏は、「憲法改正の歌、民族独立の歌発表会」を日比谷の東京宝塚劇場で開催する案内状を蘇峰に出した。「憲法改正の歌」「民族独立の歌」の作詞は中曽根氏である。

中曽根書簡をもう二通紹介しよう。

徳富蘇峰宛　中曽根康弘書簡　昭和三十（一九五五）年八月六日

〔前略〕此の度原子力国際会議参加のため本日ジュネーブに行って参ります　その後欧米の炉を視察して九月初め帰って来ます　青い鳥は青い火となりました　さて小生高崎に青雲塾会館兼講堂建設中のところ雄大なものが出来ました　そこで先生の額（横）をいただきたく存じます〔中略〕新島先生伝を関心を以て読ませていただいています　現代の日本には新島精神が必要で　わが塾はそれにあやからんとするものであります　先生の御自愛を祈ります　敬白

六日　中曽根康弘

徳富先生

〈注〉封筒表「熱海市伊豆山　徳富蘇峰先生」。封筒裏「衆議院　中曽根康弘」。

中曽根氏の私塾「青雲塾」の扁額は蘇峰の揮毫である。

徳富蘇峰宛　中曽根康弘書簡　昭和三十二（一九五七）年五月八日

拝啓　先生益々御健勝のおんこと　今朝読売新聞にて拝承、心より喜びに耐えません

小生は正力氏こそ次の日本を背負う大人物と敬し　予てよりひそかにその手配をいたしていましたが天桟未だ到らず　他日を期し冬眠しています　今般二十日出発東南アジアより中近東、東欧諸国を廻り二ヶ月遊んで参ります〔中略〕十年の浮沈盛衰を見て政治の醍醐味が少しづつ判りかけて来ました

江ばしつこ秀の史人三
視察にて九月初め帰
元来日本
青鳥の青き水と
なりましれ

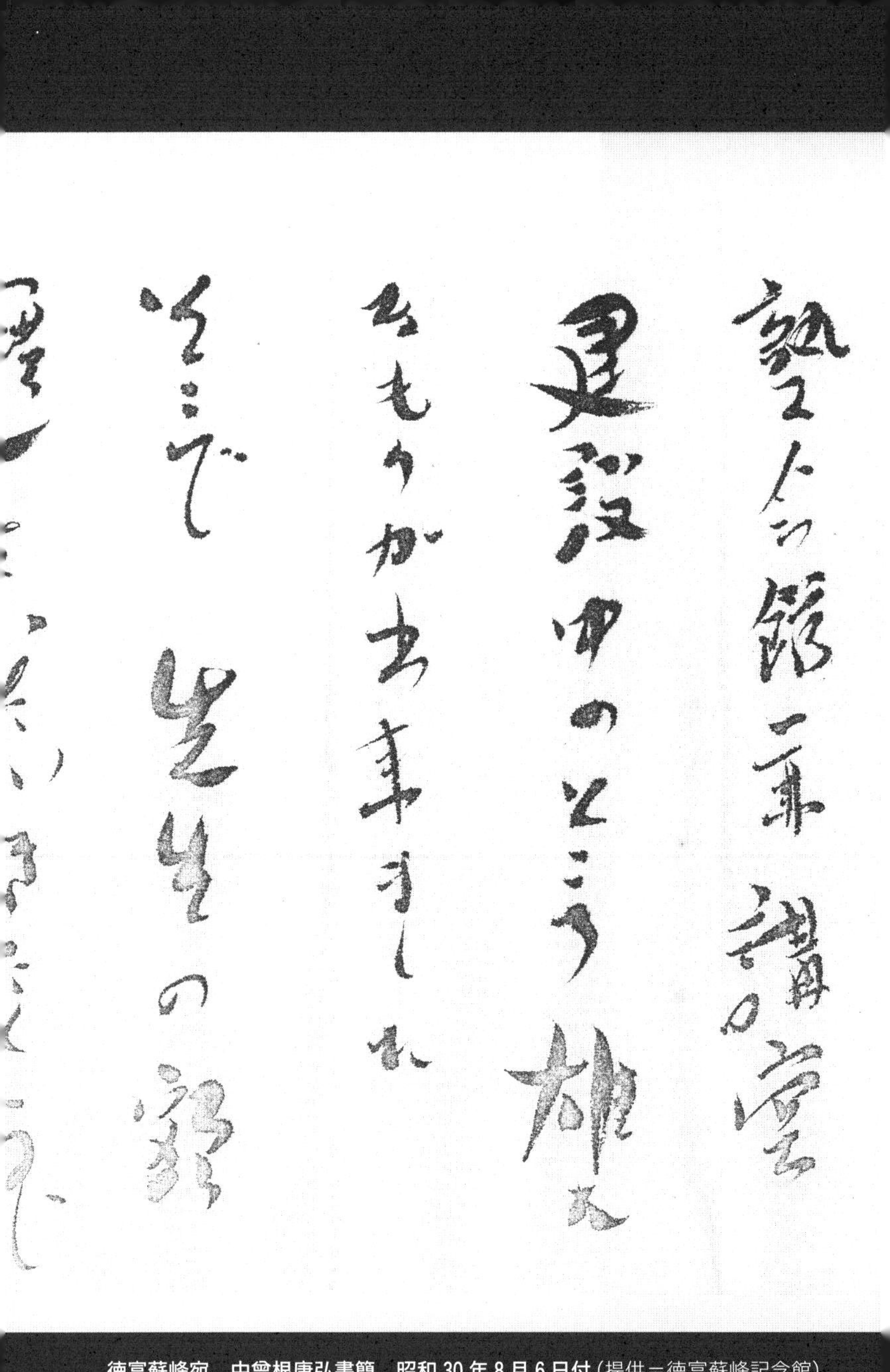
記念館ニ兼講堂
建設中のところ雄大
なものが出来ました
そうで先生の記

徳富蘇峰宛　中曾根康弘書簡　昭和 30 年 8 月 6 日付（提供＝徳富蘇峰記念館）

次の十年に備へて想を練っています

敬白

八日

中曽根康弘

徳富先生

〈注〉封筒表「熱海市伊豆山　徳富蘇峰先生」。封筒裏「千代田区永田町　第一会館　中曽根康弘」。

戦後中曽根氏は、東京から熱海の徳富蘇峰のところへ、意見を聞き勉強するために通っていた。「青い鳥は青い火となりました」という表現は若々しい政治家の希望が青い鳥となって育っていくことを感じさせる。中曽根氏が二宮町の徳富蘇峰記念館に来館なさった折、これは原子力を表わした言葉ですとお教えいただいた。

ピュアな日銀総裁・深井英五

第二次世界大戦の中で、懸命に自分の足で立っていた正力松太郎、馬場恒吾、緒方竹虎、中曽根康弘氏の頑張りと、労りを見てきたが、この人々の環の内で、もう一人大切な人物、深井英五を紹介させていただきたい。

深井英五は新島襄の同志社に学んだ。深井英五の略歴は同志社の河野仁昭氏によるもので紹介させていただく。

深井英五（一八七一・一一・二〇—一九四五・一〇・二一）高崎市生まれ。苦学により小学校補助教師となったが、新島が世話をした奨学金を得て、一八八六年秋、同志社英学校普通科に入学。一八九一年、卒業。一八九三年、国民新聞社に入社し、徳富蘇峰の眷顧を受ける。一九〇〇年、蘇峰の紹介により松方正義大蔵大臣の秘書、翌年、日本銀行に入行し、調査役、営業局長などを経て、一九二八年、日銀副総裁、一九三五年、同総裁、一九三七年辞任。副総裁就任以来しばしば国際会議に出席。貴族院議員、枢密顧問官などを歴任した。

深井は民友社の社員として、明治二十九（一八九六）年から三十（一八九七）年にかけて新聞事業視察のため、蘇峰と共に欧米をまわった。深井の英語力により、トルストイとの愉快な食卓を囲むことができ、また、訪ねた国での交遊が旅を楽しいものにした。深井と蘇峰の出会いから語ることは尽きない。深井の書簡について言うと、昭和十四（一九三九）年病後静養中、多年にわたる蘇峰からの書簡を整理したら、十一巻二帖になったという。当館にある深井の書簡は一〇三通になる。一通が二千字に及ぶ長文の手紙が多数ある。深井の『回顧七十年』（岩波書店、昭和十六年）の中に「蘇峰門下」、「松方正義公の知遇」という章がある。深井の一生における進路の方向を決したる最大契機として、「一は、新島先生の眷顧により同志社教育を受けたること、二は、徳富蘇峰先生の指導により国民新聞の門を経て世の中に出たこと、三は、松方正義の知遇により大蔵省及び日本銀行に就職したことである。人生の心構へについては新島先生に負ふ処が最も多く、学究的傾向から移って社会の実勢に関心を有つようになったのは主として徳富先生の感化により、財政経済の方面に実行の立場を与へられたのは松方公の御蔭である」と心の中がきれいに整理されている爽やかさがある。

徳富蘇峰宛　深井英五書簡　昭和二十（一九四五）年九月一日

〔前略〕尊台に於かせられては、大処高処の御見地を以て国論を鼓吹せられ、其の御意見にして全面的総合的に採択実行せられしならば或は結果を異にしたるやも知れず、忠誠の信念に立脚せる御言動に付懺悔、自責等のあるべき理由は毫も之あるまじく候　言論界より御退陣にも及ばざる儀と被存候へども、それは暫く措き、御主張のありし所を充分に宣明せられ候は天下の為めに有益なる痛快事と存じ候　明治天皇御宇史に対する御張合の稀薄となられしは一応御尤もと存じ候　然し弘謨の跡を詳明に為し置くことは史学上の価値大なるのみならず、将来国運の再進展に資する所あるべき筈なれば、御緩みなき感興を以て御続行を切望仕候〔中略〕右の次第にて全然病廃人となることは一応免かれたるやうに候　生き残りて社会の厄介となることは寧ろ心苦しく、今後の世の中は余り面白くもなからんと被存候へども、活ける間は微力の範囲に於て、出来るだけの奉公を期し候　其の一端として史料の私録を続稿いたし居り候　明治の弘謨が如何にして成就したるか、大東亜圏建設の企図が如何にして失敗に帰したるか、之を併観省察することは将来の修養と経営との為に肝要と存じ候　偏に御自愛御自重を冀念仕候　頓首

昭和二十年九月一日　　　　　　　　　　　　　　　　　　　深井英五

徳富先生尊台

〈注〉封筒表「山梨県下山中湖畔旭日丘　徳富猪一郎様　速達書留」。封筒裏「東京都世田谷区玉川瀬田町五二〇」。

この書簡が蘇峰への最後になった。深井はこの五十日後の昭和二十年十月二十一日に亡くなった。蘇峰は、多くの友人を見送って来た。蘇峰は深井に自分の葬儀委員長になって欲しいといつも頼んでいたが、終戦の年の冬、深井は蘇峰より先に逝ってしまった。どんなに悲しかったことか。

戦後の蘇峰を支えた正力

二宮の徳富蘇峰記念館の入り口頭上に、正力松太郎の「蘇峰記念館」という揮毫の扁額を掛けてある。来館者の多くは「正力」の記名に目を止める。日本テレビ、巨人軍、そしてよみうりランドの生みの親である正力松太郎の名は、大方の来館者に親しみを与えていることを実感する。「数々の偉業を成し遂げた方なのに、強そうな筆でなく、優しい字をお書きになりますね」と女性から声をかけられたこともある。

蘇峰を敬愛していた正力は、昭和四十四（一九六九）年五月の徳富蘇峰記念館の設立にもご尽力下さった。当記念館の設立者である塩崎彦市は亡くなるまで、正力への感謝を忘れたことはなかった。日本テ

徳富蘇峰翁彰徳会理事長として、正力が揮毫した「蘇峰記念館」の扁額

レビの会長故小林与三次氏はのちに徳富蘇峰記念塩崎財団の理事となられた。

正力松太郎の蘇峰宛書簡全三十五通に通していえることは、人間的なあたたかみであり、手紙の持つ意味をとても大切にしていたということである。原子力や、街頭テレビ、プロ野球放送などその時代のメディアの最先端にいた人物正力は、同じジャーナリストの蘇峰を心から信頼していることが伝わってきた。

蘇峰は公職追放が解除になった後、正力松太郎の取り計らいにより、昭和二十九（一九五四）年三月より百一回に渡って読売新聞紙上で『三代人物史』を掲載した。戦後、まさに達磨のように八方ふさがりの状態であった蘇峰に発表の場を与えたのは、正力松太郎であった。

『三代人物史』の冒頭にある故小林与三次氏の「はじめに」を引用しよう。

> 昭和二十八年の暮れであったか、齢既に九十をこえた徳富蘇峯翁は、秘書の塩崎彦市氏を通じて、読売新聞社主・故正力松太郎氏に、明治、大正、昭和の三代人物史を執筆し、世にあらわしたい

旨の希望を伝えられた。翁はこの人物史をもって、氏の代表作である近世日本国民史〔織田信長時代から明治十年に至る。百巻〕を明治、大正、昭和に及ぼし、現代に続けたいと考えたのであろう。

昭和二十七年十二月二十七日に、翁は正力氏に書を送り、「戦後天下ヲ挙ケテ何人モ顧ミルモノナキ際ニ、尊台声ヲ高クシ、天下ニ向テ老生ノ尚一点血性アルコトヲ呼号シ……」と、戦後不遇の中にあった翁を知り、かつ輔けた正力氏の至情に感謝し、ついで「修史ノ一事其ノ業ヲ畢リタルモソノママニ委棄マカリアリ、何トカ微志ノ存スルトコロヲ江湖ニ訴ヘタク……」、その節は正力氏の力を拝借したいと述べ、修史に関する翁の執念ともいうべき熱意を披瀝している。

翁は、故正力社主を信倚することまことに篤かったが、故正力社主も、戦後省みる者がなかった畢生の大文豪蘇峯翁の、志を知ること誰よりも深く、翁を思うこと極めて切実なものがあった。両人の、相信じ、相許すこと、まさに、英雄英雄を知るの感がある。

右の親書は表装されて、今も逗子の正力邸に掲げられている。

こういう経緯もあってのことであろう、正力氏は、九十有余歳の翁の超人的な壮挙に快諾をあたえ、「三代人物史」は、昭和二十九年二月七日から読売新聞紙上に掲載された。以来、百一回にわたって連載されたが、最後の数回は病床で、病をおして論述されたものである。翁は伊豆山晩晴荘の海の見える部屋に机とベッドをおき、書を読み、資料を整え、想を練って、塩崎秘書に口述し、さらにその稿を、一字一句をゆるがせにせず、たしかめられたといわれる。一代の文豪が透徹した史眼をもって縦横に走らせる達意の文章は、戦後なお混迷の中にあった当時の読者大衆に多大の感銘を与えた。

翁は昭和三十二年十一月二日永眠されたが、「三代人物史」は、三十一年六月十日の稿を最後として後が続かなかった。これが翁の絶筆となったのである。翁は百歳のあとまでも「三代人物史」を書き続けようとしたのだが、筆は明治一代を中心にして大正に触れたに止まり、それも完結したとは思われず、大正、昭和二代の人物は登場するには至らなかった。

蘇峯翁が世を去って十四年の歳月が過ぎようとしているが、最近、関係者と読売新聞出版局との間に、これを再び国民の眼前に登場させ、翁の真意を発揚してはという意見がおこり、本書の発刊となった。

明治天皇、昭憲皇太后、山内容堂、坂本龍馬、福沢諭吉、福地桜痴、成島柳北、大隈重信、伊藤博文、大谷光瑞、山県有朋、新島襄などの超一流の人物が登場するこの書は、単なる過去の人物史というものではなく、現時点においても、多大の問題を提起する警世憂国の大文章といえよう。

『三代人物史』は六二八頁の大冊で、昭和四十六年八月、読売新聞社から発行された。

「人の環」を思いがけないところから見出すことは楽しいことである。『三代人物史』は人間の出会いと友情の宝庫であるように思われる。

参考文献

徳富蘇峰宛正力松太郎書簡　三十五通
徳富蘇峰宛小泉信三書簡　三通
徳富蘇峰宛鹿子木員信書簡　十五通
徳富蘇峰宛山本実彦書簡　十八通
徳富蘇峰宛緒方竹虎書簡　十五通
徳富蘇峰宛高石真五郎書簡　二十三通
徳富蘇峰宛馬場恒吾書簡　三十二通
徳富蘇峰宛中曽根康弘書簡　十七通
徳富蘇峰宛深井英五書簡　一〇七通

佐野眞一『巨怪伝――正力松太郎と影武者たちの一世紀』上・下、文藝春秋、二〇〇〇年
蘇峰先生彰徳会『晩晴』第七号、財団法人蘇峰先生彰徳会、一九七〇年
鶴見祐輔『後藤新平』（復刻版）第四巻、勁草書房、一九六七年
徳富蘇峰『三代人物史』読売新聞社、一九七一年
深井英五『回顧七十年』岩波書店、一九四一年
御厨貴『馬場恒吾の面目』中央公論社、一九九七年
御手洗辰雄『伝記・正力松太郎』講談社、一九五五年
読売新聞社編・発行『読売新聞八十年史』一九五五年
読売新聞社編・発行『正力松太郎』一九七一年

No.	日付	書簡形態	備　考（本稿で紹介したものは本文を参照されたい）
18	昭22 3/31	封・直	東京都巣鴨町一丁目　正力松太郎→静岡県熱海市　徳富蘇峯大先生／鉛筆書き　開封され検閲されている(OPEND BY MIL.CEN.-CIVIL MAILS)のシールが貼られている／切手なし　わら半紙便箋2枚　漢字にふりがな付／「野狐坐禅ト宗教書ニ余念ナク親シンデオリマス」
19	昭22 4/29	封・直	東京都巣鴨町一丁目 正力松太郎→静岡県熱海市 徳富蘇峯大先生 机下／鉛筆書き 開封され検閲されている(OPEND BY MIL.CEN.-CIVIL MAILS)のシールが貼られている 用紙1枚 漢字にふりがな付 病気見舞い
20	昭22 12/9	封・直・速・「糊」	神奈川県逗子町　正力松太郎→静岡県熱海市伊豆山　徳富蘇峯先生／「御令孫御来訪の節は折悪しく外出中にて実に失礼仕候　先生には去月来　御宿病にて御脳み遊され候由　幸にも御快癒の由御喜び申上候　天必ず八十八の御祝ひを致すものと深く信じ居候」
21	昭23 1/22	封・直・速・「糊」	神奈川県逗子町　正力松太郎拝→熱海市　徳富蘇峯大先生／「御米寿の御祝賀式に末席を汚しの光栄念々確実に近づきたるを心より喜びつゝも尚待遠しく感ぜられ候　尚廿日頃鈴木兄と同件御伺候申上く可き処止むを得ざる差支あり月末に御伺ひ申上ぐ可く候」
22	昭23 11/28	封・直・「糊」	逗子町　正力松太郎拝→熱海市　徳富蘇峯大先生／開封、検閲されている　蘇峰夫人の形見をもらったお礼／「故御夫人様御愛好の名画並び名盆を遺品として御贈りくださりありがとうございました」
23	昭24 3/30	封・直・「糊」	逗子　正力松太郎→熱海市　徳富蘇峯先生／開封、検閲されている／「御講話拝聴　御卓見只管敬服致し居候　明年の御祝賀　微力ながら犬馬の労を取り度存候」
24	昭25 10/19	封・直・「糊」	逗子町　正力松太郎拝→熱海市　徳富蘇峯大先生／「時世とは云いながら微力仲々進行せず　近く光永君、吉田君、勝田君、鹿倉君らと協議し何とか所期の目的達成致したい」
25	昭(27) 1/11	封・直・「糊」	逗子　正力松太郎→熱海市　徳富蘇峯先生／「九十才にして愈々御元気な御単蹟を賜り、しかも名句只管敬服仕り候　何れ御解除も近きこと存じ、其際直に参上」
26	昭28 1/1	年賀葉書・印	逗子町新宿　正力松太郎→熱海市　徳富蘇峰殿
27	昭29 1/1	年賀葉書・印	逗子町新宿　正力松太郎→熱海市　徳富蘇峰様
28	昭29 1/1	年賀葉書・印	東京都千代田区二番町　日本テレビ放送網株式会社　取締役社長　正力松太郎→熱海市　徳富猪一郎殿
29	昭29 8/	封・印	正力松太郎→熱海市伊豆山押出　徳富蘇峰様／病気回復礼状／「御礼のしるしまでに粗品御届け申上げましたから御笑納下されは幸甚」
30	昭2( ) 9/11	封・直・「糊」	逗子　正力松太郎拝→熱海市　徳富蘇峯大先生／開封、検閲されている／「昨土曜日おたずねする予定だったが急用ができたので、月末に御尊顔を拝し度」
31	昭2( ) 5/5	封・直・「糊」	逗子町　正力松太郎拝→熱海市　徳富蘇峯大先生／「月末か来月上旬伺いたい」
32	昭2( ) ( )/2朝	封・直	正力生九拝→徳富先生／切手なし／「拙児に托し申候　訴願書第一号、二号貴覧ニ供し候間、御教詞賜らば幸甚の極みに候　巣鴨拘留中に執筆した米国軍当局に進達せる書の写し、伊藤君の新聞五十年史　合わせて御高覧ニ供したい　明後日お伺いしたい」
33	昭30 1/1	年賀葉書・印	日本テレビ放送網株式会社社長　読売新聞社社主　正力松太郎→熱海市　徳富猪一郎様
34	昭32 1/1	年賀葉書・印	逗子市新宿　正力松太郎→熱海市　徳富猪一郎様
35	昭32 7/28	封・速・印	逗子市新宿　国務大臣　正力松太郎→熱海市　徳富蘇峰殿／国務大臣国家公安委員長と原子力委員長就任挨拶

徳富蘇峰宛正力松太郎書翰一覧

（No. 欄に網掛けしたものは本文で紹介）

No.	日付	書簡形態	備　考（本稿で紹介したものは本文を参照されたい）
1	昭14 10/吉	封・印	読売新聞社　社長　正力松太郎→大森区山王一ノ二八三二　徳富猪一郎殿／「読売新聞社社屋落成披露」の案内状
2	昭15 6/1	封・印	正力松太郎→徳富先生　切手なし／「御講話拝聴粗餐差上度候」
3	昭15 8/25	封・印	正力松太郎　小林光政→大森区山王　徳富猪一郎殿／読売新聞社・九州日報社・山陰新聞社合併お知らせ
4	昭16 5/1(消印)	封・印・速	読売新聞社社長　正力松太郎→大森区山王　徳富猪一郎殿／「航空博開催記念航空慰霊祭並びに空陸立體攻防供覧演習」案内状
5	昭16 10/29	封・印	東京市京橋区銀座西三丁目一番地　読売新聞社→大森区山王　徳富猪一郎殿／「高田・中倉特派員社葬御礼」
6	昭17 1/28	封・直・速・「糊」	銀座西三丁目　読売新聞社長　正力松太郎→大森区山王　徳富蘇峯先生／「無電の事件に関して」
7	昭18 8/10	封・直・速・「糊」	銀座西三丁目　読売新聞社　社長正力松太郎→山梨県南都留郡山中湖旭ケ丘　徳富蘇峯先生／「弊社無電の件」
8	昭18 9/13	封・直・速・「糊」	銀座西三丁目　読売新聞社　社長正力松太郎→山梨県富士山麓山中湖畔旭日丘　徳富先生皮下／「執筆御礼　先般は頗る御面倒なる御願を致し候処、直ちに御快諾を賜り深く感謝　御丁重なる御伝言に接し恐縮　国家重大の秋　ご自愛下さい」
9	昭19 1/20	封・直・速・「糊」	銀座西三丁目　読売新聞社　社長正力松太郎→静岡県熱海市伊豆山押出二九　徳富先生皮下／「鹿子木・斉藤両氏共々折悪しく旅行に出で月末に帰京の筈に付き　其上相談可仕候」
10	昭19 2/24	封・直・速・「糊」	銀座西三丁目　読売新聞社長　正力松太郎→熱海市　徳富先生座下／蘇峰宅への訪問御礼／「数日前内務省警保局及び警視庁より該冊子を全国の警察署に配布し度との命にて」
11	昭19 5/2	封・直・速・「糊」	銀座西三丁目　読売新聞社　社長正力松太郎→熱海市　徳富先生皮下／「御高配に従て殿下より御召の節は暗愚をも顧みず接見御上言可仕候　五島大臣へ御高見の段御伝え申可候」
12	昭19 6/6	封・直・速・「糊」	銀座西三丁目　読売新聞社　社長正力松太郎→熱海市　徳富先生皮下／『正力松太郎』（読売新聞社編）に掲載の書簡　『正力松太郎』では昭和17年の書簡として掲載されている／「阿部総裁に意見を具申することに決し」
13	昭19 7/6	封・直・速・「糊」	銀座西三丁目　読売新聞社　社長正力松太郎→熱海市　徳富先生坐下／勅撰拝命御礼／「今回勅撰拝命に付ては多大の御芳志を辱うし難有存居候」
14	昭19 10/28	電報	トウケウヨミウリ→アタミシ　トクトミソホウ　「至急私報」のスタンプ押印／「お陰により内閣顧問を拝命しました。今後ご指導をおねがい申し上げます」
15	昭19 11/8	封・直・速・「糊」電報入	銀座西三丁目　読売新聞社　社長正力松太郎→熱海市　徳富先生坐下／内務顧問になった御礼／「今回の栄任に就き早速御懇篤なる御親言を賜り実に難有御礼申上候　先生の御推挙によるものにて深く感謝致し居候　然しながら性来の不敏　殊に諮問機関では其任にあらざるも非常時下　及ばずながら出来丈努力致す可く候間　何卒一層の御教示を賜り度切に御願申上候」／同封電報「ケフ　ハイスウデ　キヌ　ミヤモリ」「19•11•7」の消印
16	昭20 7/13	封・直・速・「糊」	東京都築地読売新聞社内　正力松太郎（印刷封筒ではなく手書き）→山梨県富士山麓山中湖旭ヶ丘　徳富猪一郎先生／長文書簡「必竟転進の二字が国民を誤らしむ云々……幸にして予定の如く工事進行せば今こそ新聞報国の重責を尽すを得るかと愚考仕候」
17	昭20 9/5	封・直・速	東京都京橋区築地本願寺内　正力松太郎（印刷封筒ではなく手書き）→山中湖畔旭日丘　徳富蘇峯先生／「時局に就きましては無念の二字の外申上ぐる言葉もありません」

あとがき

妻高野静子が『蘇峰とその時代』正・続編を昭和六十三年以後世に問うて以来二十二年間、その著作が蘇峰への終戦後以来の評価を変えたと見るのは、いささか身びいきに過ぎるであろうか。その後は静子自身も加わった「民友社」関連の研究も相次いだように思われる。此度、藤原書店社長藤原良雄氏の強いおすすめで本書『蘇峰への手紙』を上梓することとなったのは、誠に喜ばしい限りであり、感謝に堪えない。

本書は、静子が季刊『環』に連載した論考を纏めたもので、『蘇峰とその時代』『往復書簡　後藤新平－徳富蘇峰』と合わせて、彼女のライフワークともいうべきものである。内容は明治以来、大正、昭和の三代に、各界に活躍した人士より蘇峰へ宛てられた書簡（徳富蘇峰記念館蔵）に彼女独特の考証と思い入れを盛り込んだ著作である。連載中も種々のご意見、ご激励を賜わり、本人も文筆活動を唯一の生き甲斐として過ごしてきたが、数年前より体調を崩し、連載が困難になったのは誠に残念至極であった。

その後、松岡洋右氏の新書簡が発見されたとき、妻の慫慂もあり、小生も何とか一文をものにした（本書「序」）ことを想い出すが、今となっては有難い経験をさせてもらったと感謝している。

いずれにしても、この大労作が出来上がった所以は、当記念館の宮崎松代・和田千枝両女史の活躍があったことで、深甚の謝意を捧げたい。また藤原書店刈屋琢氏の御叱正に謝意を表するものである。

最後に本著作の新刊本を前にして平癒した妻と喜びを共にしたいものと心より祈念している。

平成二十二年七月

徳富蘇峰記念塩崎財団　理事　高野信篤

ま　行

な　行

は　行

た 行

さ 行

か　行

主要人名索引

本文中の主要人名を拾い，姓→名の50音順で配列した。
読みの特定できない場合は漢字の音読みに従った。

あ 行

著者紹介

高野静子（こうの・しずこ）

1939年東京生まれ。日本女子大学史学科（東洋史）卒業。

1979年玉川大学芸術科にて学芸員の資格を取得。

現在，徳富蘇峰記念館学芸員。

著書に『蘇峰とその時代――よせられた書簡から』（中央公論社，1988年）『続 蘇峰とその時代――小伝 鬼才の書誌学者 島田翰 他』（徳富蘇峰記念館，1998年）『往復書簡 後藤新平 - 徳富蘇峰 1895-1929』（藤原書店，2005年）。

蘇峰への手紙――中江兆民から松岡洋右まで

2010年7月30日　初版第1刷発行 ©

著　者　高野静子
発行者　藤原良雄
発行所　株式会社 藤原書店

〒162-0041　東京都新宿区早稲田鶴巻町523
電　話　03（5272）0301
FAX　03（5272）0450
振　替　00160 - 4 - 17013
info@fujiwara-shoten.co.jp

印刷・製本　図書印刷

落丁本・乱丁本はお取替えいたします
定価はカバーに表示してあります

Printed in Japan
ISBN978-4-89434-753-3

「後藤新平の全仕事」を網羅！

『〈決定版〉正伝 後藤新平』別巻

後藤新平大全

御厨貴編

巻頭言 鶴見俊輔
序 御厨 貴
1 後藤新平の全仕事（小史／全仕事）
2 後藤新平年譜 1850-2007
3 後藤新平の全著作・関連文献一覧
4 主要関連人物紹介
5 『正伝 後藤新平』全人名索引
6 地図
7 資 料

A5上製 二八八頁 **四八〇〇円**
（二〇〇七年六月刊）
◇978-4-89434-575-1

後藤新平の〝仕事〟の全て

後藤新平の「仕事」

藤原書店編集部編

郵便ポストはなぜ赤い？ 新幹線の生みの親は誰？ 環七、環八の道路は誰が引いた？ 日本人女性の寿命を延ばしたのは誰？——公衆衛生、鉄道、郵便、放送、都市計画などの内政から、国境を越える発想に基づく外交政策まで「自治」と「公共」に裏付けられたその業績を明快に示す！

写真多数［附］小伝 後藤新平
A5並製 二〇八頁 **一八〇〇円**
（二〇〇七年五月刊）
◇978-4-89434-572-0

今、なぜ後藤新平か？

時代の先覚者・後藤新平

〔1857-1929〕

御厨貴編

その業績と人脈の全体像を、四十人の気鋭の執筆者が解き明かす。
鶴見俊輔＋青山佾＋粕谷一希＋御厨貴／鶴見和子／苅部直／中見立夫／原田勝正／新村拓／笠原英彦／小林道彦／角本良平／佐藤卓己／鎌田慧／佐野眞一／川田稔／五百旗頭薫／中島純 他

A5並製 三〇四頁 **三二〇〇円**
（二〇〇四年一〇月刊）
◇978-4-89434-407-5

二人の巨人をつなぐものは何か

往復書簡

後藤新平－徳富蘇峰 1895-1929

高野静子編著

幕末から昭和を生きた、稀代の政治家とジャーナリズムの巨頭との往復書簡全七一通を写真版で収録。時には相手を批判し、時には弱みを見せ合う二巨人の知られざる親交を初めて明かし、二人を廻る豊かな人脈と近代日本の新たな一面を照射する。**実物書簡写真収録**

菊大上製 二一六頁 **六〇〇〇円**
（二〇〇五年一二月刊）
◇978-4-89434-488-4